L'AGER SCRIPTURARIUS

CONTRIBUTION
A L'HISTOIRE DE LA PROPRIÉTÉ COLLECTIVE

PAR

CAMILLE TRAPENARD

CHARGÉ DE CONFÉRENCES A LA FACULTÉ DE DROIT
DE L'UNIVERSITÉ DE PARIS

LIBRAIRIE
DE LA SOCIÉTÉ DU RECUEIL J.-B. SIREY & DU JOURNAL DU PALAIS
Ancienne Maison L. LAROSE & FORCEL
22, rue Soufflot, PARIS, 5e Arrond.
L. LAROSE & L. TENIN, Directeurs

1908

L'AGER SCRIPTURARIUS

IMPRIMERIE
CONTANT-LAGUERRE
LVX VITAM
BAR-LE-DUC

L'AGER SCRIPTURARIUS

CONTRIBUTION
A L'HISTOIRE DE LA PROPRIÉTÉ COLLECTIVE

PAR

CAMILLE TRAPENARD

CHARGÉ DE CONFÉRENCES A LA FACULTÉ DE DROIT
DE L'UNIVERSITÉ DE PARIS

LIBRAIRIE
DE LA SOCIÉTÉ DU RECUEIL J.-B. SIREY & DU JOURNAL DU PALAIS
Ancienne Maison L. LAROSE & FORCEL
22, rue Soufflot, PARIS, 5e Arrond.
L. LAROSE & L. TENIN, Directeurs

1908

Avant-Propos

La présente étude est la continuation des recherches que nous avons entreprises, il y a déjà quelques années, sur la propriété collective du sol. Aujourd'hui comme alors, nous nous sommes limité à la plus représentative de ses applications, à la propriété pastorale, que sa destination économique rend particulièrement susceptible d'un régime d'appropriation et de jouissance communes et qu'il est possible, par là même, de suivre au cours d'une plus longue évolution. Cet intérêt d'ordre général est évidemment d'autant plus vif que l'institution se développe dans un milieu plus spécialement destiné au pastorat : c'est assez dire l'importance de notre étude pour des régions convenant aussi naturellement à l'élevage que l'Italie et les provinces romaines, et par suite son utilité, en l'absence de tout travail spécial sur l'ensemble de la matière.

Il sera aisé de constater que nous ne nous sommes pas borné à une pure synthèse de données préexistantes : outre que le simple rapprochement d'indications précédemment séparées et l'espèce de critique réciproque qu'elles exercent l'une sur l'autre suggèrent des conceptions qui ne pouvaient naturellement venir auparavant à l'esprit, nous avons toujours soumis les matériaux, connus ou nouveaux, de notre construction, à une analyse personnelle. Notre maître, M. le professeur P. F. Girard, dont la méthode nous a servi en cela de modèle, a bien voulu accepter de diriger notre travail : nous le prions d'agréer nos remerciements respectueux pour les utiles conseils dont il nous a guidé au cours de nos recherches.

Paris, avril 1908.

Bibliographie spéciale

Beaudouin. — La limitation des fonds de terres dans ses rapports avec le droit de propriété. *Paris, 1894, in-8°.*

— Les grands domaines dans l'Empire romain. *Paris, 1899, in-8°.*

Brugi. — Dei pascoli accessori a piu fondi alienati. Dans : *Archivio giuridico*, t. 37, pp. 57 s.

— Le Dottrine giuridiche degli agrimensori romani. *Verone, 1897, in-8°.*

Burmann. — Vectigalia populi Romani. *Leyde, 1734, in-4°.*

Carcopino. — Les cités de Sicile devant l'impôt romain. Dans : *Mélanges d'archéologie et d'histoire*, t. 25, *1905*, pp. 1-53.

— Decumani, *cod. loc.*, t. 25, *1905*, pp. 401-442.

— La Sicile agricole au dernier siècle de la République romaine. Dans : *Vierteljahrschrift für Social und Wirthschaftsgeschichte*, *1906*, pp. 128-185.

Collinet. — La saisie privée. *Thèse de la Faculté de droit de Paris, 1893.*

Degenkolb. — Die Lex Hieronica und das Pfändungsrecht des Steuerpächters. *Berlin, 1861, in-8°.*

DIETRICH. — Beiträge sur Kenntniss des römischen Staatspächtersystems. *Leipsig, 1877, in-8°.*

DUMAS. — Causes et effets des rogations agraires Liciniennes. *Thèse de la Faculté de droit de Paris. 1893.*

ENGELBREGT. — De legibus agrariis ante Gracchos. *Leyde, 1842, in-8°.*

FRETS. — De lege Licinia. *Leyde, 1801.*

GIRARD. — Histoire de l'organisation judiciaire des Romains. I. Les six premiers siècles de Rome. *Paris, 1901, in-8°.*

GRENIER. — La transhumance des troupeaux en Italie et son rôle dans l'histoire de Rome. Dans : *Mélanges d'archéologie et d'histoire*, 25, *1905*, pp. 293-328.

HAHN. — De censorum locationibus. *Leipsig, 1879, in-8°.*

HEYNE. — Leges agrariae pestiferae et execrabiles. Dans ses *Opuscula Academica. Göttingue, 1785-1812*, t. 4, pp. 350 et s.

HUSCHKE. — Ueber die Stelle des Varro von den Liciniern. *Heidelberg, 1835, in-8°.*

— Das Ackergesetz des Spurius Thorius von Rudorff. Compte rendu des *Kritische Jahrbücher für deutsche Rechtswissenchaft*, 5, *1841*, pp. 579-620.

KNIEP. — Societas publicanorum. *Iena, 1896.*

LÉCRIVAIN. — De agris publicis imperatoriisque ab Augusti tempore usque ad finem imperii Romani. *Thèse de la Faculté des lettres de Paris, 1887.*

MACÉ. — Les lois agraires chez les Romains. *Paris, 1846, in-8°.*

MASCHKE. — Zur Theorie und Geschichte der römischen Agrargesetze. *Tübingen, 1906, in-8°.*

MEYER (Ed.). — Untersuchungen zur Geschichte der Gracchen. *Halle, 1894, in-4°*.

MOMMSEN. — Commentaire de la loi agraire de 643. Dans : *C. I. L.*, 1, pp. 75-106 (= *Gesammelte Schriften*, 1, *1905*, pp. 65-145).

— Das Decret des Commodus fur den saltus Burunitanus. Dans : *Hermes*, 15, *1880*, pp. 385-411 (= *Gesammelte Schriften*, 3, *1907*, pp. 153-176).

— Zum römischen Bodenrecht. Dans : *Hermes*, 27, *1892*, pp. 79-117.

NIESE. — Das sog. Licinisch-Sextische Ackergesetz. Dans : *Hermes*, 23, *1888*, pp. 410-423.

NISSEN. — Italische Landeskunde, *1883-1902*, *3 vol. in-8°*.

REIN. — v° *Pascua* dans Pauly, *Realencyclopädie*.

ROSTOWZEW. — Geschichte der Staatspacht in der römischen Kaiserzeit. *Leipsig*, *1903*, in-8° (Également dans : *Philologus, 1904*, Supplementband 9, Heft 3, pp. 391 et s.).

RUDORFF. — Das Ackergesetz des Sp. Thorius. Dans : *Zeitschrift für geschichtliche Rechtswissenchaft*, 10, *1839*, pp. 1-194.

— Gromatische Institutionen. Dans : *Schriften der römischen Feldmesser*. *Berlin*, *1852*, in-8°, 2, pp. 229-464.

SCHULTEN. — Die römischen Grundherrschaften. *Weimar*, *1896*, *in-8°*.

SOLTAU. — Die Aechtheit des Licinischen Ackergesetzes von 367. v. Chr. Dans : *Hermes*, 30, *1895*, pp. 624-629.

STEPHENSON. — Public Lands and Agrarian laws of the Roman Republic. Dans : *Hopkin's University Studies*, *1890*, 9th series, VII-VIII.

SUNDEN. — De lege Licinia de modo agrorum. *Upsal, 1858, in-8°.*

THORLACIUS. — De lege Rulli, 1805. Dans ses *Prolusiones et opuscula academica. Hauniae, 1806,* pp. 259-312.

VOIGT. — Ueber die staatsrechtliche possessio und den ager compascuus der römischen Republik. Dans : *Abhandl. der phil. hist. Classe des k. sächs. Gesellschaft der Wissenschaften*, 10, *1888*, pp. 223-272.

WEBER. — Die römische Agrargeschichte. *Stuttgart, 1891, in-8°.*

WIART. — Le régime des terres du fisc au bas Empire. *Thèse de la Faculté de droit de Paris, 1894.*

ZEISS. — De lege Thoria agraria. *Weimar, 1841, in-4°.*

ZOLLMANN. — De legibus agrariis populi Romani. *Strasbourg Tidemann, 1674, in-4°* (1).

(1) V. la notice bibliographique, p. 115, n. 2.

L'AGER SCRIPTURARIUS

CHAPITRE PREMIER

CONSTITUTION ET RÉPARTITION GÉOGRAPHIQUE DE L'*AGER SCRIPTURARIUS*

Les groupes ethniques qui participent à la fondation de Rome ont dépassé très certainement à cette époque le stade de la vie pastorale et nomade que l'on s'accorde généralement à considérer comme la transition de la communauté de chasse originaire [1] au régime agricole définitif. L'existence même de la ville et le sédentarisme qu'elle

(1) Sur la communauté de chasse qui aurait été pratiquée à l'origine par les populations italiques, v. Virgile, *Eneide* 8, 314-317 ; Aristote, *Polit.* 7, 10.

exprime, impliquent la connaissance de l'agriculture (1). Mais cette agriculture n'implique pas forcément à son tour la propriété privée. La propriété collective du sol arable subsiste au contraire jusqu'à la création des tribus rustiques, comme le prouve, ainsi qu'on l'a déjà bien des fois observé, l'absence de tout vocable immobilier dans la terminologie servant à désigner la fortune primitive (*familia pecuniaque*) et le caractère exclusivement mobilier des formes de la mancipation et de la revendication, comportant toutes deux une manipulation de l'objet aliéné ou revendiqué, inconcevable à l'égard des immeubles (2). Il n'est pas jusqu'aux premières formes de la propriété individuelle, qui ne tardèrent pas à s'introduire (3) dans ce

(1) La réciproque n'est pas absolument exacte. La culture de certaines plantes alimentaires peut parfaitement se concilier avec la vie nomade. V. les exemples relevés chez les Tartares et chez les Indiens de l'Amérique du Nord par Laveleye, *De la propriété et de ses formes primitives*[4], 1893, p. 79. Cf. Altamira, *Historia de la propiedad comunal*, Madrid, 1890, p. 42.

(2) Girard, *Manuel élémentaire de droit romain*[4], p. 258; Mommsen, *Droit public*, trad. Girard, 6, 1, p. 23 à 25. Cf. les nombreuses indications bibliographiques données sur ce point par Beaudouin, *Limitation des fonds de terre*, p. 266, n. 1.

(3) Sans doute même l'*heredium* existe-t-il dès l'origine, car la propriété individuelle de l'enclos entourant la maison de chaque chef de famille se présente bien plutôt comme une pièce intégrante du système du collectivisme agraire et non comme une atteinte portée à ce système (Voir *infrà*, p. 4, note 1). En sens contraire, d'ailleurs sous une forme dubitative et sans arguments précis, Mommsen, *Droit public*, 6, 1, p. 25. Il ne faudrait pas songer en tout cas à tirer argument, en faveur de l'origine relativement récente de l'*heredium*, de son inaliénabilité première qui se justifie

régime de collectivisme agraire, qui ne témoignent par leur nature et leur exiguïté, du rôle et de l'importance originaires de la tenure collective du sol. La propriété de chaque chef de famille limitée en effet tout d'abord à l'*heredium*, d'une superficie traditionnelle de deux jugères (1), était bien incapable de subvenir à elle seule aux besoins en grains ou en bétail d'une famille même peu nombreuse (2). Cette incapacité, encore aggravée par la

tout naturellement par sa destination familiale (Voir l'excellent exposé de Beaudouin, *op. cit.*, p. 286 à 291) et qui par suite ne préjuge en rien, à Rome comme dans les autres civilisations primitives, la question de sa date d'apparition.

(1) Varron, *De re rustica*, 1, 10, 2 : *Bina jugera, quod a Romulo primum divisa dicebantur viritim, quae heredem sequerentur heredium appellarunt.* Siculus Flaccus, *De condic. agr.* ed. Lachmann, p. 153, 27 : *Antiqui [Romanorum] agrum ex hoste captum victori populo per bina jugera partiti sunt.* Tite-Live, 6, 36, 11. Juvénal, 14, 163 et les textes cités par Voigt, *XII Tafeln*, 2, p. 335, nn. 5 et 8. Sur l'évolution terminologique qui substitua à *heredium*, *hortus*, dont la signification primitive était au contraire celle d'exploitation rurale séparée du domicile familial, v. Pline, *Hist. nat.*, 19, 4, 50 et Girard, *Douze Tables*, p. 40 (= *N. R. H.* 1902, p. 422).

(2) Argumentation rassemblée par Girard, *Manuel* [4], p. 259, n. 1. Le système contraire, anciennement présenté par Heyne, *De publicis privatae frugalitatis utilitatibus ad majorem civium frequentiam*, dans ses *Opusc. acad.*, 1, 242, n'a guère trouvé de défenseurs parmi les auteurs modernes que chez Padeletti Cogliolo, *Storia del diritto romano*, pp. 219 et 220 et chez M. Voigt, *Ueber die bina jugera der ält. röm. Agrarverfassung*, dans *Rein. Museum für Phil.* 1869, 24, pp. 57 et suiv.; 64 et suiv. M. Voigt, qui a même repris à nouveau la question (*Ueber die staatsrechtliche possessio*, dans les *Abhandl. der ph. hist. Cl. der k. sächs. Ges. der Wissenschaften.* vol. 10, Leipzig, 1887, pp. 269 et 270 et notes 33-34), a donné au système sa forme dernière en soutenant que la céréale primiti-

pratique de la jachère bisannuelle, devient très frappante si l'on défalque de la superficie totale l'emplacement improductif consacré à la maison et à ses dépendances immédiates. On est ainsi forcément conduit à admettre l'existence de terres arables ou pastorales soumises au régime de l'appropriation collective, que recommandaient déjà les vraisemblances générales et la comparaison avec les divers systèmes de propriété collective du sol[1].

vement cultivée par les Romains, n'était nullement le froment, que supposent les calculs de M. Mommsen, mais bien le *far* ou épeautre, dont le produit est très supérieur en quantité. La théorie ne nous semble cependant pas, même sous cette forme améliorée, pouvoir être admise. Elle a en effet le double défaut de supposer une population agricole frugale à l'excès et une culture intensive. Elle suppose en outre cultivée la superficie totale de l'*heredium* et néglige par là même délibérément son caractère d'enclos familial (attesté cependant par Tite-Live, 6, 36, 11 : *plebeio homine vix ad tectum necessarium aut locum sepulturae suus pateret ager*. Cf., p. 4, n. 1). Cette affectation de l'*heredium* au domicile enlève son fondement à la théorie qui lui refuse tout caractère familial à raison de sa faible superficie (Cf. Beaudouin, *loc. cit.*, p. 285).

(1) Cf. le lot héréditaire appartenant à chacune des familles composant le mir russe (Laveleye, *op. cit.*, pp. 11-12 et 36). La situation à peu près identique faite à chaque famille de la dessa javanaise (Laveleye, p. 64) est d'autant plus intéressante à noter que dans la commune annamite, organisée cependant dans des conditions économiques très voisines et où coexistent la propriété collective et la propriété privée, cette dernière ne s'applique qu'à certaines catégories de rizières (*tu dien*) et nullement au sol (*cong thô*) sur lequel est édifiée la maison et repose l'autel des ancêtres (Jobbé-Duval, *La commune annamite*, *N. R. H.*, 1896, pp. 44, 46 et 47 du tirage à part). La colonisation de l'Amérique anglaise présente, sur le vif et dès ses origines, un régime communal identique où le *house-lot* ou *home-lot* correspond exactement à l'*heredium* romain. V. Be-

Le titulaire de ce droit collectif sur les terres autres que les *heredia* fut vraisemblablement pour toutes, à l'origine, l'État ou plus exactement la cité. Mais cette unité première ne tarda pas à s'altérer. L'appropriation des terres arables, à raison des exigences de l'agriculture(1), se spécialisa de plus en plus et parvint au type de la propriété individuelle, en passant par les formes intermédiaires où la terre est détenue par la *gens*(2), à un titre qui d'ailleurs varia avec le temps. Les terres pastorales ou boisées au

lot, *Nantucket, étude sur les diverses sortes de propriété primitive*, dans les *Annales de la Faculté des Lettres de Lyon*, 2, 1884, p. 91 et suiv., et Herbert B. Adams, *Village communities in Cape Ann and Salem*, dans *J. Hopkin's University studies*, *1st series IX-X*, notamment, pp. 31 à 37. La notion du *house-lot* se conserva longtemps dans toute sa pureté à Salem, où les *Records* de la ville le définissent encore à la fin du XVIIIe siècle « such as is usually given by the Towne to fishermen viz. a howse lott and a garden lott or ground for the placing of their flakes according to the company, belonging to their families » (cité par Adams, *op. cit.*, p. 32).

(1) L'appropriation plus étroite des terres arables au profit de la famille est un phénomène qui se présente fréquemment par suite des mêmes circonstances économiques. V. notamment sur l'ancien système agraire suédois, où la propriété familiale des terres arables s'oppose à la communauté de village ou de district des pâturages et des forêts, Laveleye, *op. cit.*, p. 217. Cf. *infrà*, n. 2.

(2) Il semble bien probable en effet que la *gens* ne fut pas, au moins à l'origine, propriétaire du sol arable. Le droit exclusif qu'elle avait sur ce sol pouvait simplement résulter soit d'un droit analogue à la *possessio* des terres publiques, soit d'un partage périodique, tel qu'il se pratique encore couramment, dans toutes les communautés agraires. V. sur le mir russe, la dessa javanaise, l'allmend suisse ou allemand, Laveleye, *op. cit.*, *passim*. Cf. pour l'Annam, Jobbé-Duval, *op. cit.*, pp. 59-41 et pour l'Espagne, Altamira, *Historia de la*

contraire, dont l'exploitation incorpore peu de capitaux et

propiedad comunal, pp. 270 et 311. Ce dernier droit se serait ensuite complété tout naturellement en un droit de propriété, ainsi que cela s'est produit dans nombre de communautés, par l'espacement progressif et la disparition des partages. En ce sens, Laveleye, *op. cit.*, p. 365. Altamira, *op. cit.*, pp. 85-86. Sur le lien logique qui permet d'une façon générale de remonter de la communauté de famille à la communauté de village, v. Kowalewski, *Le passage historique de la propriété collective à la propriété individuelle*, pp. 3 à 5. Les preuves d'une communauté foncière familiale à Rome, à l'époque qui a immédiatement précédé la généralisation de la propriété individuelle des terres (rassemblées chez Mommsen, *Droit public*, 6, 1, pp. 28 à 30 et Beaudouin, *Limitation des fonds de terre*, pp. 294 à 298; cf. l'argument tiré par cet auteur du caractère religieux de la termination, pp. 302-303) ne préjugent donc rien contre l'hypothèse d'une propriété antérieure de l'État. M. Mommsen déclare, beaucoup moins affirmativement, dans un autre passage (*Droit public*, 6, 2, p. 480, n. 1), que la question ne peut recevoir de réponse, dans l'état actuel de la science. M. Weber (*Agrargeschichte*, 125, n. 7 et *Handwörterbuch der Staatswissenschaften*[2], v° *Agrargeschichte*) et M. Girard (*Manuel*[4], 259, et n. 2) ne sont pas plus affirmatifs. Les arguments d'ordre général invoqués par M. Mommsen (*Droit public*, 6, p. 27) ne nous paraissent pas décisifs. Nous ne voyons pas tout d'abord en quoi l'organisation d'un partage de jouissance serait plus compliquée pour la cité que pour la *gens*, le nombre de *gentes* rentrant dans la cité n'étant pas forcément supérieur à celui des familles rentrant dans le cadre de la *gens*. Le système de répartition à trois degrés des terres arables que nous croyons avoir été celui des origines de Rome est même précisément celui qui fonctionne encore dans certaines parties de l'Italie. V. notamment le régime des *Univerisite* de Frontone, de Sant' Abbondio et surtout de Chiaserna (*Inchiesta agraria Italiana*, vol. 11, 2, p. 493 et 494), où les familles, membres de la communauté agraire, se groupent en un certain nombre de *Stipiti* ou *famiglie originarie*, affectées chacune d'un *cognome* distinctif porté par toutes les de travail et ne requiert par suite nullement la propriété individuelle[1], restèrent pour la plupart, jusqu'aux dernières années du monde romain, dans le patrimoine de l'État. Elles constituent le plus caractéristique des éléments survivants de l'ancienne communauté agraire et ce sont elles seules que nous aurons à étudier au cours de ce travail.

Les pâturages tiennent, dès l'origine, une place des plus importante dans l'histoire immobilière de Rome. Les Romains, comme au surplus les autres peuples indo-européens, pratiquèrent en effet tout d'abord une économie principalement pastorale, qui ne laissait qu'un rôle secondaire à l'agriculture proprement dite[2]. Par la suite,

familles appartenant au même *stipite* et entre lesquelles se fait une première répartition, qui prépare les deux répartitions suivantes entre familles et entre individus. D'autre part on ne s'explique pas, dans ce système, comment la *gens* supposée tout d'abord plus forte que la cité, ne s'est pas également approprié les pâturages ou les forêts que l'on est bien obligé en toute hypothèse, (V. notamment Karlowa, *Römische Rechtsgeschichte*, 1, 91-92) de classer dès les origines de Rome dans le patrimoine de l'État. C'est d'ailleurs là ce qui a conduit M. Brugi (*dei pascoli accessori a piu fundi*, 70-71) à admettre un *ager compascuus* gentilice, dont l'existence à côté de l'*ager scripturarius* s'explique bien difficilement et n'est établie par aucune preuve. Cf. également la remarque de Mommsen, *Droit public*, 4, 128, n. 3.

(1) La vigne publique signalée au *C. I. L.* 6, 933, n'a que la valeur d'une espèce intéressante mais isolée. Cf. sur les vignes communales du Portugal et du Valais, Laveleye, *op. cit.*, 139 et 276.

(2) Mommsen, *Hist. rom.*, t. 1, *passim* et l'excellent exposé de Ihering, *les Indo-Européens avant l'histoire*, tr. fr., pp. 22-33. Weber,

il est vrai, les rapports respectifs de l'agriculture et du pastorat se modifièrent, mais il est aisé de relever de nombreuses traces de l'ancien état de choses, soit dans la tradition qui représente comme des pasteurs les fondateurs de Rome (1), soit dans certaines règles religieuses d'ancienne origine (2), soit encore dans la faveur que témoignent à l'élevage les anciens auteurs de tendance

Agrargeschichte, p. 120. Grenier, *La transhumance des troupeaux en Italie*, dans les *Mélanges hist. et arch. de l'École de Rome*, 25, 1905, pp. 323-325 (invoquant notamment la similitude du mobilier funéraire des sépultures archaïques des Monts Albains et des anciennes nécropoles du forum romain et de l'Esquilin ainsi que la tradition relative à la fête annuelle de la déesse Feronia célébrée au pied du Soracte (Tite-Live, 1, 30). Cf. Voigt, *Ueber die staatsrechtl. possessio*, p. 224 et déjà Huschke, *Ueber Fest. V. Possessiones*, Heidelberg, 1835, p. 89, n. 19 : « In der Zeit der Kindheit des Staats ist der Unterschied von Acker und Weideland noch nicht frei hervorgetreten; man lebt mehr von der Heerde als vom Lande; daher geht in ihr der Gegensatz im Factischen noch ausschliesslich gegen den Wolf und den Feind, der der Heerde schaden oder die Weide nehmen will ». Sur la négation isolée de ce fait, cependant peu contestable, produite par Niese, *Hermes*, 23, p. 418, v. *infrà*, ch. 4.

(1) Cicéron, *de divin.*, 1, 105 : *in pastoribus illis quibus Romulus praefuit*. Varron, *de re r.*, 1, 2, 16; 2, 1, 4 : *pastores qui condiderunt urbem*. Cf. Isidore Etym., 15, 13, 7 : *rura veteres incultos agros dicebant id est sylvas et pascua, agrum vero qui colebatur. Nam rus est quo mel quo lac quo pecus haberi potest. Unde et rusticus nominatur : haec agrestium prima et otiosa felicitas.*

(2) Columelle, *de re r.* ed. Schneider, Leipzig, 1794, 2, 21, 2-3. *Pontifices negant... feriis... lanarum causa lavari oves, nisi propter medicinam... sunt enim vitia, quorum causa pecus utile sit lavare. Feriis autem ritus majorum etiam illa permittit... prata sicilire... foenum in tabulata componere.*

conservatrice(1), ou enfin, comme on l'a dès longtemps relevé, dans le langage lui-même(2).

(1) Au premier rang desquels Caton, dont le conservatisme devint rapidement classique, sur ce point comme sur bien d'autres, et donna cours à l'anecdote rapportée par Columelle, *de r. r.*, 6, *praef*, 4 : *M. Cato... consulenti quam partem rei rusticae exercendo celeriter locupletari posset? respondit si bene pasceret; rursusque interroganti quid deinde faciendo satis uberes fructus percepturus esset? Affirmavit, si mediocriter pasceret. Caeterum de tam sapiente viro piget dicere quod eum quidam auctores memorant eidem querenti, quodnam tertium in agricolatione quaestuosum esse? Asseverasse si quis vel male pasceret.* L'anecdote est racontée en termes identiques, sauf le doute final, par Cicéron, *de off.* 2, 89. C'est en effet seulement chez Columelle que l'on voit s'exprimer pour la première fois une opinion ouvertement défavorable au pâturage, *de re r.* 2, 2, 6 : *neque enim est rustici prudentis magis pabulis studere pecudum quam cibis hominum.* Cf. la place d'honneur accordée aux prés par les anciens Romains dans la hiérarchie des fonds de terre (Columelle, *de r. r.*, 2, 16, 1).

(2) Sur les rapports entre le petit bétail (*pecus*), monnaie primitive, et les termes *pecunia, peculium*, déjà mis en lumière par Columelle (*de r. r.*, 6, praef., 5 : *nomina pecuniae et peculii tracta videntur a pecore : quoniam id solum veteres possederunt*) v. Bréal et Bailly, *Dict. Etym.* 1885, p. 254. Relations parallèles de terminologie impliquant l'emploi du bétail comme unique monnaie dans diverses civilisations, mentionnées par Girard, *Manuel*[4], p. 244, 1, Viollet, *Hist. du droit civil français*[3], pp. 634-635 et les auteurs cités. Cpr. l'usage monétaire tout à fait symétrique, au XVIIIe siècle, des *Sheep pasture titles* entre les colons de l'île de Nantucket (Belot, *Nantucket*, p. 169). L'emploi générique de *pascuum* au sens général de *vectigal* rapporté par Pline, *H. n.*, 18, 3, 11, témoigne également de l'importance des pâturages à l'époque ancienne. Cf. l'expression *herbam dare*, Festus, h. v° *Herbam do, quum ait Plautus significat victum me fateor, quod est antiquae et pastoralis vitae indicium. Nam qui in prato cursu, aut viribus contendebant, quum superati erant ex eo solo in quo certamen erat*

Cette industrie pastorale s'exerça tout naturellement sur les terres restées la propriété de la cité. Les pâturages conservèrent en effet, à Rome comme dans toutes les autres communautés agraires (1), leur premier caractère collectif qui se conformait remarquablement à leur destination économique, en leur assurant la plus grande superficie possible et en permettant ainsi la constitution de troupeaux importants (2). Les pâturages collectifs reçurent des noms

decerptam herbam adversario tradebant (également chez Pline, *H. n.*, 22, 4, 4, 8).

(1) V. les exemples classiques (Suisse, Russie, Java, Inde, etc.) dans Laveleye, *op. cit.*, *passim*. *Adde* Jobbé-Duval, *La commune annamite*, pp. 58-59. Riedel *die Landschaft Dawan*, dans les *Deutsche geogr. Blätter*, t. 10, pp. 231-236. Tel est encore le type pastoral sur lequel s'organisent spontanément les colons de Nantuket (Belot, *op. cit.*, 119). Les formules populaires énumérant les divers éléments du patrimoine foncier de la commune placent en première ligne les forêts et les pâturages. (Wald, Weide und Feld ; Holz Alp und Feld (Suisse). Het houd, het weld en de essch (Néerlande) cités par Laveleye *op. cit.*, 128, 157 et 225). Cf. sur l'envahissement des forêts privées, « revendication désordonnée » de l'ancien droit collectif, à diverses époques révolutionnaires, Viollet, *Hist. du droit civil*[3], 763 et Laveleye, *op. cit.*, p. 415.

(2) L'intérêt qu'il y a à pratiquer le pâturage à l'aide de grands troupeaux et sur des forêts étendues a été signalé de tout temps par les économistes agraires. Varron recommande déjà de grouper pour le pacage les divers troupeaux d'un même propriétaire : *qui pascunt eos cogere oportet in pastione diem totum esse, pascere communiter* (*de. r. r.* 2, 10, 2). V. sur l'influence exercée par cette considération sur la détermination des circonscriptions pastorales dans certaines coutumes du centre de la France, Trapenard, *Le pâturage communal en Haute-Auvergne*, Paris, 1904, p. 220, n. 1.

divers, également techniques : *pascua publica* (1), *censorum pascua* (2), *saltus publici* (3), *ager scripturarius* (4). Nous placerons nos recherches sous ce dernier

(1) Tite-Live, 39, 29. Pseudo-Asconius, *in Cic. divin.*, 33. Ed. Orelli, p. 113. C. 11, 61 : *de pascuis publicis vel privatis*. L'adjectif *publicus* est en principe rigoureusement limité aux pâturages d'État : Ulpien, *D.* 50, 16, *de verb. sign.*, 15 : *bona civitatis abusive publica dicta sunt; sola enim ea publica sunt quae populi romani sunt.* V. cependant le même *D. h. t.* 17, *pr.* Cf. Mommsen, *Droit public*, 6, 2, 427, n. 1. Les *agrimensores* n'emploient généralement le terme *pascua publica* à propos des colonies, qu'en le faisant suivre immédiatement d'un déterminant. Cf. cependant *infrà*, ch. 5.

(2) Cic., *de lege agr.*, 1, 1, 3 : *Utrum tandem hanc silvam in relictis possessionibus an in censorum pascuis invenisti?* Les *tabulae censoriae* (Cic., *de lege agr.*, 1, 2, 4) désignent en effet les pâturages publics du simple terme de *pascua*, le caractère de domanialité publique de ces pâturages ne pouvant être l'objet d'aucune confusion, au point de vue strictement comptable où se placent ces magistrats. Ce caractère est même tellement évident que la rubrique *pascua* désigne encore au temps de Pline toutes les sources de revenus domaniaux. *Hist. nat.*, 18, 3, 11 : *Etiam nunc in tabulis censoriis pascua dicuntur omnia ex quibus populus reditus habet, quia diu hoc solum vectigal fuit.*

(3) *C. I. L.* 5, 715 : *dum saltus publicos curo*. Ovide, *Fastes*, 5, 284 : *Venerat in morem populi depascere saltus.*

(4) Festus h. v° : *Scripturarius ager publicus appellatur in quo, ut pecora pascantur, certum aes est, quia publicanus scribendo conficit rationem cum pastore.* L'adjectif *scripturarius* est certainement d'une langue ancienne dans cette acception. On le trouve déjà chez Lucilius, éd. Müller, fragm. lib. 26, 14 : *Publicanu' vero ut Asiae fiam scripturarius.* Peut-être est-il encore en usage au temps de Verrius Flaccus, mais c'est certainement dès cette époque un terme vieilli et peu courant, que le grammairien croit utile d'ex-

vocable, qui est le seul à exprimer exclusivement le domaine de l'État et à évoquer directement le régime fiscal fait par le droit public romain à la dépaissance commune.

Les terres réservées pour le pâturage commun dès la fondation de Rome constituèrent le premier noyau de l'*ager scripturarius* (1). Pendant la croissance de la puissance romaine et grâce à ses conquêtes successives, de nouveaux éléments vinrent s'y ajouter. La guerre heureuse et la *deditio* qu'elle comporte sont en effet, pour l'État républicain, le mode à peu près unique d'acquisition de l'*ager publicus*, et par suite de l'*ager scripturarius* qui n'en est qu'une spécialisation. *Ager publicus* et *ager ex hostibus captus* sont deux expressions synonymes pour tous (2), et l'emploi de la seconde

pliquer. Nonius Marcellus ne le comprend plus et lui donne la signification, trop générale, de greffier (Ed. Müller, p. 351 ; 37, 33). Quant à l'expression *ager pecuarius* produite par Humbert (Daremberg et Saglio, *Dict. des antiquités*, v° *Ager publicus*, p. 160, 2) on ne la rencontre dans aucun auteur. Il n'y a évidemment rien de commun entre les pâturages publics et les *fora pecuaria*, simples marchés aux bestiaux, signalés au *C. I. L.*, 9, 5438 ; 10, 585 *a* et 5074 ou le *campus pecuarius* analogue d'Aix : *C. I. L.*, 12, 2462.

(1) Denys, 2, 7 : τινα τῳ κοινῳ καταλιπων. Sur les assignations faites par Romulus sur l'excédent, mais qui auraient dépassé les deux jugères traditionnelles, v. Mommsen, *Droit public*, 6, 1, 26, n. 1. Cf. Macé, *Lois agraires*, p. 119 ; Beaudouin, *La limitation des fonds de terre*, 269 à 272 et particulièrement, 269, n. 3. En sens contraire Giraud, *Propriété*, pp. 49 s.

(2) Tite-Live, 1, 46 et 4, 48, Hygin *de Condic. agr.* 116, 8. Il

est même quelquefois un ménagement de terminologie à l'égard des possesseurs des terres publiques (1). Il est assez remarquable à ce propos que les conquêtes de Rome s'étendirent tout d'abord aux régions centrales et méridionales de l'Italie, c'est-à-dire aux contrées essentiellement pastorales de la péninsule (2). L'achat de terres destinées à être incorporées dans le domaine public conserva par contre toujours un caractère exceptionnel et ne fut d'ailleurs employé qu'à l'égard de territoires arables comme ceux de Campanie (3). Quant aux successions va-

est nécessaire de préciser lorsqu'il s'agit d'un territoire récemment conquis. Tite-Live 4. 51, 6.

(1) Tite-Live, 4, 48 : *Turbatores vulgi erant Sp. Mecilius quartum et Metilius tertium tribuni plebis Et cum rogationem promulgassent, ut ager ex hostibus captus viritim divideretur magnaeque partis nobilium eo plebiscito publicarentur fortunae — nec enim ferme quidquam agri, ut in urbe alieno solo posita, non armis partum erat nec quod venisset assignatumve esset praeterquam plebs habebat — atrox plebi patribusque propositum videbatur certamen.*

(2) M. Grenier, *op. cit.*, pp. 323-324, rattache même aux besoins pastoraux de Rome les premières luttes qu'elle engagea, et estime que « les troupeaux romains exilés de la plaine dès le début de la saison chaude, furent pour ainsi dire l'avant-garde de l'armée romaine qui conquit Albe ». Le résultat de ces premières conquêtes aurait d'ailleurs été de conférer à Rome un simple droit de pâture sur le territoire albain et non un droit de pleine propriété, sans intérêt pour un peuple de pasteurs (*eod. loc.* p. 326 et n. 2). Cf. Heyne, *Leges agrariae*, p. 357.

(3) L'achat de terres privées destinées à compléter le domaine public de Campanie n'avait d'ailleurs pour objet qu'une rectification de ses limites et ne semble même pas avoir été sérieusement poursuivi : Cic. *de lege agr.*, 2, 29, 81 et surtout 30, 82 : *Cum a majoribus nostris P. Lentulus is qui princeps senatus fuit, in ea*

cantes, elles ne purent contribuer à augmenter le domaine de la République, le droit successoral de l'État n'ayant été organisé que par les lois Juliae. Il en fut pratiquement de même des transmissions testamentaires ou des confiscations, qui n'eurent qu'une importance très minime jusqu'au principat (1).

Dès le règne d'Ancus Martius, la tradition veut qu'il ait existé des forêts et des salines publiques (2) à côté du domaine du roi (3) ou des terres affectées au

loca missus esset, ut privatos agros, qui in publicum Campanum incurrebant, pecunia publica coemeret, dicitur renuntiasse nulla se pecunia fundum cujusdam emere potuisse. Sur l'intervention d'un sénatusconsulte en pareille matière, v. Mommsen, *Droit public*, 7, 327.

(1) Il faut faire exception toutefois pour les importantes confiscations des biens des proscrits de Sylla. V. Drumann, *Geschichte Roms*² (éd. Groebe), pp. 406-408. On ne peut guère citer d'autre part que le testament d'Attale III, roi de Pergame dont l'authenticité est d'ailleurs des plus douteuse, et celui de Nicomède, roi de Bithynie en 677. V. en outre Cic., *de lege agr.*, 1, 1, 1. Cf. la curieuse anecdote, d'apparence légendaire, d'après laquelle Rome se serait adjugé en 309, sur les conseils du plébéien Scaptius, le territoire contesté entre les habitants d'Aricie et d'Ardée, qui avaient eu recours à son arbitrage (Tite-Live, 3, 71-72 et 4, 11-12)

(2) Cic., *de rep.*, 2, 18, 33 : *silvas maritimas omnes publicavit, quas ceperat.* Tite-Live, 1, 33, 8. Cf. Niese, *Hermes*, 23, 418.

(3) Le domaine royal semble bien n'être au surplus qu'une partie de l'*ager publicus* grevé d'une affectation spéciale en faveur du roi, au même titre que l'*ager publicus* affecté aux besoins du culte, la théorie du domaine privé du chef de l'État ayant sans doute été créée de toutes pièces sous l'Empire. En ce sens, Mommsen, *Droit public*, 5, 396, 2, atténuant ce qu'avait de trop absolu l'opinion qu'il avait précédemment exprimée (*Hist. rom.*, 1, 104).

culte [1] que l'on en distingue parfaitement. Plus tard, et principalement par la soumission du Samnium et de l'Italie méridionale, complètement achevée à la fin du ve siècle, Rome s'assura une part considérable dans les divers territoires pastoraux de la péninsule. Peu après, c'était successivement la Sicile, la Corse, la Sardaigne, l'Espagne ; au siècle suivant, la Macédoine, la Grèce, l'Asie qui venaient donner à l'*ager publicus* italique un complément provincial considérable. Or cet *ager publicus*, s'il fut en partie soumis à la culture, fut également, pour une part importante, consacré au pâturage, soit en considération de son défaut d'aptitudes culturales, soit aussi parfois afin d'offrir un nouveau champ d'activité aux grands éleveurs appartenant à l'aristocratie de naissance ou d'argent [2].

Aux dernières années de la République, et si l'on fait abstraction des conquêtes impériales de la Bretagne, sur laquelle nous sommes au surplus bien peu renseignés, et de la Dacie, dont le bénéfice ne devait d'ailleurs pas rester définitivement acquis, l'*ager scripturarius* a pris la plus large extension dont il sera jamais susceptible. Il ne sera pas sans intérêt avant de passer à l'étude du régime

(1) Mommsen, *Hist. rom.*, 1, 260. Cf. Hygin, *de cond. agr.*, 117, 7, 9 ; Sic. Flaccus, *de cond. agr.* 162-163. Rudorff, *Röm. Feldmesser*, 2, 299-300.

(2) Le maintien injustifié d'une partie de l'*ager publicus* arable dans la catégorie de l'*ager scripturarius* est notamment attesté par *C. I. L*, 1, 551, = 10, 6950, rattaché par Mommsen au consul de 621 P. Popillius : *eidemque primus fecei ut de agro poplico aratoribus cederent paastores.*

juridique auquel il était soumis, de déterminer avec un peu plus de précision les régions pastorales entre lesquelles il se trouvait naturellement réparti à cette époque.

Le Latium et les régions directement avoisinantes présentaient déjà des districts pastoraux de premier ordre, notamment pour le bétail de travail(1). L'Ombrie convenait plus particulièrement à l'élevage des moutons et des bœufs(2). La Sabine, et spécialement la région de Réate, à celui des mulets et autres bêtes de trait(3), et Rome y possédait encore sous le principat des dépendances importantes de l'*ager scripturarius*(4). Le Picenum est

(1) Columelle, *de re r.*, 7, 2, 1-2.

(2) Varron, *de re r.* 2, 9, 6 : *Cum greges ovium emisset in Umbria ultima.* Columelle, 7, 2, 1 : *Umbria vastos et albos* (*boves progenerat*). Isidore, *Etym.*, 13, 13, 6 : *Clitumnus, lacus in Umbria, maximos boves gignit.* Cf. sur l'importance encore considérable de l'élevage dans la région montagneuse de la province actuelle de Pérouse, où les pâturages et les forêts pastorales (*boschi da frutto*, par opposition aux *boschi cedui*) représentent environ les deux tiers de la superficie totale, et où la propriété communale s'étend encore sur 62.000 hectares, *Inch. agr. ital.*, vol. 11, 2, pages 34 à 38.

(3) Varron, *de r. r.*, 2, pr. 6 : *Ipse pecuarias habui grandes... in Reatino equarias*, 2, 6, 1 : *Ego... de asinis potissimum dicam, quod sum Reatinus, ubi optimi et maximi fiunt, e quo seminio ego hic procreavi pullos et ipsis Arcadibus vendidi aliquotiens.* Isidore, *Etym.*, 13, 13, 6 : *Reatinis paludibus jumentorum ungulas indurari dicunt* (déformation des indications beaucoup plus vraisemblables de Varron, *de r. r.*, 2, 8, 5).

(4) Siculus Flaccus, *De condicionibus agrorum*, 137, 1 : *Agri alii ita remanserunt ut tamen populi Romani essent; ut est in Piceno et in regione Reatina, in quibus regionibus montes Romani appellantur.* Ce sont là sans doute les *loca populi Romani* signalés par

toujours une contrée essentiellement pastorale sous Arcadius et Honorius[1] dont l'État avait su, lors de la conquête, conserver la bonne part dans son patrimoine[2]. Le domaine public campanien, bien que presque tout entier livré à la culture, renfermait encore quelques montagnes et les pâturages marécageux de Minturnes[3]. Plus au Nord, les pacages d'été du Samnium étaient une source d'abondants revenus pour le trésor[4]. Enfin toute la partie méridionale de la péninsule constituait la terre classique des pasteurs : Le Bruttium[5] et la Lucanie[6] oppo-

Aggenus Urbicus, 21, 10 et Hygin, *De condic. agr.*, 114, 6. V. sur l'*ager quaestorius* de Sabine, Siculus Flaccus, *De condic. agr.*, 136, 16 à 21 et Magon, éd. Lachmann, 349, 17. Cf. Frontin, *De controv.*, 21, 1-3 : *silvas quas ad populum romanum multis locis pertinere ex veteris instrumentis cognoscimus, ut ex proximo in Sabinio in monte Mutela.*

(1) Constitution de 399. Code Th. 9, 30, *quibus equorum*, 5. Cf. les deux constitutions de Valentinien et Valens défendant dès 364 dans cette région, l'usage des chevaux (sauf aux sénateurs, *palatini* ou *honorati*). C. Th., *h. t.*, 1 et 4.

(2) Cf. sur les *montes Romani* du Picenum, *Liber colon.*, 252, 23-25 et 254, 10-13. Siculus Flaccus, cité p. 16, n. 4. Sur le mode particulier de limitation des terres en usage dans cette partie de l'Italie, v. *Liber coloniarum*, pp. 225-226 et 252-259.

(3) V. sur les *montes nomine Romanos* de l'*ager Carsolis*, *Liber coloniarum*, 239, 20 s. *Salicta ad Minturnas* (Cic., *de lege agr.*, 2, 14, 36). Cf. la *Promptina palus*, dont le dessèchement est rapporté par Porphyrio, édit. Holder, p. 165.

(4) Varron, *de re rust.*, 2, 1, 16 : *Greges ovium longe abiguntur ex Apulia in Samnium atque ad publicanum profitentur.*

(5) Varron, *de re rust.*, 2, 1, 2 : *Nobiles pecuariae in Bruttiis habentur.* Cf. la constitution précitée de 364, *suprà*, n. 1.

(6) Sur l'étymologie du nom de cette région, dérivé de *lucus*,

saient leurs pâturages de montagne aux terres plus chaudes de la Calabre (1) et de l'Apulie (2), parmi lesquelles les *saltus Bantini* (3) et les forêts du mont Garganus (4) étaient célèbres dans toute l'Italie, et où l'État s'était assuré une part égale à celle qu'il s'était réservée dans les pâturages d'été du Samnium (5). Certaines parties de la Gaule cisalpine, plus récemment conquise, convenaient bien aussi à l'élevage du mouton et du bétail bovin (6) et les pâtres

v. Festus, v° *Lucania* et Pline, *Hist. nat.*, 3, 5, 10. Cf. Varron, *de lingua lat.*, 6, 3; Horace, *Carmina*, 1, 28, 27 : *Venusinae silvae* et Porphyrio, p. 38. Le rôle des montagnes de Lucanie comme pâturages d'été du bétail d'Apulie et de Calabre est attesté par Horace, *Epod.*, 1, 27 : *Pecusve Calabris ante sidus fervidum Lucania mutet pascuis.*

(1) Élevage des moutons en Calabre : Columelle, *de r. r.*, 7, 2, 3 et Porphyrio, éd. Holder, p. 405. La région voisine de Tarente avait donné son nom à une race de brebis dont la laine était fort estimée, mais dont l'élevage difficile n'avait pas favorisé la propagation en Italie : Columelle, 7, 2, 3 et 7, 4. Festus, v° *Pascuales oves.* Sur le curieux mode de limitation des terres de Calabre par *saltus*, incontestablement dérivé de la prédominance naturelle du pastorat dans cette région, voir *Liber coloniarum*, p. 211, 1, 261, 20, et *infrà*, ch. 6.

(2) Varron, *de re rust.*, 2, 1, 6 et 15; 2, 9, 10. Columelle, 7, 2. Cf. Porphyrio, p. 136 : *Apulia siticulosa est ob nimios calores.*

(3) Horace, *Carm.*, 3, 4, 15 et Porphyrio, p. 94.

(4) Horace, *Epist.*, 2, 1, 202 et *Carm.*, 2, 9, 6 (Cf. Phorphyrio, p. 67 et 94). *Liber coloniarum*, 210, 11 et 261, 4.

(5) Sur les *pascua publica* d'Apulie : Tite-Live, 39, 29. Cf. *infrà*, ch. 6 et Varron, *de re rust.*, 2, 1, 16 (cité p. 17, n. 4).

(6) Columelle, *de re rust.*, 7, 2, 3 indique particulièrement les brebis d'Altinum qui commencent à être plus estimées de son temps que celles de la race de Tarente. La même région fournis-

de cette région étaient même les plus réputés (1) : il devait sans doute y exister également des pâturages publics encore assez importants, dans les cantons apennins et alpestres.

L'*ager scripturarius* prit d'autre part, à la suite des armes romaines, un développement considérable dans les provinces. Son existence nous est principalement attestée, pour l'Asie et la Sicile, par les sociétés vectigaliennes spécialement créées en vue de la prise à ferme des taxes publiques de pâturage de ces deux provinces (2), l'état montagneux et boisé de la Sicile se prêtant d'ailleurs merveilleusement à l'industrie pastorale (3). Aussi les intérêts de cette industrie sont-ils invoqués en bonne place dans

sait également des vaches laitières renommées (Columelle, 6, 24, 5). Cependant l'élevage n'occupe pas en Gaule cisalpine la place prépondérante qui lui est faite par la nature dans l'Italie méridionale et les troupeaux de moutons n'y sont généralement que de quelques têtes, cinquante au maximum (Varron, *de re rust.*, 2, 3, 9) Cf. Varron, 2, 5, 9; Columelle, 6, 1, 1.

(1) Varron, *de re rust.*, 2, 10, 4 : *Non omnis apta natio ad pecuariam ... Galli adpositissimi maxime ad jumenta.*

(2) Voir ce qui sera dit au chapitre 2 des sociétés de *scriptura* de ces deux provinces.

(3) Ps.-Hygin, *de limit. const.*, 198, 23 : *Sicilia ubi montium alti altitudo et asperitas est.* Sur les forêts de l'Etna et les *montes Heraei*, v. Carcopino, *La Sicile agricole au dernier siècle de la République romaine*, p. 138. Cf. sur l'état économique et politique de la Sicile, Holm, *Geschichte Siciliens im Alterthum*, Leipsig, 3 vol. in-8°, 1870-1898; Ett. Païs, *Alcune osservazioni sulle storia e sulla amministrazione della Sicilia durante il dominio romano*, Palerme, 1888; Heisterbergk, *Fragen der ältesten Geschichte Siciliens*, 1889; Carcopino, *Les cités de Sicile devant l'impôt romain* et *Decumani*, dans les *Mélanges d'archéologie et d'histoire de l'Ecole de Rome*, 25, 1905.

les plaintes des Siciliens contre Verrès (1), car ils sont également ceux du trésor public, le domaine sicilien de l'État romain se composant essentiellement du domaine des anciens rois, où figurent en première ligne les landes et prés-bois du centre de l'île (2). L'Asie s'occupe aussi avec activité de l'élevage des bœufs (3); la race de brebis de Milet et les chèvres de Cilicie (4) sont connues des auteurs de traités d'agronomie et une savante transhumance est pratiquée dans toute la péninsule (5). Aussi les fermiers des pâturages domaniaux d'Asie sont-ils des financiers d'importance.

L'*ager scripturarius* devait probablement avoir des dépendances en Grèce (6). La loi agraire de 643 consacre les

(1) Cic. *Verr.*, 2, 3 : *Quos partim retinet ut arare pascere et negotiari liceat.*

(2) Il nous semble impossible d'admettre avec M. Carcopino, *Les cités de Sicile*, p. 39 et s., que ces landes et forêts « n'avaient jamais eu de propriétaire attitré » avant la conquête romaine. Ce sont là, en effet, des fonds qui mettent à la disposition du pouvoir central, quel qu'il soit, un impôt des plus faciles à percevoir. Il n'est donc pas à penser que les détenteurs de ce pouvoir aient bénévolement renoncé à s'assurer une semblable source de revenus. Cela est doublement incroyable pour la Sicile, où le produit de la taxe de pâturage devait être considérable et où, d'autre part, un régime fiscal très savant fonctionnait de longue date en matière de dîmes. En ce sens, Rostowzew, *Geschichte der Staatspacht*, 410.

(3) Columelle, *de re r.*, 6, 1, 1.

(4) Columelle, *de re r.*, praef. et 7, 2, 3.

(5) Cic. *Divin*, 1, 94 : (*Phryges Cilices*) *pastu pecudum maxime utuntur campos et montes hieme et aestate peragrantes.*

(6) Le fait est d'autant plus probable que la Grèce connaissait

dernières lignes qui nous en sont parvenues à l'*ager publicus* corinthien, cultivé, il est vrai, dans sa plus grande partie; mais le domaine public de Macédoine [1] devait certainement être ouvert au pâturage des grands troupeaux de bœufs d'Épire [2].

L'Afrique offrait ses *saltus* immenses, d'une superficie souvent supérieure à celle d'une cité entière[3], qui ne devaient être mis en culture, encore partiellement, qu'aux toutes dernières années de la République. Au VIIe siècle ils sont toujours pour la plupart consacrés à la dépaissance[4]. L'État n'a pas encore l'idée de les exploiter autrement et

encore à l'époque homérique un régime de collectivisme agraire (Esmein, *N. R. H.*, 1890, pp. 821-845) qui se borna bientôt aux seuls pâturages, mais qui, sous cette forme réduite, se maintint assez tard pour faciliter à Rome l'incorporation d'une partie de ces pâturages dans son domaine.

(1) Cicéron, *in Verr.*, 3, 11, 27 : *de lege agr.*, 1, 2, 5 et 2, 19, 51.

(2) Varr., *de r. r.*, 2, 5, 10 : *transmarini epirotici (boves) non solum meliores quam totius Graeciae sed etiam quam Italiae.* Columelle, 6, 1, 1.

(3) Frontin, *de controv. agr.*, 53, 5.

(4) Loi agraire de 643, lignes 82, 83, 88, 92. C'est ainsi que le sol de Carthage détruite fut primitivement destiné au pâturage des moutons. Appien, *B. civ.*, 1, 24 : Σκιπίων ἀυτὴν ὅτε κατέσκαπτεν επηρησατο ες αἰεὶ μηλόβοτον εἶναι. Cf. sur ce texte Mommsen, *Gesamm. Schriften*, 1, 1, 132-133. La première tentative de colonisation est de C. Gracchus : elle échoua d'ailleurs presque complètement. Au siècle suivant, Salluste signale encore le terroir africain comme également *frugum fertilis et bonus pecori* (*Jug.* 20). Cf. Rudorff, *Das Ackergesetz des Sp. Thorius* dans *Zeitsch. für gesch. Rw.* 10, pp. 98-99.

s'il les convertit en assignations, les lots sont d'une importance qui démontre le peu de cas qu'il fait encore de la fertilité de leur sol (1).

La province voisine d'Espagne se livra toujours à une importante industrie pastorale, principalement dans la Bétique, où s'élevaient les brebis de la race de Cordoue (2). Une grande partie des pacages resta bien à la vérité aux cités qui les possédaient de temps immémorial (3). Mais les Romains durent aussi châtier les Espagnols de leur vigoureuse résistance en leur confisquant certains pâturages d'une exploitation commode, et leur domaine public ne se réduisit certainement pas dans cette province à l'*ager publicus* de Carthagène (4). Il en fut sans doute de même de la Gaule et des îles de Sardaigne et de Corse.

Ce domaine pastoral considérable comprend une très grande part de forêts. Il existe en effet de nombreuses

(1) Le lot individuel assigné en vertu de la loi de 643 peut atteindre 200 jugères, soit exactement le centuple de l'*heredium* primitif (ligne 60). Cf. Rudorff, *Das Ackergesetz des Sp. Thorius*, 110.

(2) Columelle, *de re r.*, 7, 2, 3 : *colore sunt etiam suapte natura pretio commendabiles pullus atque fuscus, quos praebent... in Baetica Corduba*. Le texte législatif principal en matière d'*abigeatus* est précisément un rescrit d'Hadrien au *consilium* de Bétique. D. 47, 14, *de abigeis*, 1, *pr.*

(3) En ce sens Altamira, *Historia de la propiedad comunal*, 94 (et n. 2) et 97. Cf. Fr. de Cardenas, *Ensayo sobre la historia de la propiedad territorial en España*.

(4) Cic., *de lege agr.*, 1, 2, 5 : *Agros in Hispania apud Carthaginem novam duorum Scipionum eximia virtute possessos*. Cf. 2, 19, 50. Sur l'*ager publicus* de Bétique, v. Rostowzew, *Gesch. der Staatspacht*, 427 et Hirschfeld, *Kais. Verwaltungsbeamten*², 141-142.

futaies à glandée ou à paisson soit dans le territoire primitif de Rome, sur le Fagutal par exemple[1], soit plus tard, en Italie et dans les provinces, où les *silvæ glandariæ*[2] ou *glandiferæ*[3] sont placées au premier rang des forêts de pacage. Viennent ensuite les *silvæ pascuæ*[4], dont le feuillage seul peut offrir quelque nourriture aux troupeaux et qui se trouvent réduites à l'état de simples maquis par le pâturage du gros bétail[5] et surtout des chèvres[6]. Quelques bocages étaient d'ailleurs généralement conservés pour servir d'abri aux animaux contre l'ardeur du soleil de midi[7]. Aussi le pâturage garda-t-il toujours son an-

(1) Mommsen, *Droit public*, 6, 1, 126. Cf. Huelsen, *Topographie der Stadt Rom*, 3, 256 s. Sur l'étymologie de *fagus*, Servius sur Virgile, *Bucol*. 1, 1 : *Antea enim homines glandibus vescebantur unde etiam fagus dicta est* απο του φαγειν.

(2) Caton, *de re r*. 1, 7.

(3) Frontin, 48, 13. Le pseudo-Hygin, 205, 9 s. Cf. Labéon, D. 18, 1, *de contr. empt*., 80, 2. Ulpien, D. 10, 4, *ad exhib*., 9, 1. 19, 5 *praescr. verbis*, 14, *ult*. Gaius, D. 50, 16 *de verbor. sign*., 30, 4. Le gland est également donné au bétail à l'étable : Columelle *de re r*. 6, 3 et 23 ; 11, 2. Cf. la signification générale de *glans* : Gaius, D. 50, 16, *de verb. sign*., 236, 1 : *glandis appelatione omnis fructus continetur*. Sur l'importance actuelle de la glandée dans les provinces de Rome et de Pérouse, *Inch. agr. ital*., 11, 2, 41 ; 42 ; 410 ; 492, n. 1. 11, 3, 10.

(4) Pseudo-Hygin, 205, 9 s. Gaius, D. 50, 16, *verb. sign*., 30, 5.

(5) Varron, *de re r*., 2, 5, 11 : *Pascuntur armenta commodissime in nemoribus ubi virgulta et frons multa ; hieme cum hibernant secundum mare, aestu abiguntur in montes frondosos*.

(6) Varr. *de re r*., 2, 3, 6-7 : *potius silvestribus saltibus delectantur quam pratis. Studiose enim de agrestibus fruticibus pascuntur... itaque a carpendo caprae nominatae*.

(7) Varr. *de re r*. 2, 2, 11 : *Circiter meridianos aestus, dum defer-*

cien caractère forestier et la langue courante ne parvint-elle jamais à séparer complètement les *silvæ* des *pascua* (1).

Les pâturages étaient situés, nous l'avons vu, également en plaine et en montagne, et le domaine de l'État notamment renfermait à la fois des pacages d'hiver et d'été. Une transhumance très active s'établissait entre eux au printemps et à l'automne, non seulement en Italie, mais encore en province (2). Les déplacements périodiques des immenses troupeaux de moutons se rendant chaque été dans les pâturages des Apennins est classique (3). Mais le gros bétail ne voyageait pas moins régulièrement aux mêmes époques (4). Les troupeaux avaient ainsi à franchir

vescant sub umbriferas rupes et arbores patulas subigunt (oves), quoad refrigeratur. Aere vespertino rursus pascunt ad solis occasum. Il en est encore ainsi aujourd'hui où les « montagnes » ou pâturages d'été comportent généralement un petit bois servant d'abri au bétail contre le soleil ou les intempéries.

(1) V. par ex. Cicéron, *de nat. deorum*, 2, 99 : *Qui pecudum pastus, quae vita silvestrium.* De même l'*ager compascuus* de Gênes offre aux usagers, non seulement un pâturage abondant, mais encore le bois de chauffage ou de construction dont ils peuvent avoir besoin : *C. I. L.*, 1, 199, ll. 34-35 : *ex eo agro (compascuo) ligna materiamque sumant utanturque.*

(2) Cic. *Divin*, 1, 94 (cité, p. 20, n. 5).

(3) Varron, *de re r.*, 2, 1, 16 (p. 17, n. 4), 3, 17, 9 : *ut Apuli solent pecuarii facere, quod per calles in montes Sabinos pecus ducunt. C. I. L.*, 9, 2438 : [*cum*] *conductores gregum oviaricorum... quererentur per itinera callium frequenter injuriam se accipere.*

(4) Varron, *de r. r.* 2, 5, 11 : *Armenta... hieme cum hibernant secundum mare, aestu abiguntur in montes frondosos*; 2, 8, 5 : (*muli*) *exacti sunt aestivo tempore in montes, quod fit in agro Reatino.* Cf. Columelle, *de r. r.*, 6, 22.

des distances considérables[1]. Ils n'empruntaient qu'exceptionnellement pour cela les voies publiques ordinaires[2] et utilisaient généralement tout un réseau de chemins spécialement affectés à leur usage, les *calles*[3], dont le tracé traditionnel s'est toujours conservé depuis[4].

Ce régime de transhumance n'allait pas d'ailleurs sans quelques inconvénients. Il était en effet l'occasion non seulement de rixes violentes entre pasteurs[5], mais aussi d'abus très nombreux : des prestations assez peu légitimes étaient exigées des troupeaux transhumants par les municipalités[6] ou par le *scripturarius*

(1) Varron, *de r. r.* 2, 2, 10 : *Mihi greges in Apulia hibernabant, qui in Reatinis montibus aestivabant, cum inter haec bina loca, ut jugum continet serpiculos, sic calles publicae distantes pastiones.* 2, 9, 16 : *qui per calles silvestres longinquos solent comitari in aestiva et hyberna.* Cf. 2, 10, 1 : *callium difficultas.*

(2) Loi agraire de 643, l. 26.

(3) Relevé des emplois de *callis* au sens indiqué au texte dans le *Thesaurus linguae latinae* h. v°. L'inscription *C. I. L.* 5, 1862 se rapporte sans doute à l'amélioration d'un *callis* : *iter ubi homines et animalia cum periculo commeabant apertum est.*

(4) Voir sur les *tratturi*, *bracci di tratturo* et *tratturelli* de l'Italie moderne, Grenier, *op. cit.*, p. 296, n. 3. Cf. sur les *carraires* de Provence, J. Fournier, *Les chemins de transhumance en Provence et en Dauphiné* (extr. du *Bull. de géogr. hist.*, 1900), p. 135.

(5) Cic., *pro Cluent.*, 161 : *Cum quaedam in callibus, ut solet controversia pastorum esset orta.*

(6) *C. I. L.*, 9, 2438 : Rapport adressé à Bassaeus Rufus et Macrinius Vindex, préfets du prétoire, cité *infrà*, ch. 6. Les localités traversées par les troupeaux transhumants ont été souvent coutumières de cette sorte d'exactions. Les habitants allaient même parfois jusqu'à laisser les portes de leurs cours ouvertes

des pâturages publics que traversaient les *calles*. Ce dernier pouvait à la vérité fonder sa prétention sur le dommage occasionné par le pacage des animaux en cours de route (1). Toutefois ce dommage était assez peu important en pratique et n'était que le prétexte d'exactions répétées. Aussi la loi agraire de 643 intervint-elle pour défendre toute perception de ce chef, au moins en tant que le bétail voyageait réellement et que le pasteur ne l'arrêtait pas frauduleusement pour lui permettre de pâturer (2).

afin de les refermer ensuite sur les animaux qui s'y introduisaient. J. Fournier, *op. cit.*, p. 8 et 13.

(1) C'est en se réclamant de dommages analogues que les seigneurs de Provence et de Dauphiné firent maintenir en 1764 le droit de pulvérage qu'ils percevaient sur le passage des troupeaux transhumants. V. Guyot, *Répertoire*, v° *Pulvérage*, addition. Quant aux simples particuliers, ils s'ingéniaient à multiplier les dommages en enlevant la clôture de leurs champs ou encore en ensemençant la bordure des chemins de transhumance. Fournier, *op. cit.*, p. 13.

(2) L. 26 : *Quod quisque pecudes in calleis viasve publicas itineris causa indu*[*xerit ibeique paverit* ... *pro eo pecore quod ejus in calli*]*bus, vieis*[*v*]*e publiceis pastum impulsum itineris causa erit neiquid populo neive publicano d*[*are debeto*] Huschke (*Krit. Jahrbücher für d. Rechtsw*, 5, 1841, pp. 593-594) rapporte également ce texte au désir de mettre fin aux mauvaises chicanes des publicains.

CHAPITRE II

LA TAXE DE DÉPAISSANCE ET LES SOCIÉTÉS DE *SCRIPTURA*

La dépaissance des pâtures publiques n'est pas gratuite. Tel est du moins l'état de choses que l'on peut constater à l'époque historique, et rien n'oblige à admettre qu'il en ait été différemment à l'origine, l'existence d'une taxe de pacage étant tout aussi facilement admissible dans une commune de l'importance moyenne de la Rome royale (1) que dans l'État développé qu'elle est devenue

(1) Le pâturage à titre onéreux, dont il serait aisé de trouver d'autres exemples dans les divers droits publics de l'antiquité, (V. p. ex. pour le droit grec, Rostowzew, *Geschichte der Staatspacht*, 410. Cf. la taxe de pâturage, ἐννομια, du dème d'Aixoné, *Att. Mitth.* 4, 1879, p. 200 et s.), est encore fréquemment pratiqué aujourd'hui dans nombre de régions pastorales. L'établissement de la taxe répond d'ailleurs à des préoccupations assez diverses. Tantôt on y voit un moyen commode de répartir les frais de garde du troupeau communal et les impôts grevant les communaux; tantôt on répartit par ce moyen d'autres charges communales sans aucun lien avec le pâturage afin de dégrever indirectement les habitants exclus, en droit ou en

par la suite et où ses communaux primitifs ont perdu tout caractère local. L'existence de cette taxe dès l'origine est même d'autant moins douteuse qu'elle constitue aux yeux des Romains le droit vectigalien par excellence, et que l'élevage dut être pendant longtemps à peu près la seule industrie imposable d'une population encore essentiellement pastorale[1]. Elle consista sans doute à cette époque ancienne où la monnaie de métal était encore rare ou

fait, de la dépaissance (à Schwytz, p. ex. : Laveleye, *op. cit.*, p. 149 et 158), tantôt enfin le bétail forain est seul soumis à la taxe qui devient ainsi un droit protecteur de l'élevage local. Ce dernier régime, que l'on retrouve en Espagne au IXe siècle dans le *fuero de Brañosera* (Altamira, *Historia de la propiedad comunal*, p. 207), est encore pratiqué aujourd'hui par diverses *Universite* de l'Apennin (*Inch. agr. ital.*, 11, 2, p. 491). Le système de l'*erbatico* (taxe de pacage) constitue au surplus, sous une forme ou sous une autre, le droit commun des pâturages communaux de l'Italie moderne (Bianchini, *Storia delle finanze di Napoli*, p. 42 et *Inch. agr. ital.*, vol. 11, 2, *passim*).

(1) Pline, *hist. nat.*, 18, 3, 11 : *Etiam nunc in tabulis censoriis pascua dicuntur omnia ex quibus populus reditus habet, quia diu hoc solum vectigal fuerat.* En ce sens Mommsen, *Hist. Rom.*, 1, 260. Karlowa, *Legisactionen*, 213 et *R. R. G.*, 1, 95-96 (qui donne cependant une solution contraire pour les dîmes domaniales). En sens contraire, Voigt, *op. cit.*, 228, *d.*, d'ailleurs sans aucune preuve, et Weber, *Röm. Agrargeschichte*, qui date des XII tables (p. 128) ou des lois liciniennes (130, 11 *a*) l'apparition de la *scriptura* et du libre pâturage des terres publiques, étroitement liés dans sa théorie sur l'histoire de la propriété communale de Rome. Le caractère originaire du libre pâturage sera établi, *infrà*, ch. 5. Mais il est bon de remarquer dès maintenant, que, l'*ager compascuus* eût-il été la première forme de la dépaissance publique, l'ancienneté de la *scriptura* ne s'en trouverait nullement atteinte, l'attribution des pâturages à une communauté réelle

même inconnue, et à l'exemple de la dîme simple ou double des grains ou des fruits récoltés sur l'*ager publicus* arable, dans une prestation en nature d'un certain nombre de têtes de bétail (1).

Quoi qu'il en soit, la redevance ne tarde pas à apparaître comme une prestation monnayée déterminée, versée à l'État ou à ses représentants en contrepartie de la dépaissance, et techniquement dénommée *scriptura* (2), parfois

et l'imposition d'une taxe n'ayant rien d'incompatible et ayant précisément coexisté à Rome. Il suffira de signaler l'opinion erronée de M. Grenier qui attribue à la loi de 643 l'introduction de la *scriptura*. On peut au surplus remarquer que bon nombre d'autres *vectigalia* apparaissent dès l'époque royale : le peuple tire déjà certains revenus du *vectigal* des salines sous Ancus Martius et les *portoria* sont l'objet d'une suppression temporaire à l'époque des Tarquins (Dietrich, *op. cit.*, 9).

(1) En ce sens, D. Lambin sur Cicéron, *ad Atticum*, 2, 15 (Cologne, 1578, in-8°).

(2) Plaute, *Truc.*, 1, 2, 42-47. L. agr. de 643, lignes 15, 19, 20, 26, 36, 82, 83, 86, 88, 92. Cicéron, *ad Att.*, 5, 15, 3 et 11, 10, 1; *ad fam.*, 13, 65; *in Verr.*, 2, 70, 171 et 3, 71, 167; *pro Flacco*, 19 : *nostrae secures... scriptura, decumae portorium*; *pro lege Manilia*, 6-7 : *Neque ex portu neque ex decumis neque ex scriptura vectigal conservari potest.* Pseudo-Asconius, *in Cic. divin.*, édit. Orelli, p. 113. Cf. ce que nous avons dit plus haut p. 11, n. 4 de l'ancienneté de l'adjectif dérivé *scripturarius*. Il est impossible d'admettre avec M. Voigt (*op. cit.*, 249, n. 8) que l'*inscriptio pecoris* et par suite le terme de *scriptura* auraient simplement apparu avec la ferme de la taxe; l'*inscriptio* s'imposait en effet déjà à l'État alors qu'il exploitait ses pâturages en régie directe, la confection contradictoire d'un rôle ayant été, de tout temps, le seul mode pratique de perception d'un droit de dépaissance. Quant au texte de Pline (*Hist. nat.*, 18, 3, 11, cité plus haut p. 28, n. 2), il signifie simplement

mais très rarement *scriptura pecoris* (1). Le fondement théorique de cette prestation est — comme pour la dîme

non pas comme M. Voigt le lui fait dire complaisamment, que la *scriptura* s'appelait précédemment *vectigal*, mais qu'elle fut longtemps le seul produit domanial (*diu hoc solum vectigal fuerat*). L'étymologie du terme *vectigal* (de *vehere* = voiturer, v. Mommsen, *Dr. pub.*, 4, 120 ; Burmann, *Vectigalia populi romani* ; Rein dans Pauly, h. v°) suffirait au surplus à établir son impropriété essentielle en matière pastorale. En ce sens, Kniep, *Societas publicanorum*, p. 3, qui admet, il est vrai, le terme *pascua*, en se réclamant du même texte, où Pline se borne pourtant à dire que *pascua* désignait dans ces *tabulae* censoriennes non pas tous les *vectigalia*, mais toutes les matières à *vectigal* : *pascua dicuntur omnia ex quibus populus reditus habet*. C'est d'ailleurs la seule interprétation qu'il soit possible de concilier avec Cicéron *de lege agr.*, 1, 1, 3 : *Utrum hanc silvam... in censorum pascuis invenisti?*

(1) Seuls exemples : Loi de 643, lignes 19, 20 ; 86, 88, 92. Encore la présence du déterminant *pecoris* s'explique-t-elle dans les deux premiers passages, par la proposition incidente : *quod in eo agro pascitur*, qui suit immédiatement. Les trois autres étant relatifs à l'*ager scripturarius* africain, peut-être ne faut-il voir dans cette spécification qu'une exception terminologique locale. En tout cas on ne la retrouve ni avant ni après 643. M. Carcopino, qui n'a d'ailleurs pas relevé ces textes, estime (art. cit. *Decumani*, p. 430) que « le mot *scriptura* était un terme extrêmement souple et compréhensif » et qu'il devait impliquer toutes les redevances à lever sur l'*ager publicus* ayant pour objet non une quotité mais un *certum quid*, ce qui exclut du même coup comme le reconnaît l'auteur, les dîmes frumentaires ou menues, et ce qui ne renferme plus dans la catégorie qu'il a prétendu élargir, que la seule taxe de dépaissance. Il est théoriquement possible qu'il ait existé, par exemple en Afrique, une taxe, générale ou locale, donnant également lieu à la confection d'un rôle et dénommée *scriptura*. Il serait dans ce cas naturel que l'on ait songé à la distinguer de la première par l'apposition d'un déterminant. Mais ce n'est là qu'une pure conjecture, fort peu soutenable en présence de l'emploi presque unique de ce déterminant

domaniale ou le quint, comme encore pour les douanes qui ne se réclament nullement à Rome de la souveraineté publique (1) — le droit de propriété de l'État sur le fonds soumis à la redevance (2). Quant à la dénomination de ce droit domanial, elle est tout simplement tirée, à l'exemple de bien d'autres expressions fiscales, d'un des actes matériels qui accompagnent sa perception : la confection d'un rôle du bétail admis au pacage et passible du droit (3).

et l'absence de toute indication positive sur une autre application fiscale du mot *scriptura*. On ne peut penser en effet, et personne n'y a songé, à tirer argument de la rédaction ambiguë du pseudo-Asconius, *in Cic. div.*, 33 : *portitores aut pecuarii, quorum ratio scriptura dicitur*, le *portorium* étant précisément une des taxes domaniales les plus soigneusement distinguées par Cicéron de la *scriptura*. Il ne faut pas faire trop de fond au surplus sur l'apparence compréhensive de ce terme, la langue fiscale, d'interprétation essentiellement stricte, excellant tout aussi bien à restreindre et à concrétiser des termes naturellement généraux et abstraits (comme par exemple : *vectigal, decuma*), qu'à donner une portée inattendue à des vocables originairement très spéciaux (v. par exemple l'emploi de *pascua*, dans les *tabulae censoriae*, pour signifier toutes les propriétés domaniales susceptibles de donner un revenu au trésor).

(1) La perception des *portoria* ou droits de douane dérive en effet uniquement, aux yeux des Romains, du droit de propriété de l'État sur les côtes. Aussi, pour n'en relever qu'un exemple, l'acquisition des côtes de Campanie (Tite-Live, 32, 7, 3) détermine-t-elle aussitôt la création de nouveaux bureaux de douane. V. l'excellente démonstration de Mommsen, *Dr. pub.*, 4, 126 et 127, n. 2.

(2) Mommsen, *loc. cit.*, Karlowa, *R. R. G.*, 1, 244.

(3) Festus, vº *Scripturarius ager*, cité plus haut, p. 11, n. 4. Ps.-Asconius, *in Cic. div.*, 33. Orelli, p. 113, cité *suprà*, p. 30, n. 1. Varron, *de re r.*, 2, 1, 16.

Il est impossible, en l'absence de toute tradition précise à ce sujet, de fixer le montant exact de la *scriptura*. Nous savons seulement qu'elle consistait dans une somme d'argent fixe, *certum aes*(1), imposée par chaque tête de bétail introduite au pâturage : d'où la nécessité de la confection d'un rôle pour établir le montant de la taxe totale due par chaque usager. La taxe unitaire ne devait d'ailleurs pas être, comme on l'a soutenu parfois, une redevance modique(2), quelque chose comme le *vectigal* récognitif établi par l'État sur les immeubles remis en garantie de ses dettes(3). La taxe devait être au contraire, sinon exactement égale à la valeur locative du pacage, au moins assez élevée, puisque son produit suffit longtemps à alimenter le trésor public. Elle devait vraisemblablement varier légèrement suivant la situation géographique du pâturage, voisine ou éloignée des lieux d'élevage, et n'était sans doute pas la même dans les diverses provinces.

La redevánce était au surplus graduée selon les différentes catégories de bétail et comportait au moins deux taux, respectivement applicables aux gros et aux

(1) Festus, v° *Scripturarius ager*. Cf. Appien, *B. c.* I, 7.

(2) Mommsen, *Hist. rom.*, 1, p. 260.

(3) Tite-Live, 31, 13 : *Consules agros aestimaturos et in jugera asses vectigales testandi causa publicum agrum esse si quis, cum solvere posset populus, pecuniam habere quam agrum mallet restitueret agrum populo.* Cf. Huschke, *Zeitchr. f. vgl. Rechtsw.*, 1, 185 et Karlowa, *R. R. G.*, 1, 244, 4.

petits animaux(1), dont le premier était sans doute le quintuple de l'autre(2).

Le produit éventuel de la *scriptura* fut de bonne heure affermé par des sociétés de publicains, dont l'intervention suffit à établir l'importance de la taxe, les financiers romains n'ayant pas pour habitude de poursuivre de maigres profits, et la prise à ferme de la perception de la *scriptura* impliquant au contraire, aux yeux de l'opinion publique, la certitude de bénéfices considérables(3). Ce

(1) L'existence de deux taux distincts résulte de l'indication séparée du gros et du petit bétail chez Appien. *B. c.*, 1, 7 : Ὥριστο δὲ καὶ τοις προβατεύουσι τέλη μειζόνων τε καὶ ἐλαττόνων ζώων.

(2) C'est du moins ce que l'on peut déduire de la proportion (1 : 5) établie entre les deux catégories de bétail par la loi Licinienne (v. *infrà*, ch. 4), proportion qui semble bien avoir été conservée par la loi de 643 pour le calcul du maximum de têtes de bétail admises en franchise sur les pâturages. L'établissement de semblables rapports est au surplus une nécessité dans toutes les régions pastorales indistinctement ouvertes au pacage des diverses espèces de bétail, soit qu'il s'agisse d'établir une taxe, soit que l'on se propose simplement de restreindre le nombre des animaux à la capacité du fonds, généralement calculée en têtes de bétail bovin. La proportion fixée en pareil cas est très sensiblement voisine de celle adoptée à Rome. V. Trapenard, *Le pâturage communal*, p. 186 et Rennefahrt, *Die Allmend im Berner Jura*, 1905, 124, n. 2. Il est d'ailleurs vraisemblable que les deux catégories principales de bétail se subdivisaient à leur tour suivant l'âge des animaux et que le tarif était par suite un peu plus compliqué. C'est ce qui semble résulter de l'admission gratuite, en toute hypothèse, du bétail âgé de moins d'un an, par la loi de 643 (l. 14 et 26) qui paraît bien impliquer la taxation, à un taux inférieur, de l'animal non adulte, âgé de plus d'un an.

(3) Lucilius, fr. lib. 26, 14 (cité p. 11, n. 4).

bail à ferme n'est cependant pas originaire. Aussi longtemps en effet que le territoire ne fut que de faible étendue, il fut possible à l'État de suffire avec un personnel restreint, à la levée de la taxe de pâturage(1). Mais lorsque ce territoire eut été successivement augmenté par la conquête, il devint matériellement impossible de conserver le système de la régie directe. Il eût fallu pour cela, contrairement à la tendance des institutions républicaines, augmenter le nombre des employés de l'État. Il eût fallu surtout disposer de fonctionnaires de métier, dont ne pouvaient évidemment tenir lieu des magistrats élus pour un temps très court(2). Le système de la ferme offrait

(1) En ce sens, Becker, *Röm. Alterthümer*, 2, 2, 348; Rein, dans Pauly, v° *Pascua*; Voigt, *op. cit.*, p. 249, n. 8; Dietrich, *Beiträge zur Kenntniss des römischen Staatspächtersystems*, pp. 8-9.

(2) C'est en effet dans cette inaptitude professionnelle des magistrats électifs de la République qu'il faut voir la cause principale des nombreuses délégations de pouvoirs administratifs à des particuliers, notamment aux publicains en matière de perception d'impôts: Girard, *Organ. judiciaire*, p. 141 et s. M. Mommsen, *Dr. public*, 4, 128, donne comme raison majeure de la substitution des fermiers publics à l'État en matière vectigalienne, le fait qu'il s'agit là de cas « où la jouissance immédiate de la chose est permise sous certaines conditions par la coutume ou par la loi à tout citoyen », ce qui revient à invoquer l'impossibilité pour le censeur de passer une multiplicité de contrats de louage avec des usagers très nombreux et inconnus à l'avance. L'obstacle était cependant le même pour le *magister* de la société publicaine qui ne pouvait évidemment traiter individuellement avec tous les usagers, mais qui avait pour cela des subordonnés procédant à la perception matérielle de la taxe. Il eût donc suffi au censeur de s'adjoindre des préposés inférieurs pour pouvoir matériellement encaisser la *merces* relative à la jouissance des fonds publics. Mais c'est ce qu'il

d'ailleurs à l'État, pour la *scriptura* ainsi que pour les autres *vectigalia*, l'avantage de pouvoir tabler, pour faire face à ses dépenses, sur des recettes déterminées à l'avance. Et c'était peut-être pour la *scriptura*, plus que pour tout autre *vectigal*, que cette certitude du produit était obtenue au moindre préjudice du trésor : le fermier pouvait en effet évaluer d'avance avec une précision suffisante le nombre des têtes de bétail soumises à la taxe, et d'autre part cette taxe, consistant dans une capitation fixe et presque toujours versée avant tout acte de jouissance sur l'*ager scripturarius*, échappait par là même aux nombreux aléas des autres redevances foncières, étroitement liées aux risques d'une mauvaise récolte ou à l'habileté agricole de l'usager. Il était donc possible au fermier de rapprocher davantage son offre du produit de la taxe, qu'il pouvait évaluer presque à coup sûr, et la perte résultant pour l'État de la renonciation à la régie directe se trouvait ainsi réduite à un minimum négligeable.

Ces avantages particuliers de la ferme de la *scriptura*, joints à l'ancienneté de la redevance, conduisent à placer l'intervention de fermiers à une époque assez reculée, vraisemblablement vers la rédaction des XII Tables, au moment où l'influence hellénique, à laquelle on la relie avec

ne pouvait précisément réaliser, à raison de son manque absolu d'une préparation technique qu'il lui était impossible d'acquérir au cours d'une magistrature aussi brève. C'est donc dans l'inaptitude technique seule du magistrat qu'il faut voir la cause déterminante du bail à ferme de la *scriptura* et des autres *vectigalia*.

assez de raison (1), se fit sentir d'une façon plus particulière. Peut-être même faut-il rattacher l'introduction du bail à ferme des revenus domaniaux à la création de la magistrature chargée de le réaliser, ce qui conduirait, suivant le système adopté sur la date d'apparition de la censure, à l'année 305 ou 319 (2). Cette trans-

(1) L'origine grecque de la ferme fiscale se concilierait particulièrement bien avec la théorie de M. Soltau, sur l'apparition de la censure (*Revue de l'instruction publique en Belgique*, t. 26, 1883, pp. 37 s.). Elle a été principalement soutenue par Dietrich (*Beiträge*, pp. 5 à 8) qui relève de nombreuses applications de la ferme des impôts, non seulement en Grèce, mais dans les colonies grecques de l'Italie méridionale, et qui signale également l'influence parallèle, en Egypte, du droit public hellénique, importé par les Ptolémées. Cf. Rostowzew, *Geschichte der Staatspacht*, 368-372. Il n'y a pas lieu d'admettre par contre, sauf peut-être en matière minière, que les Romains aient emprunté le système de la ferme aux Carthaginois, à l'occasion de la conquête de l'Espagne (V. Hubner, *Ephem. epigr.*, 2; Dietrich, *op. cit.*, pp. 7 et 25. Cf. Girard, *Organ. jud.*, 138, 5). L'origine hellénique de l'institution s'oppose naturellement à ce qu'on la fasse remonter au delà de 305 et il est assez surprenant de voir certains auteurs reconnaître, en même temps que cette origine, l'existence de la ferme à la période royale, en vertu de l'absence, dans les sources, de toute mention d'un changement financier contemporain de l'avènement de la République (Dietrich, *op. cit.*, pp. 8-9). M. Voigt, *Staatrechtl. possessio*, 251, la date de la même époque que les *vectigalia* levés sur l'*ager publicus* cultivé, ce qui sans conduire, dans son système, à l'origine même de Rome, donne cependant une date très antérieure aux XII Tables.

(2) La deuxième date est celle du système de M. Mommsen, *Droit public*, 4, p. 5. La première est présentée avec beaucoup de vraisemblance par l'article précité de M. Soltau. Cf. Girard, *Organisation judiciaire*, p. 138, 5.

formation de l'organisme financier de l'État romain ne s'opéra peut-être que progressivement : en ce cas, la *scriptura* dut être certainement le premier *vectigal* affermé, à raison de son aptitude toute particulière et de sa prépondérance ancienne : il est de toutes façons assez remarquable qu'elle constitue un des tout premiers exemples de redevance donnée à ferme par l'État et que sa perception par le publicain se présente dans cette première espèce, datant du VIe siècle, comme un système complètement constitué et parfaitement connu du public (1). C'est en effet là depuis longtemps à cette époque, le régime à peu près exclusif (2) de mise en valeur des immeubles de l'État.

(1) Plaute, *Truculentus*, 1, 2, v. 41 et suiv. On peut en rapprocher le bail à ferme des *portoria* de l'année 555 : Tite-Live, 32, 7, 3. Dans l'un et l'autre de ces cas, la rapidité de l'exposition démontre qu'il s'agit d'une institution depuis longtemps en plein fonctionnement. Cf. Dietrich, *Beiträge*, pp. 13-14, et Kniep, *Societas publicanorum*, p. 16. Il est d'ailleurs possible que les fermiers publics n'aient pas été désignés dès l'origine du nom de *publicani* et que cette dénomination leur ait été attachée seulement lorsque le développement du territoire et de la richesse générale leur eut permis de constituer une puissante ploutocratie.

(2) Il est en effet possible que certains pâturages, à raison de leur peu d'importance ou de leur isolement, n'aient pas été affermés par les publicains, auxquels ils n'auraient assuré que de faibles bénéfices, absorbés pour la plus grande part par des frais excessifs. Il peut se faire également que l'Etat ait désiré se réserver l'exploitation plus aisée de certains pâturages, particulièrement riches ou proches des agglomérations, qu'il était facile de porter à un haut

La ferme avait-elle pour objet le droit de percevoir la *scriptura* ou les pâturages eux-mêmes ? La question est d'intérêt plus théorique que pratique : les conséquences de la location, notamment dans les rapports du publicain avec les usagers, étaient en effet identiques dans l'une ou l'autre conception, le montant de la taxe étant déterminé

rendement par un système de fermes parcellaires. C'est là un régime qui fonctionna peut-être pour les terres arables particulièrement fertiles de la Campanie, dont la situation *sub signo claustrisque rei publicae* (Cic., *de lege agr.*, 1, 7, 20) faisait un élément unique du patrimoine du peuple romain. Cf. Marquardt, *Organisation financière*, p. 313 et 315, et Weber, *Römische Agrargeschichte*, pp. 135-139, observant (pp. 137-138) qu'il n'est nullement nécessaire de supposer des baux supérieurs à cinq ans pour expliquer la conservation dans les mêmes familles des *paternae arationes*, en raison de la difficulté de fait qu'il y aurait eu à mieux affermer de loin les parcelles, qui ne devaient pas en conséquence faire l'objet d'une adjudication aux enchères, mais d'une confirmation quinquennale de la ferme. *Contrà*, Beaudouin, *Limitation des fonds de terre*, p. 58, n. 1, qui ne mentionne ni ne réfute la conjecture de Weber. Un tel système de morcellement ou en tout cas un bail à ferme direct a dû se pratiquer dans certains cas entre l'État et le pasteur et c'est là sans doute le régime auquel fait allusion la loi agraire en prévoyant, dans ses lignes 26 et 83 le versement de la *scriptura*, comme pouvant être également fait au *populus* ou au publicain. Cf. les lignes 15, 19, 20, 82 où la formule *populo vel publicano* est à la vérité le résultat d'une restitution. Il est même à remarquer que l'un des deux passages non restitués est relatif au pâturage en bordure des routes, c'est-à-dire précisément à un de ces cas où le pacage n'est pas d'un produit suffisamment important pour déterminer l'enchère des *scripturarii* (L. 26). Cf. le régime pastoral particulier que M. Mommsen croit pouvoir reconnaître en Afrique, sous le régime de la loi de 643. *Gesamm. Schriften*, 1, 1, pp. 133-135.

par le cahier des charges de l'adjudication. Il semble cependant qu'on y ait plutôt vu, à l'époque ancienne une vente (1), à l'époque récente une location du droit d'exiger la redevance : c'était là en effet une construction juridique beaucoup plus simple que celle d'une location des immeubles pastoraux, où il fallait imposer au soi-disant fermier toute une série de limitations, plus extraordinaires les unes que les autres, de son droit de jouissance. On ne se repré-

(1) Festus, v° *Venditiones : Venditiones olim dicebantur censorum locationes; quod velut fructus locorum publicorum venibant.* Cf. encore Cicéron, *de lege agr.*, 1, 8, 24 et *Verr.* 3, 6, 14. L. agr. de 643, l. 87 : *ea vectigalia fruenda locabit vendetve.* D'où la désignation des publicains du nom de *redemptores* (Papinien, D. 50, 5, *de vacatione*, 8, 1. Paul, D. 39, 4, *de publicanis*, 11, 5). Cf. Hygin, *de Condic. agrorum*, p. 116 : *mancipibus ementibus id est conducentibus.* En ce sens, Mommsen, *Droit public*, 4, 129 notes 1 et 2 (où il rapproche même *emere* de ἀμάω). Cf. du même auteur *Die römische Anfänge von Kauf und Miethe*, dans *Z. S. St.*, 6, 1885, p. 260 s. Peut-être ne faut-il voir dans cette vente des fruits de l'*ager publicus* qu'une explication postérieure de jurisconsultes choqués de voir désigner la concession d'un droit temporaire sur une chose, au moyen du terme *venditio*, qui a pris à leur époque la signification précise l'opposant à *locatio.* Sur le sens mal défini de *venditio* qui semble exprimer simplement à l'origine l'idée d'un contrat commutatif, Kniep, *Societas publicanorum*, 95-100. Cf. Karlowa, *R. R. G.*, 2, 22. Nous ne voyons pas par contre un obstacle théorique à ce que la vente ait porté sur des redevances futures, ait consisté dans une *venditio spei.* En ce sens Degenkolb, *Platzrecht und Miethe*, p. 140. Bruns, *Zur Geschichte der cession*, p. 31. *Contrà*, Kniep, *op. cit.*, p. 95. Cf. Girard, *Manuel*[4], p. 538, 1. Selon M. Carcopino (*Les cités de Sicile*, p. 25), *venire* s'appliquerait plus particulièrement, du moins chez Cicéron, à la ferme des dîmes, *locare* au contraire à celle des fonds de terre eux-mêmes.

sente pas aisément un locataire, auquel il est d'une part interdit de jouir directement et personnellement du fonds (1), et qui n'est même pas, d'autre part, libre de le sous-louer à qui bon lui semble ni aux conditions qui lui

(1) C'est là ce que reconnaît M. Kniep lui-même qui admet cependant qu'il y a location des pâturages (contrairement d'ailleurs à ce qu'il indique tout d'abord, p. 14), *op. cit.*, p. 95 : « Was den Pächtern eingeräumt wurde, ist schliesslich also doch die Ausnutzung der Weide; es wurde indes eine bestimmte Ausnutzung vorgeschrieben : sie müssten die Benutzung andern gegen Bezahlung überlassen ». On ne saurait mieux établir le caractère invraisemblable de l'hypothèse d'une location des terres pastorales. Il est au contraire évident que l'on peut parler d'une ferme des pâturages et plus généralement du domaine public seulement lorsque ce domaine doit être directement mis en valeur par l'adjudicataire. Tel est le cas notamment des fermiers de l'*ager Campanus* ou de l'*ager Leontinus*. Tel est encore celui des publicains eux-mêmes, lorsqu'ils afferment un bien domanial dont ils dirigent personnellement l'exploitation économique (Forêts d'arbres résineux : Cicéron, *Brutus*, 22, 85 : *Societatis ejus quae... picarias redemisset*. Cf. D. 50, 16; *de verb. sign.*, 17, 1 et Denys 20, 15, 5. Mines, lacs et étangs). Il peut bien se faire qu'en pareil cas, notamment au cas de ferme d'un lac, ils aient à passer des contrats avec des particuliers auxquels ils rétrocèderont une fraction de leur droit, mais ils le feront alors au même titre qu'un locataire ordinaire auquel a été reconnu le droit de sous-louer. Ils ne traiteront que si cela leur plaît et seulement avec ceux qu'il leur plaira d'accepter comme débiteurs : d'autre part ils stipuleront la redevance qui leur conviendra sans être nullement limités sur ce point par la *lex censoria*, qui leur prescrira seulement les mesures de nature à assurer la conservation du fonds. Cf. Marquardt, *Organisation financière*, p. 311 (et n. 3) et 312. Il ne faut pas se laisser abuser sur ce point par les textes, principalement littéraires, où il est parlé d'*ager locatus*, soit par abréviation, soit même par suite d'une confusion que les sources commettent

conviennent, mais qui doit au contraire admettre tous les sous-locataires qui se présenteront et à des conditions à lui imposées d'avance : tous les éléments de la *venditio pabuli* par l'État à l'usager direct sont en effet prédéterminés, à l'exception de la personnalité de l'usager, qui n'a pas besoin de l'être précisément, celui-ci n'ayant qu'à se récla-

aussi volontiers que certains auteurs modernes. En ce sens Schwegler, *Röm. G.*, 2, 409. Beaudouin, *Limitation*, p. 39, n. 2, reproduisant au surplus les observations de Marquardt, *loc. cit.*, 312, n. 3. C'est par une inattention évidente que ce dernier auteur parle, p. 317, de location des pâturages. Comme il le reconnaît lui-même, p. 312, il ne peut s'agir que de la location d'une taxe préexistante. Cf. Bruns, *Zur gesch. der cession*, dans *Symbolae Bethmanno Hollwegio oblatæ*, 1868, p. 57 ; Hahn, *de censorum locationibus*, 27-32 ; Weber, *Agrargeschichte*, 135. Également Karlowa, *Legisactionen*, 212 et n. 2, bien qu'il reconnaisse au publicain une sorte de droit accessoire sur le pâturage même. *Contrà*, Schmidt, dans *Bekker's u. Mutter's Jahrbuch*, 3, 252, 10 (résumé par Karlowa, *loc. cit.*). Les rares textes parlant négligemment de *pascua conducta* (Pline, *Hist. nat.*, 19, 39 ; Ps.-Ascon., *in Cic. div.*, 33), ne doivent pas faire illusion. Il est même remarquable que Cicéron, qui parle de location du *portus* (et non du *portorium*), s'exprime toujours correctement à l'égard de la *scriptura* : *Verr.*, 2, 70, 171. *Portum autem et scripturam eadem societas habebat.* Cf. *De lege agr.*, 2, 29, 80 : *Quid nos Asiae portus quid scriptura... juvabunt? Pro lege Man.*, 6, 15 : *Itaque neque ex portu neque ex decumis neque ex scriptura vectigal conservari potest.* C'est en effet la *scriptura*, non le pâturage, qu'administre la société de publicains. Cic., *Verr.*, 2, 70, 169 : *In scriptura Siciliae pro magistro est quidam Carpinatius. Ad fam.*, 13, 65 : *P. Terentius Hispo qui operas in scriptura pro magistro dat. Eod. loco : socii scripturae. Ad Att.*, 5, 15, 3 : *magistri scripturae et portus nostrarum dioecesium. Verr.*, 3, 71, 167 : *magister scripturae et sex publicorum.*

mer de son intention de profiter de la pâture, pour y être aussitôt admis, comme en vertu d'une sorte de titre au porteur. Les contrats individuels de jouissance éventuelle sont en somme conclus, du fait de l'existence du cahier des charges, et l'adjudication a simplement pour effet de substituer le publicain aux lieu et place de l'État, de lui transférer la créance conditionnelle de *scriptura* en résultant.

La location de la *scriptura* avait lieu par adjudication et sous la présidence des censeurs, compétents en principe pour procéder à tous les actes intéressant la conservation ou la mise en valeur des biens de l'État, en vertu des pouvoirs généraux qui leur étaient reconnus en matière financière (1). A défaut de ces magistrats ou à

(1) Ces pouvoirs sont réunis par Mommsen sous la désignation, commode mais inexacte, de « tuition » censorienne (*Droit public*, 4, 109, n. 3). La *tuitio* n'est en effet, comme l'indique Mommsen lui-même, que le contrôle du côté passif de l'administration financière de l'État. M. Girard, *Organisation judiciaire*, pp. 138-140, évite préférablement l'emploi ainsi généralisé de ce terme. Cette haute direction des intérêts économiques de l'État confère aux censeurs, en matière domaniale le pouvoir de procéder aux affectations du sol public les plus diverses, tels que l'assignation de l'emplacement nécessaire aux maisons des esclaves publics et des bancs du théâtre; la haute police des eaux publiques (où ils sont, à la vérité secondés par les édiles, et même par de simples citoyens dans chaque *vicus*); c'est à eux qu'il appartient également de faire débarrasser le sol public des choses qui l'encombrent. V. sur tous ces points Mommsen, *Droit public*, 4, 34 et 121-124. Les censeurs ont également, en concurrence exceptionnelle avec les questeurs, le pouvoir de procéder à l'aliénation des terres de l'État (Girard,

l'expiration de leurs fonctions, les adjudications pouvaient être toutefois dirigées par les consuls (1). La durée des locations conclues par les censeurs était, en règle générale (2),

Organisation judiciaire, 135, n. 5. Karlowa, *R. R. G.*, 1, 244). Ces derniers magistrats ont, au contraire, une compétence exclusive pour tous les actes domaniaux comportant un maniement d'espèces, tels que par exemple la perception du loyer des fermes, passées cependant par les censeurs.

(1) Exemple de location des *vectigalia* africains par un consul : Loi agraire de 643, l. 89. V. cependant sur ce texte Huschke, dans *Kritische Jahrbücher fur deutsche Rechtsw.*, 5, 1841, p. 615. Cf. Tite-Live, 31, 13, 7. Intervention du consul dans d'autres matières de la compétence censorienne, dans Mommsen, *Droit public*, 4, 111, n. 1, qui rapporte au consulat de César la location des *cotoriae* de Crète signalée au Digeste 39, 4, *de publicanis*, 15. C'est au contraire à tort que Dietrich (*Beiträge zur Kenntniss des Staatspächtersystems*, p. 64) croit trouver la preuve de la compétence des édiles en matière de locations vectigaliennes dans un texte d'Ovide (*Fastes*, 5, v. 283 s.) visant uniquement la compétence pénale de ces magistrats, qui ne pourraient au surplus remplacer les censeurs qu'en vertu d'un mandat spécial du Sénat. Quant au droit du général victorieux d'affermer les terres nouvellement conquises, il finit par tomber en désuétude lorsque l'habitude de consentir les locations publiques à Rome fut devenue une règle de droit. Cf. Mommsen, *Droit public*, 4, 110, 2. V. cependant la formule générale de la *Lex Julia*, l. 73 : *ex lege locationis quam censor aliusve magistratus publiceis vectigalibus... fruendeis ... dixit dixerit.*

(2) Les censeurs purent en effet affermer les biens de l'État, d'après l'opinion dominante, (Mommsen, *Droit public*, 4, 149) pour une durée supérieure à 5 ans, telle que de cent ans et même plus, si l'on corrige dans le texte d'Hygin, *de condicionibus agrorum*, 116, 13, *plures vero* en *pluresve*. Cf. Huschke, *Servius Tullius*, 580. Karlowa, *R. R. G.*, 1, 94 et note 1. V. cependant contre l'application de ce texte à la matière des locations censoriennes, Hahn, *de censorum locationibus*, p. 31. Une semblable durée qui se

non pas celle de leur magistrature intermittente et annale(1), mais celle de l'intervalle séparant le lustre auquel ils procédaient du lustre auquel auraient à procéder leurs successeurs. Cet intervalle, d'une durée primitive de quatre ans, fut porté, sans doute au VIe siècle, à cinq, au moyen de l'interprétation abusive de la formule *quinto quoque anno* (2), suggérée par les fermiers des produits domaniaux, qui s'ingénièrent à prolonger encore la durée de leur bail au moyen d'intercalations fantaisistes du mois complémentaire (3). La dénonciation générale des contrats relatifs au domaine de l'État, résultant de la lustration, ne prenait d'ailleurs pas les fermiers au dépourvu, les censeurs ayant soin de n'y procéder que l'année suivant celle

justifie seulement par le désir d'encourager l'agriculteur à la mise en valeur du fonds, ne se conçoit pas en tout cas pour les terres pastorales.

(1) Le maximum de cette durée fut porté à dix-huit mois par une loi Aemilia de 320. On revint à l'annalité en 684, lors du rétablissement de la censure, momentanément supprimée par Sulla. M. Soltau a d'ailleurs contesté que la durée primitive des fonctions des censeurs ait été d'un an, et a prétendu que cette magistrature, originairement permanente à l'exemple de son modèle grec, ne serait devenue intermittente qu'en 320, au moment où par contre on y rattachait les opérations lustrales. Le seul reproche grave à faire à cette doctrine réside dans l'exception presque unique constituée par une magistrature quinquennale (on pourrait en effet y joindre la dictature) au principe romain de l'annalité (Cf. Girard, *Organisation judiciaire*, 138, 5). Elle a par contre l'avantage d'établir un lien de plus entre les systèmes d'exploitation des domaines publics grecs et romain.

(2) Mommsen, *Droit public*, 4, 17-19.

(3) Mommsen, *Chronologie*, 42.

de leur nomination, où elle produisait traditionnellement ses effets à partir de la date commode du 15 mars (1).

Afin de favoriser les enchères par une plus large concurrence, afin aussi de porter à la connaissance générale les dispositions de la *lex censoria* intéressant tous les particuliers, telles que celles visant par exemple le montant de la *scriptura* ou l'exercice de la *pignoris capio*, les adjudications vectigaliennes avaient lieu en principe à Rome, *in conspectu populi romani* (2), sur le *forum*. Les revenus domaniaux y étaient successivement et séparément soumis aux enchères en suivant un ordre traditionnel, sans doute celui des registres censoriaux, où, après le droit de pêche du lac Lucrin placé en tête de liste à raison

(1) Mommsen, *Droit public*, 4, 20-21. Il ne semble pas par contre qu'il y ait jamais eu à Rome, pour procéder à ces adjudications, une date préfixe, comme la *lex Hieronica* en avait établi une en Sicile pour la location des dîmes : Cicéron, *Verr.*, 3, 6, 14 : *Tanta cura Siculos tueri ac retinere voluerunt ut... certo tempore anni... decumas venderent*. Cf. sur le régime exceptionnel adopté pour la location des dîmes frumentaires siciliennes, Degenkolb, *Lex Hieronica* (particulièrement pp. 41, 42 et 84) et les théories opposées de Marquardt, *Organisation financière*, 313-314, et de Mommsen, *Droit public*, 4, 117, 1, suivi par M. Girard, *Organisation judiciaire*, 330, 1. Sur les diverses explications possibles du nom de la loi, v. Degenkolb, *op. cit.*, p. 87-93. Ce nom ne doit pas en tout cas conduire à accorder une origine exclusivement grecque au système, qui a été pratiqué également dans la partie carthaginoise de l'île (Girard, *loc. cit.*). Cf. Carcopino, *Les cités de Sicile devant l'impôt romain*.

(2) Cicéron, *De lege agr.*, 1, 3, 7.

de son bon présage(1), la *scriptura* devait certainement venir en première ligne(2).

La seule qualité exigée chez l'adjudicataire, si l'on fait abstraction de la disposition expresse de la loi interdisant aux sénateurs de participer aux enchères(3), est la cité romaine. Peut-être faut-il y joindre l'ingénuité(4). En tout cas, les censeurs se servent du pouvoir très large de direction qui leur est reconnu sur les adjudications, pour en exclure les individus de mœurs décriées, — quelquefois aussi il est vrai leurs ennemis politiques(5). Aucune disposition n'écarte une classe particulière de citoyens : il n'est cependant pas niable que ces adjudications finissent

(1) Dietrich, *Beiträge*, p. 61 ; Mommsen, *Droit public*, 4, 113.

(2) Cela résulte avec toute évidence à notre sens de la signification large attachée par la langue fiscale au terme *pascua*, qui a dû être pris comme représentatif de tous les *vectigalia*, parce qu'il figurait, à raison de son ancienneté, en tête de l'inventaire du domaine public dressé dans les *tabulae censoriae*. Or, il est assez vraisemblable que l'on ait suivi, article par article, ces *tabulae* au lieu d'un ordre arbitraire, lors des adjudications.

(3) Cette exclusion des sénateurs n'est prouvée que pour les marchés de fournitures (Asconius, *in or. in tog. cand.*, éd. Orelli, p. 94 ; Dion Cassius, 55, 10, 5). Mais il n'y a aucune raison de ne pas l'étendre aux adjudications de *vectigalia* : Mommsen, *Droit public*, 6, 2, 110. Karlowa, *R. R. G.*, 1, 525. Le droit impérial écarta expressément les curiales des locations des terres et pâturages publics (C. Th., 10, 3. *de loc. fund.*, 2). Cf. les dispositions analogues introduites par imitation des institutions romaines dans les statuts de certaines villes grecques, Mommsen, *Droit public*, 6, 2, 110, 3.

(4) En ce sens Mommsen, *Droit public*, 6, 2, 14. M. Karlowa, *R. R. G.*, 1, 243 estime au contraire que la cité seule était exigée.

(5) Tite-Live, 39, 44, 8 ; 43, 16. Mommsen, *Droit public*, 4, 115, 4 ; Dietrich, *Beiträge*, 61.

par être le monopole de fait des chevaliers, auxquels elles assurent désormais une importance financière, et par là même politique, considérable[1]. Le système de la location de la taxe par provinces entières comporte en effet le versement d'enchères élevées et l'immobilisation d'importants capitaux d'exploitation, qui dépassent les moyens d'un simple particulier. Celui-ci ne pourra par suite pratiquement songer à enchérir que pour les lots de faible importance qui seront exceptionnellement mis aux enchères, à moins qu'il ne soit assez intime avec quelqu'un des dirigeants de la finance pour être admis à s'intéresser, pour une faible part, aux opérations d'une des sociétés constituées en vue de l'exploitation des revenus publics.

(1) Cicéron, *pro Plancio*, 9, 23 : *flos equitum romanorum, ornamentum civitatis, firmamentum rei publicae publicanorum ordine sustinetur. Pro lege Manilia*, 6 et 7 : *Etenim si vectigalia nervos esse reipublicae semper duximus, eum certe ordinem qui exercet illa, firmamentum ceterorum ordinum recte esse dicemus*. Cf. Pseudo-Quintilien, 342. Sur l'importance considérable conférée aux chevaliers par leur rôle de fermiers publics, voir Mommsen, *Droit public*, 6, 2, p. 110, 2; Dietrich, *loc. cit.*, p. 11. Il ne faudrait pas d'ailleurs vouloir établir un parallélisme trop étroit entre les sociétés vectigaliennes et les sociétés modernes de capitaux, en assimilant d'une façon certainement forcée les *partes* à des actions nominatives ou au porteur. Cf. Dietrich, *op. cit.*, 17, suivi par Mitteis, *Römisches Privatrecht bis auf die Zeit Diocletians*, 1, 1908, pp. 413-414. V. par contre l'assimilation assez séduisante entre les *decumani* et les administrateurs de nos sociétés anonymes, proposée par M. Carcopino, *Decumani*, 432-441. Il est assez remarquable que les textes ne confondent jamais complètement l'*ordo publicanorum* et l'*ordo equester* dont le premier n'est en effet qu'une fraction d'ailleurs fort importante.

Ce régime d'adjudication par grandes masses monopolise en fait aux mains des financiers la fructueuse perception des taxes domaniales et, au premier rang d'entre elles, de la *scriptura*. Il serait, par contre, inexact de prétendre qu'il exclut en droit les individus, au profit des sociétés vectigaliennes(1). Il est au contraire remarquable que l'État, peut-être pour s'affranchir des risques de dissolution de la société, avec laquelle il aurait contracté, a toujours voulu l'ignorer et traiter au contraire avec un ou plusieurs individus : en première ligne le *manceps*(2), dont un geste de la main a exprimé l'enchère définitive, et, à ses côtés, les *praedes*, cautions propres du droit public(3). *Praedes* et *manceps* seront souvent, à la vérité, membres de la société et auront même une part active à son administration ; mais ce n'est là qu'une question d'ordre intérieur, sans intérêt pour l'État.

Chaque taxe domaniale étant affermée séparément, il peut parfaitement se faire que, dans une même province, des sociétés publicaines différentes exploitent les diver-

(1) Telle est cependant l'opinion de Schmid dans l'*Archiv für civil. Praxis*, t. 36, pp. 147 s.

(2) Festus, v° *Manceps : Manceps dicitur qui quid a populo emit conducitve, quia manu sublata significat se auctorem emptionis esse.* Le rôle du *manceps* ou *redemptor* n'est d'ailleurs pas de simple façade, il a la haute main sur tous les services de la société : Pseudo-Asconius, éd. Orelli, p. 113 : *mancipes sunt publicanorum principes*. Cf. Cicéron, *Verr.*, 2, 2, 71, 177.

(3) Rudorff, *Ackergesetz des Sp. Thorius*, 122-123. Mommsen, *Droit public*, 4, 116. Dietrich, *Beiträge*, 60. Cf. Girard, *Manuel*[4], p. 747, n. 3, et p. 748, n. 1 et 2.

ses redevances(1) : les membres de ces sociétés étant alors désignés du nom de la taxe qu'ils perçoivent(2), les fermiers de la *scriptura* seront couramment appelés *scripturarii*(3), parfois mais moins correctement, *pecuarii*(4). Tel semble bien être le cas, à l'époque qui

(1) Plaute *Truculentus* 1, 2, 47-51 :
Di : *Male vortit res pecuaria mihi apud vos : nunc vicissim. volo habere aratiunculam pro copia[e] hic apud vos.*
Ast. : *Non arvos hic sed pascu[o]s est ager[e] : si <a> rationes habituris qui arari solent, ad pueros ire meliust. Hunc nos habemus publicum, illi alii sunt publicani.*
Cf. Voigt, *Ueber die staatsrechtliche Possessio und den Ager compascuus*, 228, 22. Hahn, *de censorum locationibus*, 18.

(2) Pseudo-Asconius *in Cic. divin.* 33 (édition Orelli, p. 113) : *Mancipes sunt publicanorum principes, Romani homines, qui quaestus sui causa si decumas redimunt, decumani appellantur, si portum aut pascua publica portitores aut pecuarii, quorum ratio scriptura dicitur.* Cf. Dietrich, *op. cit.*, 41-43. M. Mommsen, *Droit public*, 4, 129, 4, restreint avec peu de vraisemblance le sens de ces termes spéciaux au fermier passant un contrat isolé, qui s'opposerait alors au professionnel de ces fermes ou *publicanus*. D'après M. Carcopino (*Decumani*, pp. 402-403; 426-427; 432- 441), les *decumani* seraient, au moins dans les sociétés d'Asie et de Sicile, le *manceps* et les *praedes*, administrateurs de la société vectigalienne. Le rôle de haute décision dévolu aux *decumani* dans les Verrines semble bien confirmer cette vue ingénieuse. V. notamment *Verr.* 2, 2, 71, 175 : *Ille* (le *magister*) *multitudine sociorum remota, decumanos convocat, rem defert. Statuunt illi atque decernunt ut eae litterae quibus existimatio C. Verris laederetur remo verentur. Decumani, hoc est principes et quasi senatores publicanorum, removendas de medio censuerunt.*

(3) *Scripturarius* (Lucilius, fr. lib. 26, 14). *Socius scripturae* (Cicéron, *ad fam.*, 13, 65). Cf. Karlowa, *R. R. G.*, 1, 246.

(4) Pseudo-Asconius, *in Cic. divin.* 33 (V. *suprà*, n. 2). Cf. Burmann, *Vectigalia populi romani*, p. 140. Dietrich, *Beiträge*, 39, n. 2.

suit immédiatement la conquête, des droits de pacage de la province d'Asie, dont l'exploitation suffit à occuper et à rétribuer la société qui s'y est spécialisée(1). Mais il est plus fréquent que deux ou même trois taxes différentes se trouvent sous la direction d'un même groupe financier(2). C'est ainsi par exemple que la société de la *scriptura* sicilienne s'est également assuré la perception des droits de douane(3) et s'est simplement trouvé empêchée de disposer également des dîmes et de concentrer en ses mains l'administration de toutes les taxes domaniales de la province, par la loi locale qui l'écarte de ces dernières(4). Un groupement du même genre et des plus importants est réalisé, aux dernières années de la République, par la société des *scripturarii* asiatiques(5).

(1) Lucilius, fr. lib. 26, 14.

(2) Ce groupement peut d'ailleurs tout aussi bien se réaliser alors que des sociétés spéciales auraient en apparence affermé chaque *vectigal*, si le personnel capitaliste et dirigeant de ces sociétés reste le même : c'est ce qu'indique parfaitement Cicéron, *pro Plancio*, 13, 32 : *Maximarum societatum auctor, plurimarum magister.*

(3) Cicéron, *in Verrem*, 2, 70, 171 : *Portum autem et scripturam eadem societas habebat. Eod loco*, 3, 71, 167 : *Magister scripturae et sex publicorum.*

(4) En ce sens Carcopino, *Decumani*, pp. 411-412. M. Rostowzew, *Geschichte der Staatspacht*, p. 369, soutient au contraire que, seule, l'insuffisance de ses capitaux interdit à la société de la *scriptura* sicilienne d'affermer également les dîmes, système inadmissible en présence de l'aisance financière dont fait preuve au contraire en maintes circonstances cette société et qui lui permet d'avancer des sommes importantes aux agriculteurs et au préteur lui-même.

(5) Sur le cumul par cette société, de la *scriptura*, des douanes et peut-être des dîmes, v. Cicéron, *ad Att.*, 5, 15, 3 : *Magistri scrip-*

Les sociétés d'Afrique (1) et de Bithynie (2) semblent avoir également perçu toutes les taxes de la province.

Le principal avantage d'un tel groupement consistait dans la réduction des frais généraux de l'entreprise, le même haut personnel pouvant parfaitement suffire à con-

turae et portus nostrarum dioecesium, 11, 10, 1 : *P. Terentius meus necessarius operas in portu et scriptura Asiae pro magistro dedit. Pro lege Manilia*, 6 et 7 : *Cum de vestris maximis vectigalibus agatur? Nam ceterarum provinciarum vectigalia, Quirites, tanta sunt ut iis ad ipsas provincias tutandas vix contenti esse possimus; Asia vero tam opima est et fertilis, ut et ubertate agrorum et varietate fructuum, et magnitudine pastionis et multitudine earum rerum quae exportantur facile omnibus terris antecellat... cum hostium copiae non longe absunt... pecora relinquuntur, agricultura deseritur, mercatorum navigatio conquiescit. Ita neque ex portu, neque ex decumis, neque ex scriptura vectigal conservari potest.* Cf. Carcopino, *Decumani*, pp. 411-413. Chapot, *La province d'Asie*, p. 330.

(1) Cicéron, *ad fam.*, 13, 2 : *Cuspius... fuit in Africa bis, cum maximis societatis negotiis praeesset.* Il est difficile de préciser ce que l'on doit comprendre dans les *quatuor publica Africae*, que nous révèlent les inscriptions de la période impériale (*procurator IIII p. Afr.* : *C. I. L.*, 3, 3925; 5, 7547; 8, 12655 et 10, 6668. *Conductor IIII p. Af.* : *C. I. L.*, 6, 8558 et 8997. *Socii IIII p. Af.* : *C. I. L.*, 8, 1128 et 12920). M. Rostowzew, *Geschichte der Staatspacht*, 391, croit, d'après Willmans, *C. I. L.*, 8, p. XVII et Kniep, *Societas publicanorum*, 53, qu'il s'agirait ici de quatre circonscriptions douanières. M. Cagnat admet au contraire (*Impôts indirects chez les Romains*, 71) que les *quatuor publica* devaient comprendre d'autres taxes que les douanes.

(2) V. la lettre où Cicéron, *Ad. fam.*, recommande au questeur Crassipes la *Bithynica societas*, dont la désignation si générale semble bien exclure toute idée de spécialisation et qui est précisément composée d'éléments empruntés aux autres sociétés : *constat enim ex ceteris societatibus.*

trôler la rentrée de deux taxes perçues dans une même circonscription (1). La même raison d'économie ne pouvait justifier par définition l'exploitation conjointe des redevances levées dans deux provinces différentes et c'est aussi pourquoi nous ne rencontrons pas d'exemple d'une concentration plus accentuée de la ferme de la *scriptura*, dont la province républicaine constitue le champ d'exploitation le plus large.

La société des *scripturarii*, une fois investie du droit d'exiger des usagers la redevance pastorale, ne disposait pas cependant dans l'exercice de ce droit d'une liberté sans limite. A l'exemple de toutes les autres sociétés vectigaliennes, elle devait se conformer, dans ses rapports avec les contribuables, aux clauses de la *lex censoria*, du cahier des charges (2), rédigé par les censeurs en vue de l'adjudication, et porté à la connaissance du public par une voie

(1) Voir les exemples de *magistri*, *pro magistro*, et employés communs à la perception de plusieurs taxes relevés *suprà*, p. 40, n. 1. A ce point de vue, la réunion de la perception de la *scriptura* et des douanes aux mains du même personnel dut être facilitée, dans certains cas, par le régime de transhumance généralement pratiqué dans les diverses parties du monde romain qui devait conduire à percevoir la *scriptura* à des points donnés des routes coïncidant avec un poste douanier de la frontière terrestre d'une province. Cf. Grenier, *op. cit.*, p. 308. La taxe de pâturage prenant ainsi l'aspect d'un droit de circulation, les connaissances professionnelles du personnel douanier y trouvaient un emploi tout indiqué.

(2) On s'accorde généralement à reconnaître aujourd'hui le caractère purement contractuel de la *lex censoria* que l'on avait voulu précédemment rapporter à une loi votée sur la proposition

inconnue. Ce cahier des charges réglait sur un certain nombre de points les rapports des populations pastorales avec le *magister scripturae* ou ses agents de tout ordre,

des censeurs, et où le mot *lex* est simplement pris dans le sens, très fréquent, de disposition contractuelle. Cf. Heyrowski, *Ueber die rechtliche Grundlage der leges contractus bei Rechtsgeschäften zwischen dem römischen Staat und Privaten*, 48-49 et 97-100. Mommsen, *Droit public*, 4, 115, n. 5 (précédemment en sens contraire, *Stadtrechte*, 474). Collinet, *Saisie privée*, Thèse, Paris, 1893, p. 63. Girard, *Organisation judiciaire*, 143, 2. Cuq, *Institutions juridiques des Romains*, 1², 144. M. Mommsen relève toutefois la particularité consistant en ce que la *lex* est proposée par le censeur et ne peut être qu'acceptée ou refusée en bloc par l'adjudicataire éventuel, mais il n'est pas douteux qu'il devait être pratiquement facile aux publicains d'obtenir des censeurs les remaniements de la *lex* de nature à favoriser les enchères. M. Karlowa, *R. R. G.*, 1, 245, 1, y voit cependant encore une loi, à raison de l'absence de toute distinction, sous la République, entre la commune politique et la commune considérée comme propriétaire de son domaine. M. Kniep (*Societas publicanorum*, 112-143) propose un système mixte, où la location censorienne comporterait d'une part un contrat en tant qu'elle aboutit à la fixation d'un loyer, et d'autre part une *lex data*, déterminant les conditions du bail, qui se trouverait être précisément la *lex censoria*. Il nous paraît cependant impossible d'admettre l'un ou l'autre de ces systèmes. On n'aperçoit pas en effet, dans le premier, en quoi la confusion des deux aspects juridiques de la commune l'obligerait à recourir pour l'acte le plus insignifiant à l'appareil législatif. Quant au second, il a le tort de fragmenter une opération qu'il est beaucoup plus simple, beaucoup plus conforme au caractère homogène des actes primitifs et à la terminologie même des locations censoriennes, de considérer comme indivisible. Il est au surplus remarquable que les textes emploient concurremment l'expression, indiscutablement contractuelle, de *lex locationis* : L. Julia, ll. 73 et 76. Ulpien, D. 43, 9, *de loco publ.*, 1.

depuis le *pro magistro* jusqu'aux esclaves chargés des rapports immédiats avec le contribuable (1). La *lex censoria* avait ainsi la double utilité d'instruire à l'avance le pasteur du régime juridique auquel il se trouverait soumis à l'occasion de la dépaissance des pâtures publiques et de permettre au publicain d'apprécier aussi exactement que possible la valeur des droits mis aux enchères et d'élever son offre à raison de cette certitude.

La *lex censoria* définissait très probablement tout d'abord les fonds dont la dépaissance donnerait lieu à la perception de la *scriptura* affermée (2). Elle exceptait notamment les immeubles affectés aux besoins des temples qui durent être de tout temps réservés, alors même qu'ils restaient *agri publici*, à raison de leur destination spéciale (3). Il est

(1) Cicéron, *de imp Cn. Pomp.*, 6, 16 : *Publicani familias maximas quas in saltibus habent, quas in agris, quas in portibus atque custodiis.* Quelle que soit d'ailleurs l'importance de ce personnel de contrôle, elle n'atteignit jamais celle de la main-d'œuvre employée par les publicains dans leurs exploitations industrielles : la crainte que les publicains n'utilisassent ces sortes d'armées ouvrières dans un but politique, ou peut-être plus simplement le danger d'un soulèvement servile, fit même insérer dans les cahiers des charges une clause fixant un nombre maximum du bas personnel. Pline, *Hist. nat.*, 33, 4, 78 : *Extat lex censoria Victumularum aurifodinae in Vercellensi agro qua cavebatur, ne plus quinque millia hominum in opere publicani haberent.*

(2) Cf. la formule du contrat de louage d'un pâturage privé dans Caton, *de agri cultura*, 149 : *qua vendas fini dicito.*

(3) Cic., *de deor. nat.*, 3, 19, 49 : *Cum essent agri in Beotia deorum immortalium excepti lege censoria.* Cf. *Inscr. jur. grecques*, 2, 205 et n. 5.

par contre absolument invraisemblable que la *lex* ait énoncé, comme on l'a soutenu récemment (1), le nombre d'arpents des pâturages loués : quelque intérêt que l'État ait eu en effet à connaître la superficie exacte de ce qu'il donnait en location, il n'est pas possible qu'il ait jamais procédé aux opérations coûteuses d'un arpentage général de fonds d'aussi faible valeur que les immenses pâturages de l'Italie méridionale ou des provinces.

La circonscription pastorale ainsi déterminée, le cahier des charges fixait le montant de la *scriptura* (2), objet même du bail. Il précisait les obligations imposées au contribuable, afin de faciliter soit l'établissement soit la rentrée de la taxe, et comprenant notamment la déclaration (*professio*) du nombre des animaux introduits sur les

(1) Beaudouin, *Limitation des fonds de terre*, 39, n. 3.

(2) La détermination du taux de la *scriptura* n'est pas et ne pourrait être, à raison de l'importance économique et sociale des pâturages, abandonnée à l'arbitraire du publicain. Celui-ci peut seulement passer avec les contribuables des *pactiones* ou contrats d'abonnement, qui ne sauraient être rapportés comme des exceptions, s'ils ne dérogeaient pas précisément à un tarif général de droit commun, inscrit dans la *lex censoria*. Cf. au surplus Festus : *scripturarius ager publicus appellatur in quo, ut pecora pascantur certum aes est.* Ex. concret pour la *scriptura* d'Afrique dans la loi agraire de 643, l. 85 : [*Quantum vectigal decumas scripturamve pecoris eum quei agrum locum aedificium in Africa possidebit*]... *pro eo agro aedificio locoque ex l(ege) dicta, q[uam L. Caecilius Cn. Domitius cen]s(ores) agri aedificii loci vectigalibusve publiceis fruendeis locandeis vendundeis legem deixerunt publicano dare oportuit.* Cf. en matière agricole, Cic. *Verr.*, 5, 21, 53 : *Qui publicos agros arant certum est quid ex lege censoria debeant*, et pour les *leges censoriae*

pâturages (1). Cette *professio*, qui se retrouve à la charge des cultivateurs d'une portion d'*ager publicus* et qui persista également en matière de *portorium* jusqu'à la fin de l'Empire (2), devait permettre au publicain de calculer la taxe totale en établissant un rôle de pacage dont la confection n'était pas par suite un acte purement administratif mais s'opérait au contraire contradictoirement entre l'usager et le percepteur : *publicanus scribendo conficit rationem cum pastore* (3). Il n'est par contre nullement certain que la *professio* dût toujours immédiatement précéder l'entrée du bétail sur le pâturage, car si les *scripturarii* avaient établi des *stationes* sur les routes les plus fréquentées par le bétail, ils ne pouvaient vraisemblablement agir de même à l'égard des moindres sentiers de transhumance. Sans doute un certain délai était-il imparti dans ce cas au pasteur pour venir faire sa déclaration au bureau le plus rapproché, à moins que les agents de la société de *scriptura* ne fissent procéder, au commencement de la saison pastorale, à un recensement général du bétail, où les déclarations pouvaient être encore valablement faites sans risque de confiscation. Sans doute aussi, afin de faciliter

relatives au *portorium*, G. Humbert, *Les douanes et les octrois chez les Romains*, 16.

(1) Degenkolb, *Lex Hieronica*, 42, 43 et 46 ; Marquardt, *Organisation financière*, 241 et 248.

(2) G. Humbert, *op. cit.*, 21.

(3) Festus, v° *Scripturarius ager*. Cf., sur la liaison directe entre la *professio* et l'établissement du rôle, Varron, *de re rust.*, 2, 1, 16 : *Greges ovium longe abiguntur ex Apulia in Samnium aestiva-*

le contrôle, les bestiaux de chaque usager devaient-ils être munis d'une marque distinctive (1).

La *lex censoria* ne pouvait pas se borner à prendre des dispositions d'ordre fiscal, qui n'intéressaient qu'indirectement le trésor. Elle devait aussi prendre soin que les pâturages publics ne fussent pas, de la part des *scripturarii*, l'objet d'une exploitation forcée qui n'eût pas tardé à en amoindrir considérablement la valeur. C'est ainsi que des dates précises étaient sans doute fixées pour l'ouverture des forêts à glandée ou à simple pâturage, *silvae glandariae* (2), *silvae pascuae* (3), qu'une dépaissance prématurée eût complètement abrouties (4). C'est ainsi encore que les divers pacages ne convenant pas également à toutes les espèces de bétail, on fut certainement amené de bonne heure à réserver à chacune d'elles ceux qui lui étaient le mieux appropriés (5) : au bétail ovin ou caprin, les

tum, atque ad publicanum profitentur, ne, si inscriptum pecus paverint, lege censoria commitant.

(1) Cf. Ihering, *les Indo-Européens avant l'histoire*, p. 28, n. 20 et 29, n. 21.

(2) *Silva glandaria*, Caton, *de re r.* 1, 7. Ps.-Hygin, *de limit. const.*, 205, 14. Frontin, 48, 2. Ces forêts étaient plus particulièrement réservées au pâturage des porcs. Varron, *de re rust.*, 2, 1, 17 ; 2, 4, 5 et 20. Columelle, 7, 9.

(3) Gaius, *libro septimo ad edictum provinciale*, D. 50, 16, *de verb. sign.*, 30, 5 : *Pascua silva est quae pastui pecudum destinata est.*

(4) Exemple de la détermination d'une date semblable dans un contrat de louage de pâturage privé chez Caton, *de re rust.*, 149.

(5) En ce sens, Huschke, *Kritische Jahrbücher für deutsche Rechtswissenschaft*, 5, 1841, 615-626.

pâturages boisés et montagneux (1), au gros bétail, principalement aux chevaux, les collines légèrement ondulées (2). La *lex censoria* devait aussi s'opposer à la surcharge des pâtures les plus précieuses en limitant à un certain chiffre le nombre de têtes de bétail à y admettre (3). Le pâturage de certains bestiaux particuliè-

(1) Varron, *de re r.* 2, 1, 16 : *in qua regione quamque potissimum pascas... ut capras in montuosis potius locis [quam] fruticibus quam in herbidis campis, equas contra.* 2, 3, 6 : *non multo aliter tuendum hoc pecus (caprile) atque ovillum, quod tamen habent sua propria quaedam, quod potius silvestribus saltibus delectantur quam pratis. Studiose enim de agrestibus fruticibus pascuntur atque in locis cultis virgulta carpunt. Itaque a carpendo caprae nominatae.*

(2) Varron, *de re rust.*, 2, 1, 16, cité, n. 1. Columelle, *de re rust.*, *praef.*, 26 : *Aliud exigit equinum atque aliud bubulum armentum, aliud pecus ovillum et in eo ipso dissimilem rationem postulat Tarentinum atque hirtum; aliud caprinum et id ipsum aliter curatur mutilum et raripilum, aliter cornutum et setosum quale est in Cicilia. Porculatoris vero et subulci diversa professio, diversae pastiones.* Cf. 6, 27, 1-2.

(3) Les Romains étaient en effet des agriculteurs trop économes pour ne pas éviter également l'utilisation excessive ou insuffisante des pâturages. Varron, *de re rust.*, 2, 1, 24 : *Qui parat pecus necesse est constituat numerum, quot greges et quantos sit pasturus ne aut saltus desint aut supersint et ideo fructus dispereant.* Aussi les fonds pastoraux s'appréciaient-ils couramment en têtes de bétail : Javolenus, D. 33, 7, *de instr. vel instr. leg.*, 25, pr. : *Quid enim fiet inquit (Labeo), si cum mille oves fundus sustinere potuisset, duo millia ovium in eo fundo fuerint?* L'évaluation en « têtes » de la capacité des pâturages de quelque valeur est d'ailleurs encore aujourd'hui une pratique constante dans les diverses régions de haute montagne. V. Trapenard, *Le pâturage communal en Haute Auvergne*, p. 185-186. Cf. sur le *Kuhessen* de l'allmend suisse ou allemand, Laveleye,

rement préjudiciable, fut peut-être encore, sinon prohibé, du moins soumis à des dispositions restrictives (1), en même temps que les cantonnements indispensables en temps d'épizootie (2) devaient être également ordonnés. Enfin les diverses mesures législatives qui s'efforcèrent à différentes époques de protéger le petit élevage contre le capitalisme pastoral étaient vraisemblablement reproduites dans la *lex locationis* (3).

Ces diverses dispositions faisaient de la *lex locationis scripturae* un code pastoral fort complet dont la plupart des règles, dictées par la pratique quotidienne, furent traditionnellement reprises lorsque certains censeurs leur

op. cit., 33, n. 1, Rennefahrt, *Die Allmend im Berner Jura*, 1905, p. 124, n. 2.

(1) V. la clause prohibant l'entretien des chèvres, devenue de style dans les contrats privés de bail : Varron, *de re r.*, 2, 3 : *In lege locationis fundi excipi solet*, '*ne colonus capra natum in fundo pascat*'. Autres clauses plus ou moins compréhensives que la précédente : Varron, *de re rust.*, 1, 2, 17-18. Cf. Columelle, 2, 17. Exemples analogues en droit coutumier français, Trapenard, *op. cit.*, pp. 195-198.

(2) Varron, *de re rust.*, 2, 2, 8 : *faciendum quoque saepta secreta ab aliis quo incientes secludere possis, item quo corpore aegro.* Columelle, *de re r.*, 6, 5, 1-2 : *Quae (pestilentia) cum in gregem incidit, confestim mutandus est coelis status et in plures partes distributo pecore longinquae regiones petendae sunt, atque ita segregandi a sanis morbidi ne quis interveniat, qui contagione ceteros labefaciat. Itaque cum ablegabuntur, in ea loca perducendi sunt quibus nullum impascitur pecus ne adventu suo etiam illis tabem afferant. Eod. loc.* 7, 5, 2. Ces cantonnements d'épizootie sont au surplus d'une pratique pastorale constante : Trapenard, *op. cit.*, 192-195, et loi des 28 sept., 6 oct. 1791, titre 1, sect. 4, art. 19.

(3) En ce sens Huschke, *loc. cit.*, 616. V. le chap. 4.

eurent donné une forme jugée plus particulièrement heureuse. Les censeurs Cn. Domitius Ahenobarbus et L. Caecilius Metellus Dalmaticus prirent notamment, en matière de *scriptura*, une part considérable à la rédaction de ce cahier des charges-type des locations censoriennes (1).

C'était aux termes stricts de la *lex censoria* que s'appréciait, également, l'étendue des droits reconnus au pasteur et au *scripturarius* (2). Les pouvoirs du fermier étaient souvent, comme nous le verrons, exorbitants du droit commun. Mais l'énergie exceptionnelle des moyens

(1) Cic. *Verr.*, 1, 55 : *Corriguntur leges censoriae. Quid enim? Video in multis veteribus legibus* : CN. DOMITIUS L. METELLUS — CENSORES ADDIDERUNT. *Vult aliquid ejusmodi C. Verres.* Cf. Rudorff, *Das Ackergesetz des Sp. Thorius*, p. 127 et nn. 56-57. L'influence de ces censeurs sur la rédaction du cahier des charges-type de la *scriptura* nous est attestée par la loi agraire de 643, ll. 85 à 89. Il est même certain que les remaniements introduits par eux en matière pastorale durent être particulièrement importants, car, à deux reprises et après avoir rappelé les dispositions communes à tous les *vectigalia*, la loi revient spécialement, par une exception unique, sur les clauses relatives au régime des pâturages. L. 86. *[Tantumdem...., publicano vectigal decumas scriptura]mque pecoris dare debeto, neive amplius ea aliubeive aliterve dare debeto, pequsque ne [aliter alieisve legibus] in eo agro pascito.* L. 88-89 : *[Nei eis vectigalibus legem deicito, quo inviteis ieis, quei eum agrum possidebunt publicano quid facere liceat.... quod ei nos licuit facer]e ex lege dicta..... neive quod in eis agreis pequs [pas]cetur, scripturae pecoris lege[m] de[i]cito, quo inviteis eis quei eum agrum possidebunt, [aliter pascatur quam pastum est ex lege dicta].*

(2) Ulpien, D. 43, 9, *De loco publico fruendo*, 1, 3 : *Ait praetor 'quo minus e lege locationis frui liceat', Merito ait 'e lege locationis' : ultra legem enim vel contra legem non debet audiri, qui frui desiderat.*

qui lui étaient ainsi accordés n'était en somme que la contrepartie des obligations lui incombant à l'égard de l'État, dont seuls, des cas de force majeure soigneusement précisés(1), pouvaient le libérer partiellement. Il était au surplus loisible au *scripturarius* de renoncer à tout ou partie de la rigueur mise à sa disposition par le cahier des charges, et c'est ce qu'il s'efforçait de

(1) Le seul cas certain est celui de la guerre, qui paralyse toute agriculture et tout commerce et réduit dans une proportion imprévisible au moment de l'adjudication, la valeur des *vectigalia* affermés. Cic., *de prov. cons.*. 5, 12 : *Si qui frui publico non potuit per hostem, hic tegitur ipsa lege censoria.* C'est pourquoi il peut dire, *de imp. Cn. Pomp.*, 6, 15, : *Cum hostium copiae non longe absunt... pecora relinquuntur, agricultura deseritur, mercatorum navigatio conquiescit. Ita neque ex portu neque ex decumis neque ex scriptura vectigal conservari potest.* Cf. *De lege agr.*, 2, 29, 80 : *omnia transmarina vectigalia... tenuissima suspicione praedonum aut hostium injecta.* Les puissantes relations politiques des publicains leur permettent en outre d'obtenir, dans les cas les plus divers, soit une annulation de l'ancienne adjudication (= *inducere locationem*), soit une nouvelle adjudication (= *de integro locare*, par ex. Tite-Live, 39, 44 : *Vectigalia summis pretiis.... locaverunt. Quas locationes cum senatus precibus et lacrimis publicanorum... induci et de integro locari jussisset.* Cf. Tite-Live, 143, 16), soit enfin une remise d'une partie de leurs enchères, (= *remissio*) comme celle consentie par la loi consulaire de César de 695 à la société d'Asie (Appien, *B. civ.*, 2, 13). L'autorité compétente en pareil cas est en principe, sous la République, le Sénat (Tite-Live, 39, 44, précité. Cf. Polybe, 6, 17, Plutarque, *Cat. maj.*, 19. *Flamin.*, 19. Cic. *ad Att.*, 1, 17), et l'intervention des comices provoquée par César en 695, n'est qu'une mesure anti-constitutionnelle commandée par les circonstances politiques. V. Mommsen, *Droit public*, 4, 145 nn. 1 et 2. Cf. Dietrich, *Beiträge*, 18 et 63.

réaliser au moyen d'arrangements particuliers ou *pactiones*, passés soit avec les individus(1), soit avec les cités(2). Ces *pactiones* pouvaient comporter les stipulations les plus diverses : elles devaient avoir, en principe, pour effet, d'assurer au contribuable ou à un groupe de contribuables le bénéfice d'une réduction de taxe, ou plus exactement d'une sorte d'abonnement où, moyennant le paiement d'une somme globale, débattue avec le représentant de la société, le pasteur pouvait faire librement pâturer son bétail sur l'*ager scripturarius*(3). Les deux parties avaient

(1) Au moins en Sicile en matière de dîmes : Cic. Verr., 3, 47, 112 : *Ea est enim ratio decumanorum ut sine plurimis litteris confici non possit : singula enim nomina aratorum et cum singulis pactiones decumanorum litteris persequi et conficere necesse est.* Cf. Degenkolb, *Lex Hieronica*, 43 ; Marquardt, *Organisation financière*, 382-383. Sans doute la confection contradictoire du rôle de la *scriptura* facilitait-elle en matière pastorale la conclusion de contrats individuels d'abonnement.

(2) Exemple en matière de *scriptura*, Cic., *ad fam.*, 13, 65 : *ejus* (P. Terentius Hispo, *pro magistro* de la *scriptura* d'Asie) *summa existimatio agitur in eo, ut pactiones cum civitatibus reliquis conficiat. Non me praeterit nos eam rem Ephesis expertos esse, neque ab Ephesiis ullo modo impetrare potuisse.* Cf., relativement aux dîmes de Sicile, Cic. *Verr.*, 3, 43, 102 et Degenkolb, *Lex Hier.*, 44, et pour la *vicesima manumissionum*, *C. I. L.*, 6, 8452 : *Philonis XX libert. veterum pact(ionum)*.

(3) En ce sens Degenkolb, *Lex Hieronica*, 44 ; Karlowa, *Legisactionen*, 214. D'une façon plus générale les *pactiones* avaient pour effet de substituer à la *lex censoria* un arrangement dont la moindre rigueur pouvait concerner tout d'abord le montant de la *scriptura*, mais aussi soit son mode de paiement, comptant en principe, soit les droits de saisie, très lourds pour l'usager, qui garantissaient la rentrée de la taxe : Cic. *ad Quintum fr.*, 1, 1, 12 : *Publi-*

d'ailleurs chacune intérêt à procéder à de semblables arrangements : le pasteur y trouvait l'avantage d'une certaine réduction de la taxe de capitation, peut-être même aux termes de quelques contrats, la faculté d'augmenter dans certaines limites son troupeau. Le *scripturarius* évitait d'autre part toute contestation sur le montant de la taxe à payer En outre, lorsqu'il contractait avec une cité qui procédait alors à une sous-exploitation de la taxe dans toute la circonscription pastorale avoisinante, il se trouvait dispensé d'entretenir le personnel nécessaire à la surveillance des pâturages; il évitait de plus, dans la mesure même de ces arrangements, d'entrer en contact aussi direct avec les pasteurs, contribuables facilement violents et difficiles à réduire, et détournait ainsi de lui cette impopularité classique, qui ne devait pas laisser d'être matériellement gênante. Aussi les *scripturarii* attachaient-ils le plus grand prix à la conclusion de tels accords, où ils voyaient le meilleur moyen de tirer parti de la taxe qui leur avait été affermée[1].

cani... poterunt iis consilio et prudentia tua reliqua videri mitiora : possunt in pactionibus faciendis non legem spectare censoriam, sed potius commoditatem conficiendi negotii et liberationem molestiae. Cf. Dietrich, *Beiträge*, p. 62. La présence d'une rubrique spéciale dans l'édit du gouverneur ne nous paraît nullement impliquer, comme le pense M. Rostowzew, *Geschichte der Staatspacht*, 337, n. 49, l'annalité de ces contrats, que les publicains avaient trop de difficultés à passer pour en accepter le renouvellement annuel et auxquels il était au surplus beaucoup plus logique de donner la durée même du bail censorien qu'ils remplaçaient.

(1) Cicéron, *ad Quintum fratrem*, 1, 1, 12, et surtout *ad fam.*, 13,65 cités, p. 62, nn. 2 et 3).

CHAPITRE III

LES DROITS DE SAISIE DU *SCRIPTURARIUS* ET L'ÉDIT

La *lex censoria* ne se borne pas à transporter au *scripturarius* la créance de la taxe de dépaissance; elle lui assure également certaines des garanties appartenant précédemment au magistrat pour son recouvrement, et consistant essentiellement dans un double droit de saisie, *pignoris capio* ou *commissum*, selon les cas.

La *pignoris capio* est une prise de gage effectuée de sa propre autorité par le *scripturarius*, comme elle peut l'être au surplus par tout autre publicain (1). La délégation expresse de la *lex censoria* (2) indique bien qu'il faudrait

(1) Gaius, 4, 28, *in fine*.

(2) Le rapprochement fait par Gaius entre la *lex censoria* et la loi des XII Tables est purement formel. La *legis actio per pignoris capionem* du publicain rentrerait plutôt dans la catégorie des *legis actiones* créées *moribus*, comme la *pignoris capio* relative à l'*aes militare* (Gaius, 4. 27), la coutume résultant ici d'une série suffisamment longue de contrats censoriaux, ayant fait de la délégation, de la *pignoris capio* du magistrat une clause de style. Il n'y a donc pas

se garder d'y voir une survivance isolée d'un ancien droit général de saisie privée, mais qu'il faut y reconnaître au contraire, comme à notre sens dans tous les autres cas de *pignoris capio* (1), le produit d'une délégation par l'État du droit de saisie exercé en son nom par le magistrat.

Ce n'est pas à dire cependant que la *pignoris capio* ait passé sans modification aucune du magistrat au publicain. Son attribution à un particulier exigeait au contraire que l'on apportât à son exercice certains tempéraments, qui ne

lieu de voir comme M. Karlowa (*Legisactionen*, 215, n. 2), dans ce rapprochement verbal, une preuve du caractère législatif de la *lex censoria*. V. au surplus *suprà*, p. 52, n. 2. Cf. Pernice, *Z. S. St.*, 5, 1884, 128, n. 5.

(1) Le caractère public dérivé de la *pignoris capio* résulte, en outre de son nom, de la limitation de son emploi à des cas de créances publiques déléguées. En ce sens, Mommsen, *C. I. L.*, 1, p. 95. Bethmann-Hollweg, *Der römische Civilprozess*, 1, 1864. p. 90. Huschke, *Die multa und das sacramentum*, 1874, p. 403. Pernice, *Parerga*, dans *Z. S. St.*, 5, 1884, p. 127. Girard, *Manuel* [4], p. 977 et *Organisation judiciaire*, 1, p. 143, nn. 1 et 2. Collinet, *Saisie privée*, pp. 37 à 39. Un certain nombre d'auteurs continuent cependant à voir dans la *legis actio per pignoris capionem* la survivance d'un droit de saisie privée originaire et général. V. notamment Karlowa, *Legisactionen*, p. 205; Sumner-Maine, *Etudes sur l'histoire des institutions primitives*, 1880, 309 à 344 et spécialement 318-328; Dareste, *Etudes d'histoire du droit*, 359; Viollet, *Etablissements de Saint-Louis*, 1, 186, n. 1; Jobbé-Duval, *La procédure civile chez les Romains*, 1, 1896, 9, n. 4, reconnaissant d'ailleurs (p. 10) la limitation de la *pignoris capio* à des créances d'origine publique. La théorie de conciliation proposée par M. Collinet, *op. cit.*, p. 39, n. 2, et d'après laquelle la *pignoris capio*, d'abord générale, ne se serait maintenue ensuite qu'au seul profit de l'État, reporterait, de l'aveu de l'auteur luimême, « à la période de la royauté, sinon avant ».

paraissaient pas nécessaires ni surtout possibles tant que la *pignoris capio* restait aux mains de l'État, dont l'activité était en quelque sorte supérieure aux règles juridiques et ne connaissait d'autres limites que les règles d'équité qu'il lui plaisait d'observer.

Exercée au contraire par les particuliers, notamment par les publicains, la *pignoris capio* ne fut possible qu'autant qu'elle se trouvait expressément déléguée par l'État. Il peut évidemment se faire qu'elle ait été accordée en termes généraux, auquel cas elle sanctionnait toutes les créances, quelles qu'elles fussent, existant au profit du publicain. Mais elle pouvait aussi n'être donnée que dans des hypothèses spécialement énumérées (1), dont l'indication comportait déjà une première restriction de la faculté de *pignoris capio*.

Une seconde restriction résulta, pendant toute la République, du régime procédural dans lequel la *pignoris capio* s'inscrivit primitivement. Tant que le système des actions de la loi resta en effet en vigueur, la *pignoris capio* ne fut valable que si le saisissant, en l'opérant, prononçait des paroles déterminées, *certa verba* (2), indiquant probablement la nature et l'importance de la créance garantie par le gage (3). L'intervention de cette solennité

(1) La rédaction de la *lex metalli Vipascensis* est assez favorable à cette conjecture.

(2) Gaius, 4. 29 : *Ex omnibus autem istis causis certis verbis pignus capiebatur.*

(3) Essais de reconstitution des *certa verba* dans Huschke, *Die*

était peut-être due en partie au désir de distinguer une procédure régulière d'un simple vol (1). Elle était surtout, croyons-nous, l'expression du droit privé originaire, dont l'esprit essentiellement formaliste se retrouve en matière procédurale ou contractuelle.

La *pignoris capio* fut d'ailleurs toujours une procédure extra-judiciaire (2). Dès la période des actions de la loi, elle se déroule entièrement *extra jus, id est*, explique Gaius, *non apud praetorem plerumque etiam absente adversario*. Il n'est même pas nécessaire de l'exercer un jour faste (3). Aussi ne présente-t-elle à peu près aucun point commun avec les autres actions de la loi, auxquelles elle ne fut assimilée, en raison de la formalité des *certa verba*, qu'après de vives controverses (4), et d'ailleurs

multa und das sacramentum, 402, n. 140; Jourdan, *Études de droit romain : l'hypothèque*, 1876, p. 32 et Collinet, *Saisie privée*, p. 41.

(1) En ce sens, Girard, *Manuel*[4], 978.

(2) Ce point de vue, admis confusément par certains auteurs (Huschke, *Die multa und das sacramentum*, 402-406 ; Bekker, *Actionen* 1, p. 46 ; Sohm, *Institutionen*[2], 1884, p. 115) a été dégagé au contraire très nettement par Bethmann-Hollweg, *Röm. Civilprozess*, 1, 90 ; Degenkolb, *Lex Hieronica*, 104-106 ; Karlowa, *Légisactionen*, 205-207 ; Wlassak, *Processgesetze*, 1, 158 et 253-254, suivi par Collinet, *op. cit.*, pp. 48 et 67. En ce sens également, Jobbé-Duval, *La procédure civile chez les Romains*, 1, p. 10. Le caractère extra-judiciaire de la *pignoris capio* n'implique nullement l'existence, au profit du saisissant, d'une action tendant au *luere debere*. Il y a là deux questions, réunies, il est vrai, dans la théorie de M. Wlassak, mais logiquement distinctes. Cf. Jobbé-Duval, *loc. cit.*

(3) Gaius, 4, 29.

(4) Gaius, *loc. cit.* : *Ex omnibus autem istis causis certis verbis*

assez tard, — sans doute à l'occasion de la création de l'action fictice de la procédure formulaire.

L'action fictice, ayant été vraisemblablement créée avant les lois Juliae[1], coexista un certain temps à côté de la *pignoris capio* formelle ou *legis actio per pignoris capionem*. A partir des lois Juliae au contraire, la *pignoris capio* opérée *certis verbis* subit le sort de toutes les actions de la loi, parmi lesquelles elle était désormais comptée, et disparut complètement. Cette disparition n'était d'ailleurs qu'une fausse sortie. Condamnée à raison de son formalisme, elle reparut aussitôt, mais dépouillée de toute forme, du moins au profit des publicains. Les cahiers des charges des adjudications publiques continuèrent en effet de conférer le droit de prise de gage soit au publicain fermier d'une exploitation industrielle[2], soit au locataire de la perception d'un *vectigal*. Mais cette prise de gage ne pouvant plus s'exercer par le

pignus capiebatur et ob id plerisque placebat hanc quoque actionem legis actionem esse; quibusdam autem contra placebat. V. sur ce point, Wlassak, *Processgesetze*, 1, 157-158 et 255 s. Cf. Degenkolb, *op. cit.*, 104-106.

(1) La formule fictice implique en effet la coexistence temporaire de la *legis actio per pignoris capionem*, sur laquelle elle est modelée et à laquelle on n'aurait pu renvoyer le juge, si elle avait disparu au moment de la création de l'action du système formulaire. V. la démonstration de Wlassak, *Processgesetze*, 1, 254, n. 32, relevant que la formule fictice devait simplement comporter *quanta pecunia, si pignus captum esset*, sans l'adverbe *olim*, ajouté par Gaius pour exprimer l'absence de *pignoris capio* formelle à son époque.

(2) V. la *lex metalli Vipascensis* : *C. I. L.*, 2, 5181.

mode solennel du système des actions de la loi, s'effectua désormais sans aucune formalité. La survivance, à l'époque impériale, d'une *pignoris capio* dénuée de formes, nous est même précisément attestée, au profit du fermier de la *scriptura*, par un texte d'Ulpien, généralement négligé et situé au D. 47, 8, *vi bon. rapt.*, 2, 20 : *Si publicanus pecus meum abduxerit, dum putat contra legem vectigalis aliquid a me factum : quamvis erraverit, agi tamen cum eo vi bonorum raptorum non posse Labeo ait : sane dolo caret : si tamen ideo inclusit ne pascatur et ut fame periret, etiam utili lege Aquilia* (1). La *pignoris capio* du fermier vectigalien, connue de Labéon au début de la période impériale, au moment même où les lois Juliae viennent de supprimer toute prise de gage opérée *certis verbis*, est le succédané immédiat de cette prise de gage solennelle. Elle est encore en pleine vigueur, non seulement à la fin du premier siècle, où la table d'Aljustrel en autorise l'emploi au profit du *conductor* dans les hypothèses les plus variées, mais encore au début du IIIe, où Ulpien l'examine comme une espèce très pratique (2), et il n'y a aucune raison d'admettre sa disparition postérieure soit pour l'ensemble

(1) C'est en effet de la *pignoris capio* et non du *commissum*, comme le pense à tort Degenkolb (*Lex Hieronica*, 128), qu'il faut entendre ce texte, ainsi que l'indiquent à la fois la terminologie (*abduxerit*) et la généralité des infractions visées (*aliquid contra legem vectigalis factum*).

(2) Les auteurs sont unanimes à reconnaître la survivance, au profit du publicain, d'une *pignoris capio* non formelle, sous la procédure formulaire. Degenkolb (*op. cit.*, 53-54 et 133-135) l'ad-

de l'Empire (1), soit même pour certaines provinces (2).

met déjà sous le nom de *pigneratio* (d'après Cicéron, *Verr.*, 3, 11, 27) en vertu de vraisemblances générales tirées : 1° de l'existence du *commissum* dont la portée est cependant autrement considérable; 2° du large droit de contrôle et de recherche reconnu à toutes les époques aux publicains; 3° des plaintes vives et fréquentes dirigées contre eux et impliquant l'existence à leur profit de puissants moyens de contrainte. Les témoignages épigraphiques ou juridiques cités au texte ne laissent au surplus aucun doute à cet égard. V. Flach, *La table de bronze d'Aljustrel*, dans *N. R. H.*, 1878, p. 651 ; Pernice, *loc. cit.*, 128-130 ; Wlassak, *Processgesetze*, 1, pp. 91 ; 158 ; 253-258 ; Collinet, *Saisie privée*, 67-70 ; Girard, *Manuel*[4], 978, n. 1. Cf. Jobbé-Duval, *Procédure civile*, 10-11 et ce que nous disons plus loin de l'édit *de publicanis*. Il n'y a pas lieu, croyons-nous, de restreindre avec Rudorff (*R. R.*, 1, 105) l'emploi de la prise de gage au seul cas où le débiteur de la taxe ne nie pas sa dette, ce qui aboutirait à traiter plus favorablement celui qui résiste à la prétention de publicain.

(1) *Contrà*, Rudorff. *Agrargesetz des Sp. Thorius*, p. 98 et C. Re dans *Archivio Giuridico*, 23, 1869, pp. 356-358. D'après Rudorff, la *pignoris capio* aurait été supprimée par l'édit *de publicanis*, système insoutenable en présence des textes parlant de la *pignoris capio* (D. 47, 8, *vi bon. rap.*, 2, 20, cité au texte) bien après l'insertion du titre *de publicanis* à l'édit définitif de Julien. Il eût été au surplus impossible au préteur, comme l'observe Degenkolb, *op. cit.*, 108-109, de supprimer directement le droit de prise de gage concédé au publicain par un autre magistrat. Cf. Karlowa, *R. R. G.*, 2, 34 s. M. Re soutient plus simplement que la *pignoris capio* (qu'il semble supposer toujours exercée *certis verbis*) aurait disparu définitivement à une date, indéterminée, antérieure à Gaius. Il se fonde visiblement pour cela sur le texte du *Comm.*, 4, § 32 : *quanta pecunia olim si pignus captum esset*. Il suffira d'observer à ce propos que la fiction de l'action donnée au publicain ne peut se référer qu'à la *legis actio per pignoris capionem* et n'est par suite d'aucune valeur à l'égard de la *pignoris capio* du principat.

(2) *Contrà*, Karlowa, *Legisactionen*, 215-216 et *R. R. G*, 2, 34,

S'il n'y a pas de solution de continuité entre la *pignoris capio* solennelle du temps des actions de la loi et la prise de gage sans formes qui lui a succédé(1), le rôle joué par l'une et par l'autre est cependant bien différent. Avant l'introduction de la formule fictice, la *legis actio per pignoris capionem* est en effet le seul moyen pour le publicain de mettre en œuvre sa créance de *scriptura*, ou les créances analogues qui peuvent lui appartenir en vertu de la *lex censoria*, et jusqu'aux lois Juliae elle reste une procédure complète, suffisant à procurer le paiement de ces créances. Cela résulte avec évidence de la fiction de *pignoris capio*, mise à la base de l'action nouvelle de la procédure formulaire, où sa présence ne s'expliquerait nullement s'il avait existé une action indépendante en paiement du *vectigal*, dont la prise de gage n'eût été qu'un accessoire.

Le publicain avait certainement, en vertu de la *pignoris capio*, le droit de conserver le gage tant que satisfaction ne lui avait pas été fournie par le débiteur de la taxe. Il n'existe par contre aucune preuve de l'existence, à son profit, d'un droit de destruction du gage, analogue à celui du magistrat(2). Même ainsi limitée, la *pignoris capio*

s., restreignant, contrairement au langage général d'Ulpien, la survivance d'une *pignoris capio* aux provinces où elle était organisée par une loi locale particulière, comme la *lex Hieronica* sicilienne. Cf. Degenkolb, *op. cit.*, 123-124.

(1) La liaison directe de l'ancienne *legis actio per pignoris capionem* et de la *pignoris capio* dénuée de formes a été particulièrement bien indiquée par Wlassak, *loc. cit.*, pp. 255 et suiv.

(2) En ce sens, Degenkolb, *op. cit.*, 99, 1 ; Mommsen, *Droit pu-*

constituait un moyen de contrainte, indirect à la vérité, mais très puissant cependant, et d'autant plus énergique qu'il dépendait du créancier autorisé à l'exercer, de le faire porter sur la partie du patrimoine de son débiteur qui lui convenait, ou même sur la totalité[1]. En matière de *scriptura* notamment, la prise de gage s'étendait à des troupeaux entiers[2], d'une valeur bien supérieure à celle de la somme qui pouvait être due et elle était d'autant plus efficace que l'usager n'eût pas été reçu à délivrer une partie du troupeau saisi, en faisant un paiement partiel, dont il eût ajourné ou contesté le complément : Le troupeau et les esclaves pastoraux[3] mis en fourrière formaient un tout indivisible[4], pris en gage à raison

blic, 1, 183; Collinet, *Saisie privée*, 40; Girard, *Manuel* [4], 977. *Contrà* cependant, Pernice, *Z. S. St.*, 1884, 128.

(1) La *pignoris capio* ne semble pas toutefois avoir pu s'exercer sur les immeubles. V. Bekker, *Actionen*, 1, 45.

(2) Ulpien, D. 47, 8, *vi bon. rapt.*, 2, 20 : *Si publicanus pecus meum abduxerit.*

(3) Le personnel servile qui accompagne le troupeau est donné en garantie du loyer du pâturage privé par la formule de Caton, *de r. r.*, 149 : *Donicum pecuniam solverit aut satisfecerit aut delegarit, pecus et familia quae illic erit, pigneri sunto.*

(4) Les jurisconsultes font en effet toujours du troupeau une entité juridique complètement distincte des animaux le composant. Inst., 2, 18 : *Si grex legatus fuerit posteaque ad unam ovem pervenerit, quod superfuerit vindicari potest. Grege autem legato etiam eas oves quae post testamentum factum gregi adjiciuntur legato cedere Julianus ait; esse enim gregis unum corpus ex distantibus capitibus sicuti aedium unum corpus est ex cohaerentibus lapidibus.* Cf. Ulpien D. 6, 1, *de rei vind*, 1, 3 : *grex enim, non singula corpora vindicabuntur* et en matière de gage contractuel : Marcien, D. 20, 1, *de pignor.*, 13 *pr.* : *Grege pignori obligato quae pos-*

Quoi qu'il en soit, la *pignoris capio* dénuée de formes, qui succède à la *legis actio per pignoris capionem*, n'est par contre que l'accessoire de la créance du publicain et non plus sa mise en œuvre, assurée désormais par l'action fictice. Elle ne sert pas à fonder cette action[1] puisqu'on la suppose au contraire, dans la formule, fictivement existante. Sa présence se justifie simplement par la nécessité de se prémunir contre la mauvaise volonté ou l'insolvabilité de certains usagers, à l'égard desquels le seul exercice de l'action fictice risquerait d'être infructueux. On est assez peu renseigné sur les droits précis qu'elle confère. Toutefois le rôle des conventions accessoires au contrat de gage privé sous le principat, rend très vraisemblable le transfert de la propriété du gage au publicain, à l'expiration d'un certain délai.

La *pignoris capio* sanctionnait tout d'abord la créance

placer le droit de détruire le gage, qui ne leur était pas transmis, et que l'on peut considérer, aux mains de l'État, comme une sorte de satisfaction pénale, seule sanction dont fussent susceptibles la plupart des actes de désobéissance aux ordres du magistrat, qui ne consistaient pas en général dans le refus d'une prestation appréciable en argent. La doctrine dominante nous paraît surtout difficile à soutenir si l'on veut la combiner, comme M. Collinet, *op. cit.*, p. 44, avec l'appropriation du gage par le publicain. Il paraît bien compliqué en effet de poursuivre cette simple appropriation à l'aide d'une deuxième *legis actio*, qui s'expliquerait au contraire moins malaisément si elle tendait à une condamnation exécutoire sur la personne et sur l'ensemble du patrimoine de l'usager.

(1) V. cependant C. Re dans *Archivio giuridico*, 23, 1879, p. 358 d'après lequel la fiction porterait non sur la *pignoris capio*, qui devrait toujours précéder l'action, mais sur le chiffre de la condamnation.

principale du publicain concernant la *scriptura* elle-même. Mais elle devait s'appliquer également à toutes les autres créances résultant pour lui de la *lex censoria.* Cette *lex* était en effet un règlement pastoral assez complexe, dont les dispositions intéressaient soit le publicain lui-même, soit l'État. Des amendes étaient sans doute prévues à son profit, au moins pour certaines infractions(1), et la *pignoris capio* devait assurer tout aussi naturellement le paiement de ces amendes que celui de la *scriptura.* Les textes relatifs à la *legis actio per pignoris capionem* sont plutôt favorables à son emploi général dès la procédure des actions de la loi. Gaius dit bien à la vérité que la *pignoris capio* solennelle est accordée *adversus eos qui aliqua lege vectigalia deberent*(2), mais ce n'est là visiblement qu'une périphrase destinée à désigner la généralité des contribuables, qu'il eût même été difficile d'indiquer plus brièvement. Ces contribuables se trouvent naturellement définis par la mention de la seule prestation qu'ils aient normalement à fournir, et il n'y a aucune raison d'admettre que les prestations pénales dont leurs infractions à la *lex censoria* pouvaient également les rendre débiteurs, n'étaient pas susceptibles d'entraîner une prise de gage.

C'est même à l'emploi étendu de la *pignoris capio*

(1) V. un exemple de cette nature au profit du *scripturarius* dans la loi agraire de 643, l. 25. Cf. les nombreuses amendes prononcées par la *lex metalli Vipascensis*, ll. 9,16, 33, 38, 44, 52.

(2) Gaius, 4, 28.

solennelle que nous serions portés à rattacher la terminologie générale de la formule fictice organisant une condamnation à la *quanta pecunia... id pignus is a quo captum erat luere deberet*. Cette *pecunia* variait en effet selon la nature de la prestation et nous ne voyons au contraire aucune bonne raison de trouver dans la circonlocution employée par le préteur, la preuve de l'existence d'un supplément dû à titre de peine par l'usager, la *pignoris capio* étant essentiellement un moyen d'obtenir l'obéissance d'un particulier, dont le domaine est dès l'origine, aux mains du magistrat, nettement distingué de celui de la *multa* pénale (1). En tout cas, la *pignoris capio* non formelle du

(1) En ce sens, Karlowa, *Legisactionen*, 206, observant justement que *luere* ne conserve dans l'expression *pignus luere*, aucune idée de satisfaction pénale, et Pernice, *op. cit.*, 127, n. 2. *Contrà*, Dernburg, *Pfandrecht*, 1, 48; Degenkolb, *op. cit.*, 98-100; Flach, *La table de bronze d'Aljustrel*, *N. R. H.*, 1878, 660 : Re, *Archivio giuridico*, 23, 1879, 358; Wlassak, *Processgesetze*, 1, 251, n. 24; Collinet, *Saisie privée*, 43-44. Cf. Keller, *Procédure civile*, trad. Capmas, p. 86-87, Jobbé-Duval, *op. cit.*, 13, et Girard, *Manuel* 4, 978. Ce supplément pénal devrait être en effet un *certum*, par exemple, comme la plupart des peines primitives, un multiple de la prestation en retard, dont il serait surprenant de ne trouver aucune trace dans la formule transmise par Gaius, et avec lequel la rédaction incertaine *quanta pecunia si pignus captum esset* est au contraire en complète opposition. On pourrait voir à la vérité dans ce supplément un remboursement des frais de garde du gage. Il n'y a pas lieu cependant à notre sens de s'arrêter à cette conjecture, indiquée mais non adoptée (*contrà* à tort Collinet, *op. cit.*, 43-44) par Karlowa, *Legisactionen*, p. 206. Il est tout d'abord plutôt contraire à l'ancienne origine de la *pignoris capio* qu'elle servit à sanctionner des créances secondaires et éventuelles telles que celles de

principat est certainement une sanction s'appliquant à d'autres dispositions de la *lex censoria* que celle établissant à la charge de l'usager l'obligation de payer la *scriptura*, et le publicain y recourt d'une façon générale, *dum putat contra legem vectigalis aliquid a me factum* (1).

Dans un cas particulier, les moyens mis à la disposition du publicain avaient toujours été d'une énergie tellement exceptionnelle que de très bonne heure la terminologie fit une place à part au droit ainsi exercé par lui. Les emplois précédemment examinés de la *pignoris capio* simple ou formelle supposent tous que la désobéissance à la *lex censoria* reprochée à l'usager ne consiste pas dans une tromperie, de nature à soustraire frauduleusement au percepteur de la *scriptura* une partie de cette taxe. Il s'agit, soit d'un manquement au règlement du pâturage n'intéressant pas la *scriptura* elle-même, soit d'une négligence ouverte et avouée d'en régler le montant (2). Lorsqu'au

semblables frais. En outre, ces frais pouvaient être considérés comme plus que compensés par les produits du gage, par exemple le croît des animaux ou les autres fruits du troupeau. Cf. sur ce dernier point Degenkolb, *Lex Hieronica*, 98, 99.

(1) Ulpien, D. 47, 8, *vi bon. rapt.*, 2, 20.

(2) C'est à une *pignoris capio* exercée en garantie du paiement de la taxe que fait allusion, Plaute, *Truculentus*, 1, 2, 44-46 :

Di : *Advorsum legem meam ob meam scripturam pecudem cepit*
Ast : *Plerique idem quod tu facis faciunt rei male gerentis*
Ubi non est scripturam unde dent, incusant publicanos.

Cf. Karlowa, *Legisactionen*, 214, n. 2. *Contrà*, évidemment à tort, Sunden, *de lege Licinia*, 21, 1. Il est en effet très peu probable que la *scriptura* fut toujours payée, comme le suppose M. Mommsen (*Droit*

contraire il y a eu fraude, lorsque par exemple un troupeau a été introduit en contrebande sur le pâturage ou bien a été l'objet d'une déclaration incomplète ou inexacte, lorsqu'en un mot un certain nombre de têtes de bétail se trouvent *inscriptae* (1), il y a lieu non plus à prise de gage mais au contraire à confiscation, à *commissum* (2). Il

public 4, 127, 1), avant l'entrée du troupeau sur les pâturages. La déclaration et la confection du rôle qui en était la conséquence, avaient seules lieu à ce moment, ou du moins dans un délai très court. Quant au paiement, il devait dans certains cas se faire non pas au comptant, mais dans le courant de la saison pastorale, en une ou plusieurs fois. Ce mode de paiement à crédit pouvait résulter soit des *pactiones* faites avec les particuliers, soit même de la tolérance très fréquemment pratiquée par les publicains, à l'égard des usagers qui leur étaient connus ou leur paraissaient solvables. Marcien, D. 39, 4, *de publ.*, 16, 12 : *si quis professus apud publicanum fuerit non tamen vectigal solverit, hoc concedente publicano, ut solent facere, divi Severus et Antoninus rescripserunt res in commissum non cadere.* Cf. Humbert, *Les douanes et octrois chez les Romains*, p. 57.

(1) Varron, *de r. r.*, 2, 1, 16. Sur ce sens négatif d'*inscriptus*, cf. Quintilien, *de inst. orat.*, 6 : *unde et illa divisio est alia esse scripta, alia inscripta*. La langue fiscale offre d'autres cas analogues, p. ex. *incensus*.

(2) Karlowa, *Legisactionen*, 214 et *R. R. G.*, 2, 39. Humbert, *Les douanes et octrois chez les Romains*, p. 64 et s. Rein dans Pauly, v° *Pascua*. Pernice, *Parerga*, dans *Z. S. St.*, 5, 1884, 130-135. Leonhard dans Pauly-Wissowa, v° *Commissum*. Cf. la conception différente et peu admissible de Degenkolb, *lex Hieronica*, 125-127, d'après laquelle le *commissum* serait le droit de saisie provisoire concédé au bas personnel des publicains. Sur le lien étroit entre le *commissum* et le défaut de déclaration, v. le rescrit de Sévère et de Caracalla précité, p. 55, n. 1 : *cum professiones recitantur commissum cessat*. Aussi n'est-il pas probable que les esclaves pastoraux, qui n'avaient pas à être déclarés, aient pu

s'agit alors, non plus d'un déplacement de la possession devant prendre fin si satisfaction est donnée en temps utile par le débiteur, mais d'un transfert irrévocable de la propriété, destiné à compléter la *pignoris capio* en assurant, mieux encore qu'elle ne peut le faire, l'exécution des obligations incombant à l'usager. Le concept d'une peine qui s'est très nettement dégagé sous l'Empire, n'est d'ailleurs pas aussi éloigné qu'on a voulu le dire (1) de cette première idée : la plupart des particularités que l'on relève à l'encontre de la qualification pénale du *commissum* sont en effet très facilement expliquées par la circonstance originaire du transfert de propriété (2).

tomber en *commissum*. Les droits du *scripturarius* à la confiscation et à la *pignoris capio* du bétail sont confondus par M. Collinet, *Saisie privée*, 64-65.

(1) Pernice, *loc. cit.*, 134-135. Cf. n. 2. V. le rapprochement fait par le même auteur entre la *lex commissoria* du contrat de gage privé et le *commissum*.

(2) Le bétail de contrebande devient en effet immédiatement la propriété du *scripturarius*, D. 39, 4, 14 : *quod commissum est statim desinet ejus esse qui crimen contraxit* (V. cependant sur les difficultés soulevées, au cas d'affranchissement par son ancien maître de l'esclave tombé en *commissum*, Humbert, *loc. cit.*, p. 59-60). De ce transfert de propriété *lege*, découle la transmissibilité de la *vindicatio commissi*, au profit des héritiers du publicain et à la charge de ceux du fraudeur et même de tout tiers détenteur (D. *h. t.*, 8; 11, 3; 14; 16, 13) ainsi que son existence à l'encontre des mineurs avant Marc-Aurèle (D. *h. t.*, 7, 1). Mais il n'est pas sérieusement contestable que ce transfert de propriété ne soit une peine. C'est seulement une peine d'une catégorie particulière, qui consiste non dans une prestation en argent ou dans une punition corporelle, mais dans la privation définitive et immédiate de l'objet que le

Quant à l'ancienneté de ce transfert de propriété (1), elle ne saurait faire doute selon nous, car il a de tout temps été pratiquement nécessaire de contraindre différemment, même en droit public, le débiteur négligent ou peu solvable, mais ne faisant pas usage de moyens dé-

fraudeur a tenté de soustraire à la taxe. La personnalité du fraudeur disparaissant et devenant comme indifférente, à raison du caractère plus réel que personnel du *commissum*, on s'explique qu'on lui ait attribué une transmissibilité qui n'existe pas pour les autres peines. Mais il n'est pas impossible de découvrir encore à l'époque impériale des traces de son ancien caractère pénal. C'est ainsi, par exemple, que la *persecutio commissi* semble avoir été tout d'abord seulement accordée contre l'héritier du fraudeur et non contre les tiers-acquéreurs (Ulpien, D. *h. t.*, 14, est le seul à parler d'une façon générale, et sans doute adopte-t-il une extension récente du principe). C'est ainsi encore que, même vis-à-vis de l'héritier, la *persecutio* n'est possible que s'il y a déjà eu *quaestio mota* du vivant du délinquant (D. *h. t.*, 16, 13). On commet une confusion en disant (Pernice, *loc. cit.*, 133-134) que « le *commissum* n'est pas une peine, parce qu'il est, comme la *lex commissoria*, destiné à peser sur la volonté du débiteur et à le porter à exécuter ses obligations ». Il est tout d'abord assez inexact de rapprocher la *lex commissoria*, organisant la transformation de la possession du gage en un droit de propriété au bout d'un certain délai et la confiscation immédiate par voie de *commissum*. En outre, ce n'est pas le *commissum* (ou la *lex commissoria*) qui peut exercer une influence sur la volonté du débiteur, mais bien la crainte de son application éventuelle, ce qui est tout différent. La menace du *commissum* a évidemment une très grande valeur exemplaire, mais c'est là un effet indirect qui se retrouve précisément dans toutes les peines, dont la menace prévient un nombre bien plus considérable d'infractions que leur application n'en réprime.

(1) Peut-être pourrait-on invoquer en ce sens le délai quinquennal, égal à celui des locations censoriennes, accordé pour la *persecutio commissi*. Cf. Karlowa, *R. R. G.*, 2, 40.

tournés, et celui qui recourt à la fraude pour éviter à la fois le paiement de la taxe et les conséquences du défaut de paiement. Ce système de confiscation qui fut plutôt atténué que renforcé à l'époque impériale (1), est mentionné pour la première fois, en matière pastorale, chez Varron, *De re rust.*, 2, 1, 16 : *Greges ovium longe abiguntur ex Apulia in Samnium aestivatum atque ad publicanum profitentur ne, si inscriptum pecus paverint, lege censoria committant* : Il s'agit là indiscutablement d'un cas de *commissum* ; à défaut de la terminologie employée, dont on a voulu parfois amoindrir la précision (2), le sens même du texte ne peut laisser aucun doute à cet égard ; le danger du défaut de déclaration serait en effet

(1) C'est en effet au IIe siècle seulement qu'un certain nombre de cas particuliers sont soustraits au *commissum* qui paraît donc s'être appliqué à l'origine sans distinction, quelle que fût la cause du défaut de déclaration. On ne l'admet plus au contraire sous l'Empire, s'il y a eu pénétration accidentelle sur le territoire fiscal par suite de circonstances constituant un cas de force majeure (Marcien, D. 39, 4, *De publicanis* 16, 8 : rescrit des *divi fratres* relatif au débarquement de marchandises *propter necessitatem adversae tempestatis*). On ne l'admet plus, dès la même époque, au cas où il y a eu erreur du contribuable, qui était encore sous Hadrien passible de la confiscation (D. *h. t.* 16, 5) et qui ne sera plus tenu désormais que d'un double droit (D. *h. t.* 16, 10). C'est encore sous Marc-Aurèle et Commode que le *commissum* est écarté, plutôt d'ailleurs d'une façon indirecte et au moyen d'un contrôle administratif, au cas d'équité où le publicain a induit en erreur le contribuable.

(2) On a en effet soutenu que *lege censoria committere* signifierait simplement ici « contrevenir à la *lex censoria* », ce qui laisserait entière la question de la répression de cette contravention. En ce sens, Pernice, *loc. cit.*, 130 ; Karlowa, *R. R. G.*, 2, 39, n. 2. *Contrà* Heyrovski, *Leges contractus*, p. 59.

bien mince s'il se bornait à faire encourir une simple *pignoris capio* du bétail, qu'il serait loisible de faire cesser immédiatement contre versement de la *scriptura* : Varron, généralement assez sobre d'indications juridiques, signale évidemment ici un risque beaucoup plus considérable, dans lequel il n'y a aucune raison de ne pas voir le *commissum* classique, qui dut être au surplus pratiqué dès l'origine de Rome, pour des raisons de convenance fiscale, qui sont de tous les temps et de tous les milieux.

Les pouvoirs très étendus ainsi conférés aux *scripturarii*, comme à tous les autres fermiers vectigaliens, devaient être l'occasion d'abus inévitables et appelaient par suite des correctifs. Nombreux sont en effet les témoignages de l'usage incorrect fait par les publicains, et spécialement par les *scripturarii*, de leurs facultés de gagerie ou de confiscation (1). On peut bien en attribuer une

(1) Voir un relevé des divers textes relatifs aux abus des publicains dans Dietrich, *Beiträge*, p. 10, n. 1, et particulièrement, Tite-Live 45, 18 : *Ubi publicanus est, aut jus publicorum vanum aut sociis libertas nulla*. Cic. *ad Quint. fr.* 1, 1, 11, 33 : *Non tam de portorio quam de nonnullis injuriis portitorum querebantur*. Ulpien au D. 39, 4, *de publ.* 12, pr. : *Quantae audaciae quantae temeritatis sint publicanorum factiones nemo est qui nesciat. Idcirco praetor ad compescendam eorum audaciam hoc edictum proposuit*. Il est à peine besoin de rappeler le rôle peu honorable tenu par les publicains dans l'évangile. Au VIIe siècle, les *scripturarii* d'Asie ont une place toute particulière dans la défaveur populaire. V. Lucilius fr. livre 26, 14, cité *suprà*, p. 11, n. 4. Cf. Brandis, dans Pauly-Wissowa, v° *Asia*, p. 1546 et Chapot, *La province d'Asie*, pp. 41 et suiv.

partie aux récriminations des éleveurs aigris par une mauvaise campagne (1), ou même à l'impopularité toute spéciale qui s'attache au fermier de l'impôt et qui le rend, en principe, beaucoup plus insupportable au contribuable que l'agent de l'État. Mais il n'en reste pas moins la certitude d'abus très réels, reconnus des meilleurs amis des publicains (2) et souvent facilités par la bienveillance des magistrats (3), qui y trouvaient au surplus divers avantages, entre autres l'exemption plus ou moins avouée des taxes (4).

(1) Plaute, *Truculentus*, 1, 2, 45-46 :
Plerique idem quod tu facis faciunt rei male gerentis :
Ubi non est scripturam unde dent, incusant publicanum.

(2) De Cicéron, p. ex., *ad Quint. fr.*, 1, 1, 11, 33 : *Non esse leniores in exigendis vectigalibus Graecos quam nostros publicanos hinc intellegi potest, quod Caunii nuper omnesque ex insulis, quae erant a Sulla Rhodiis attributae, confugerunt ad senatum nobis ut potius vectigal quam Rhodiis penderent.*

(3) Il n'est pas besoin de rappeler les excès de la préture de Verrès en Sicile. Cf. la recommandation de la société de Bythinie par Cicéron au questeur Crassipes : *remque et utilitatem sociorum (cujus rei quantam potestatem quaestor habeat non sum ignarus) per te quam maxime defensam et auctam velis* (*Ad fam.* 13, 9). Il faudrait réellement une *divina virtus* au gouverneur pour tenir la balance égale entre les fermiers du trésor et les provinciaux (Cic. *ad Quint. fr.* 1, 1, 11). L'importance de l'ordre des publicains lui fait au surplus un devoir politique de ménager une classe qui tient dans ses mains les sources de l'activité administrative et militaire de l'État. Cf. Tite-Live, 23, 48 et 49, 25, 3 : *patres ordinem publicanorum in tali tempore offensum nolebant.*

(4) C'est ainsi que Verrès peut impunément frauder la douane de Sicile de plus de 60.000 sesterces au seul bureau de Syracuse, et cela conformément à un *vetus institutum publicanorum* (Cic.,

L'usager fut bien toujours protégé à la vérité, sinon par la formalité des *certa verba* (1), du moins par la faculté de contester le bien-fondé de la saisie, qu'il exerça probablement par voie d'interdit ou de revendication (2), selon le cas ou l'époque. Toutefois l'usage de ces divers moyens de droit, n'entraînant pour le publicain, à qui incombait sans doute la charge de la preuve (3), qu'une simple restitution des objets saisis, était bien peu efficace contre les prises de gage ou confiscations opérées de mauvaise foi. Aussi le préteur dut-il se pré-

Verr., 2, 2, 70, 172). Cf. Carcopino, *Decumani*, 414-419. De même le proconsul d'Asie Sextus Appuleius peut laisser par testament d'immenses troupeaux (Appien, *B. c.*, 4, 75), qui n'ont peut être pas acquitté rigoureusement la *scriptura*.

(1) Cf. cependant Pernice, *Z. S. St.*, 5, 1884, 130.

(2) Huschke, *Die multa und das sacramentum*, 402. Cf. Karlowa, *Legisactionen*, 207; Collinet; *Saisie privée*, 33; Jobbé-Duval, *Procédure civile*, 11-12; Girard, *Manuel*[4] 978. Sohm, *Institutionen* [2], 1884, p. 115, admet que la contestation judiciaire de la saisie ferait partie de la *legis actio per pignoris capionem*, dont Gaius, 4, 29, atteste cependant formellement le caractère extra-judiciaire.

(3) En ce sens Karlowa, *Legisactionen*, 207. Cf. Collinet, *Saisie privée*, 44-45. Le texte invoqué à ce propos (Cic. *Verr.*, 3, 11, 27 : *Cum omnibus in aliis vectigalibus Asiae Macedoniae Hispaniae Galliae Africae Sardiniae ipsius Italiae quae vectigalia sunt, cum in his inquam rebus omnibus publicanus petitor aut* (cert. ms. : *ac*) *pignerator non ereptor neque possessor soleat esse*) a été cependant interprété en sens contraire par Degenkolb, *op. cit.*, p. 54. L'importante comptabilité des publicains (Cic. *Verr.*, 3, 10, 25), les *pactiones* et, spécialement en matière de *scriptura*, les rôles de pâturage établis contradictoirement devaient faciliter l'administration de cette preuve. Cf. Karlowa, *op. cit.*, 214.

occuper d'assurer aux particuliers une protection plus énergique contre de tels abus d'autorité.

L'édit donna peut-être[1] tout d'abord une action pénale au double, réduite au simple lorsque le publicain pouvait faire la preuve de sa bonne foi[2], au cas d'*exactio* ou simple trop perçu intentionnel. Les exactions étaient en effet fréquentes et se pratiquaient d'autant plus facilement que les publicains ne se faisaient pas faute de tenir les tarifs fiscaux aussi secrets qu'il leur était possi-

(1) En ce sens Lenel, *Edit perpétuel*, § 184, malgré l'absence de tout témoignage positif (Peut-être faut-il cependant y rattacher Tacite, *Ann.*, 13, 51). Le texte le plus explicite est le passage de Paul, D. 39, 4, *De publ.*, 9, 5 : *Quod illicite publice privatimque exactum est cum altero tanto passis injuriam exsolvitur.* Cette peine du double est en tout cas prononcée couramment sous Sévère et Antonin en 197 (C. 2, 11 (12) *De causis ex quib.*, 2, D. 39, 4, *De public.*, 6 et 16, 14); elle est encore appliquée sous Arcadius et Honorius en 400 (C. 10, 20, *De superexact.*, 1). La répression fut temporairement renforcée par Constantin, qui établit en 332 contre les *exactores* la peine de l'exil perpétuel : C. 4, 62 *Vectigalia nova*, 4. L'édit de Verrès organisait déjà un renforcement analogue en donnant une action au quadruple contre les *decumani*, mais ce n'était là qu'une sévérité de parade, destinée à permettre la création d'une action à l'octuple contre les *aratores* ayant contesté l'exactitude du rôle (Cic., *Verr.*, 3, 13, 34 et 3, 29, 70). Il faut faire une place à part à la *superexactio*, cas d'*exactio* particulièrement grave et puni de mort : *C. Th.*, 4, 22, *De vectig.*, 1. *C. J.* 10, 20, *De superexact.*, 1. Il est par contre assez surprenant que la perception de *nova vectigalia* non autorisée par l'empereur soit seulement l'objet d'une action en répétition au simple (C. 4, 62, *Vectigalia nova*, 3).

(2) Au moins depuis un rescrit de Sévère et Antonin (D. 39, 4, *De publ.*, 16, 14).

ble, afin d'enlever aux contribuables tout moyen de contrôle[1], et s'ingéniaient d'autre part à décorer de noms respectables toute une série de surtaxes irrégulières [2].

Mais l'action donnée dans ce cas suppose essentiellement qu'il n'y a pas eu confiscation ou prise de gage, dont le contribuable a pu être tout au plus simplement menacé[3]. L'édit a pris au contraire contre l'exercice abusif des droits de *commissum* et de *pignoris capio*, des dispositions spéciales, dont le texte nous est fourni comme suit par le Digeste, au titre *de publicanis* :

1) fr. 1, *pr.* : Ulpien, l. 55 sur l'édit :

(1) Néron dut ordonner, en effet, *ut leges cujusque publici occultae ad id tempus proscriberentur* (Tacite, *Ann.*, 13, 51).

(2) V. sur les *binae quinquagesimae*, les droits de *pro spectatione, pro collybo, pro cerario*, Marquardt, *Organisation financière*, p. 312, n. 2. Néron les supprima en partie en réalisant, d'après Tacite (*Ann.*, 13, 50), l'*abolitio quadragesimae quinquagesimaeque et quae alia exactionibus illicitis nomina publicani invenerant.*

(3) Paul ajoute pourtant, D. *l. c.* : *per vim vero extortum cum pœna tripli restituitur.* M. Lenel laisse cette proposition en dehors de sa restitution. Elle peut cependant viser simplement les violences sur la personne. Cf. Degenkolb, *Lex Hieronica*, 60-61. Il est en tout cas bien certain que l'action donnée au cas d'*exactio* n'a rien de commun avec les actions spéciales *furti, damni injuria facti*, etc. V. la constitution de Sévère et Antonin de 197, au Code, 2, 11 (12), *De causis ex quib.*, 2 : *Neque furti neque vi bonorum raptorum neque peculatus damnatus intellegi potest qui, cum plus debiti nomine tributorum exegisset, in duplum a praeside condemnatus est.*

Quod publicanus ejus publici[1] *nomine vi ademerit, quodve familia publicanorum si id restitutum non erit, in duplum, aut si post annum agetur, in simplum judicum dabo. Item si damnum injuria (furtumve)*[2] *factum esse dicetur, judicium dabo. Si hi ad quos ea res pertinebit non exhibebuntur*[3] *in dominos sine noxae deditione judicium dabo :*

2) Fr. 12, 1 : Ulpien, l. 38, sur l'édit :

Quod familia publicanorum furtum fecisse dicetur (item si damnum injuria fecerit et id ad quos ea res pertinet non exhibetur, in dominum sine noxae deditione judicium dabo) [4].

Il apparaît de suite que ces deux fragments proviennent de parties différentes de l'édit, que les textes nous indiquent comme ayant été respectivement les titres *de publicanis* [5] et *de furtis*[6]. Il n'y a pas lieu par contre, à notre sens, d'attribuer le second, comme l'a fait M. Karlowa[7], exclusivement à l'édit provincial. Il

(1) D'après la correction de Cujas, *Opera*, édit. de Naples, 1758, t. 5, p. 688.

(2) Interpolé, v. *infrà*.

(3) Justement rectifié par Lenel, *Edit*, tr. fr., § 183, p. 11, n. 11 (= *Edictum perpetuum* ², 324-326) en fonction de D. *h. t.*, 1, 6. *Contrà*, Karlowa, *R. R. G.*, 2, pp. 35-38.

(4) Interpolé, v. *infrà*.

(5) Ulpien, D., *h. t.*, 1, 1 : *hic titulus ad publicanos pertinet.*

(6) D. 50, 16, *De verb. sign.*, 195, 3 : *sub titulo de furtis ubi praetor loquitur de familia publicanorum.*

(7) *R. R. G.*, 2, pp. 35-38. M. Karlowa se base principalement sur ce fait que Gaius commente séparément (D. *h. t.*, 5 et 13)

est bien certain que les édits provinciaux ont dû prendre des dispositions à l'égard des publicains, mais rien n'indique qu'elles aient été forcément différentes de celles contenues à l'édit du préteur et qu'un des deux édits particuliers qui nous sont rapportés lui ait appartenu exclusivement : Nous avons même la preuve du contraire[1]. La coexistence des deux édits distincts rapportés aux fr. 1

l'édit du préteur urbain et l'édit provincial, et en conclut qu'il doit y avoir eu forcément entre eux des différences, que les compilateurs auront fait tout naturellement disparaître, à une époque où la distinction des deux édits n'était plus pratique depuis longtemps. Ces différences, en admettant qu'elles aient existé, ne peuvent en tout cas autoriser à mettre en doute le rattachement du deuxième édit à l'album du préteur urbain, attesté par Ulpien au fr. 12. Elles ont dû cependant n'être pas très importantes, et c'est précisément ce qui a permis aux compilateurs d'illustrer l'édit du préteur urbain de commentaires empruntés à l'ouvrage de Gaius sur l'édit provincial. C'est même là une méthode constamment suivie par eux à ce titre, non seulement par l'annexion du fr. 13 de Gaius au fr. 12 d'Ulpien invoqué par M. Karlowa, mais également par l'intercalation du fr. 2 du même Gaius entre les fragments 1 et 3 d'Ulpien relatifs à l'édit du préteur urbain, dont on ne saurait cependant songer à tirer argument en faveur de l'origine provinciale de l'édit *de publicanis* : il est en effet très naturel qu'au cours du découpage pratiqué dans les commentaires sur l'édit, les compilateurs aient prélevé dans celui de Gaius sur un titre de l'édit provincial, qui se retrouvait également dans l'édit du préteur urbain, un développement particulièrement bien venu qu'ils ont appliqué à l'explication du second. Cf. le système moins absolu, mais tout aussi inadmissible, de Degenkolb, qui croit pouvoir invoquer, à l'appui de l'existence du titre *de publicanis* dans le seul édit provincial, à l'origine, le texte de Cic. *Ad. Att.*, 6, 1, 15 (*Lex Hieronica*, 118-119).

(1) D. 50, 16, *De verb. sign.*, 195, 3 cité plus haut.

et 12 surprend bien au premier abord. Mais elle s'explique très aisément, à notre sens, par leur apparition successive, et d'autant plus aisément même, que leurs différences sont plus accusées.

La simple comparaison des deux textes tels qu'ils nous sont transmis par le Digeste indique déjà certaines divergences de détail. Mais la rectification de la double interpolation qu'ils contiennent les distingue radicalement l'un de l'autre. Il est en effet à peu près certain que, dans le premier, le mot *furtumve* n'a été introduit que par les compilateurs(1) et que seul, le début du second, *quod familia publicanorum furtum fecisse dicetur*, est authentique(2). Après avoir ainsi dégagé les deux dispositions

(1) Lenel, *Edit perpétuel*, §§ 138 et 183 (= *Edictum perpetuum*², 324-326 et 374-376). Karlowa, *R. R. G.*, 2, 37. De cette première interpolation découle tout naturellement une série d'interpolations du commentaire donné au même fragment. V. Karlowa, *loc. cit.*, n. 2. Lenel, *Ed.* § 138. Il n'y a pas lieu de considérer, avec M. Karlowa, comme introduit à la suite de *furtumve,* la proposition *si id ad quos ea res pertinebit non exhibebitur*, qui doit être corrigée et non écartée. V. *suprà*, pp. 88, n. 3.

(2) En ce sens Lenel, *Edit*, § 138 (= *Edictum perpetuum*², 324-326) invoquant très justement l'incompatibilité des deux prépositions (*quod... si...*); le défaut de concordance du pluriel de la *familia publicanorum* et du singulier du *judicium in dominum*; et surtout la reproduction de la faute de copie faite au fr. 1 (*id ad quos ea res*), aggravée de la substitution négligente du présent au futur (*pertinet non exhibetur*), qui se trouve ainsi prouver à elle seule le remaniement des deux édits. M. Karlowa, *R. R. G.*, 2, 37, à qui cette faute de copie a échappé, maintient la suite du texte en éliminant seulement *si damnum injuria fecerit* à rai-

des éléments étrangers qui en altéraient la physionomie, il devient facile de déterminer leur date d'apparition et leur domaine d'application respectifs.

Les deux édits doivent être de la République (1) et le plus ancien paraît bien être le second (2), relatif aux vols de la *familia publicanorum*, dont la portée est la plus restreinte. Il est naturel en effet que les moyens de droit dirigés contre l'ordre puissant des publicains ne se soient introduits que peu à peu, et en s'attaquant tout d'abord aux actes les moins excusables de leurs agents. Le préteur s'occupa donc, en premier lieu, du *commissum* qui, exercé à tort et sciemment, réunissait tous les éléments du vol (3),

son de sa discordance avec l'obligation d'exhiber. L'élimination, plus complète, proposée par M. Lenel s'impose encore à Dernburg, *Festgabe für Heffter*, 118-119, qui croit reconnaître une glose d'Ulpien renvoyant au premier édit. Degenkolb, *Lex Hieronica*, 121, ne tranche pas la question. Pernice, *Z. S. St.*, 5, 1884, p. 129 admet au contraire, sans examen, l'application du second édit au *damnum injuria factum*.

(1) Labéon connaît déjà l'édit *de publicanis* qui paraît bien le plus récent (D. 39, 4, *De publicanis*, 4, *pr.*).

(2) Karlowa, *R. R. G.*, 2, 38, considère la question de priorité comme incertaine. En notre sens, Degenkolb, *op. cit.*, 119-122.

(3) Il n'y a pas lieu par contre d'admettre que la *pignoris capio* non justifiée tombait également, comme *furtum usus*, sous le coup de cet édit. Cela réduirait à un rôle insignifiant l'édit du fr. 1, qui semble au contraire avoir été d'une grande hardiesse. Cela serait en outre en contradiction avec l'ancienne origine de cet édit, antérieur, d'après nous, à la fin de la République, où s'est seulement formée, non sans rencontrer une vive résistance, la théorie du *furtum usus*. Cf. Girard, *Manuel*[4], p. 403, n. 2. *Contrà*, Bekker, *Actionen*, 1, p. 45; Pernice, *op. cit*, p. 129.

et privait définitivement le contribuable de l'objet ou de l'animal confisqué. L'édit se borna d'ailleurs vraisemblablement à déclarer applicables au *commissum*[1] irrégulier les peines du *furtum*[2]. Cette application du droit commun était déjà en elle-même d'une suffisante hardiesse vis-à-vis des publicains, qui prétendaient sans doute y échapper dans l'intérêt supérieur des finances publiques[3]. Aussi n'y a-t-il pas lieu d'admettre gratuitement que l'intention frauduleuse n'ait pas été nécessaire dans ce cas spécial[4]. La

(1) Il est exact comme le dit M. Lenel, *Edictum*², p. 376, que la présence des mots *de commissis* à la rubrique du titre du D. *de publicanis* ne prouve pas que le titre de l'édit *de publicanis* fût rédigé de la même façon, mais il n'y a pas lieu d'en conclure que l'édit ne s'occupait pas du droit de confiscation. Le préteur ne pouvait pas, à la vérité, en prohiber l'exercice et devait se borner à en réprimer les abus, en tant qu'ils constituaient une contravention au droit en vigueur; mais dans ces limites très larges, il ne se faisait pas faute d'intervenir. Cf. au surplus Lenel, *loc. cit.*, n. 3. On pourrait seulement se demander si la *pignoris capio*, lorsqu'elle aboutissait à l'appropriation du gage par le créancier, n'était pas également visée par l'édit *de furtis*. Nous ne le croyons pas cependant, cette appropriation étant seulement possible si aucune protestation fondée n'avait été formulée par le saisi dans un certain délai et si ce dernier l'avait ainsi ratifiée, en quelque manière, par son silence.

(2) En ce sens Lenel, *Edit*, § 138 (= *Edictum* ², 324-326). Pernice, *loc. cit.*, 129, et Karlowa, *R. R. G.*, 2, 37, admettent, en fonction du passage interpolé, une action au simple.

(3) Ulpien, D. *h. t.*, 1, 2 : *Dixerit aliquis : quid utique hoc edictum propositum est quasi non et alibi praetor providerit furtis bonis vi raptis, sed e re putavit et specialiter adversus publicanos edictum proponere.*

(4) *Contrà* Degenkolb, *Lex Hier.*, 116 ; Pernice, *Labeo*, 2, 250 et *Z. S. St.*, 5, 1884, 129.

seule aggravation de la répression ordinaire du vol consiste en ce que le publicain est déclaré responsable *quasi facti sui nomine* du fait des esclaves qu'il n'exhibe pas, soit par mauvaise volonté, soit même parce que l'esclave est en fuite, a été vendu ou encore affranchi de bonne foi[1]. Mais, par contre, le bénéfice de cette *actio furti* spéciale est strictement limité aux contribuables victimes de confiscations irrégulières de la *familia* servile[2].

Encouragé par la réussite de cette première réforme, prudemment glissée sous la rubrique générale du titre *de furtis*, le préteur en risqua une seconde, constituant à elle seule un édit ouvertement intitulé *de publicanis*. Ce n'est plus alors la seule confiscation illégitime qui peut permettre d'actionner l'agent du publicain : celui-ci est désormais responsable à l'occasion de tout exercice irrégulier et violent du droit de *pignoris capio*. La *pignoris capio* n'est pas nommée à la vérité dans l'édit au titre *de publicanis*, pas plus que le *commissum* ne l'était au titre *de furtis*, par la raison que le préteur n'avait pas qualité pour entreprendre directement sur ces deux facultés, mises à la disposition du publicain par un autre magistrat,

(1) Gaius, D. *h. t.*, 13, 2 et 3. Cf. sur cette dérogation au droit commun, Girard, *Actions noxales*, 61, n. 2 (= *N.R.H.*, 1888, 50, n. 2).

(2) Ulpien, D. *h. t.*, 12, 2. Nous ne croyons pas par contre qu'il faille, avec Karlowa, *R. R. G.*, 2, 37, voir une particularité de l'édit *de furtis* dans l'assimilation toute naturelle des publicains, adjudicataires de *vectigalia* municipaux, aux fermiers de l'État : Gaius, D. *h. t.*, 13, 1.

dont il eût ainsi usurpé la compétence (1). Mais, dans ce cas comme dans le précédent, la portée réelle de l'innovation prétorienne ne peut faire doute, l'exercice violent de la *pignoris capio*, en dehors des conditions qui lui ont été assignées par la *lex censoria*, rentrant évidemment dans le cadre du *vi adimere* de l'édit (2). Il est par contre douteux que cet édit ait également visé le *furtum*, qui d'ailleurs comporte logiquement, en plus du *vi adimere*, de l'acte de soustraction, l'intention de s'approprier

(1) Selon la remarque très juste de Degenkolb, *op. cit.*, pp. 108-109, suivi par Pernice, *Z. S. St.*, 5, 1884, p. 128. Le préteur pourra de la sorte tout aussi bien fortifier que neutraliser les pouvoirs de *pignoris capio* du publicain. C'est ainsi que Verrès annonce dans son édit qu'il refusera l'*actio injuriarum* au cas où un contribuable se sera opposé violemment à la prise de gage : *Si quis eum pulsasset edixit sese judicium injuriarum non daturum* (*Verr.*, 2, 27, 66).

(2) En ce sens Rudorff, *Zeitschr. für gesch. Rechtsw.*, 10, p. 97. Walter, *R. R. G.*, § 716; Pernice, *Z. S. St.*, 5, 1884, 130 et n. 4; Jobbé-Duval, *Procédure civile*, 11, n. 4. Degenkolb, *loc. cit.*, 106 et 112-115, entend par contre le *vi adimere* d'une simple exaction, maintenue par le publicain malgré les protestations du contribuable. *Adimere* n'a pas cependant le sens étroit d' « enlever définitivement » que Degenkolb lui prête (p. 115) : *Vi adimere* signifie simplement « prendre violemment », comme cela sera presque toujours le cas, en fait, lors d'une gagerie injustifiée, à laquelle le contribuable s'opposera dans une certaine mesure, ne fût-ce que verbalement. Cf. Neratius D. 39, 1, *De act. empti*, 31, pr. : *si ea res quam ex empto praestare debebam vi mihi adempta fuerit.* Karlowa, *R. R. G.*, 2, 36, voit dans le *vi adimere*, la gagerie non frauduleuse, devenue seulement illégale, selon lui, après la disparition des actions de la loi. Cf. ce que nous avons dit précédemment de ce système, p. 70, n. 3.

la chose soustraite, et qui, par suite, continua, au moins en tant qu'il émanait de quelqu'un de la *familia* vectigalienne, à être régi par le premier édit.

Le gage pris violemment et irrégulièrement doit désormais être restitué à peine d'une action au double, réduite au simple si elle est intentée plus d'une année après la gagerie irrégulière (1). Le système ainsi organisé par l'édit n'est que la transposition atténuée de celui existant en matière de *bona vi rapta* (2), ce qui permet d'en placer l'apparition à une date postérieure à 678. De plus, et de même que l'édit du préteur pérégrin avait créé à côté de l'action *bonorum vir aptorum* une action procurant, par une condamnation identique, la réparation des dommages occasionnés dans des circonstances analogues, l'édit *De publicanis* assure également une action spéciale, distincte de celle de la loi Aquilia et tendant aux mêmes multiples que l'action organisée par le premier chef, au cas où, au cours de sa détention par le publicain, le gage aurait subi

(1) La formule employée par l'édit : *in duplum aut, si post annum agetur, in simplum judicium dabo*, n'est pas tout à fait celle ordinairement usitée, par exemple pour l'*actio bonorum vi raptorum* (*in anno quo primum de ea re experiundi potestas fuerit, in duplum, post annum in simplum judicium dabo*). M. Dernburg, *Festgabe für Heffter*, 118, n. 1, relève cette transformation de l'action au double en action au simple, comme une preuve de sa modernité relative.

(2) Cela semble impliqué notamment par la façon plus brève (v. *suprà*, n. 1) et par suite perfectionnée dont est formulée dans l'édit la transformation de l'action primitive en action au simple. Degenkolb, *op. cit.*, 110-111, la place postérieurement à la 3e Verrine. Elle est, d'autre part, déjà connue de Labéon, D. *h. t.*, 4, *pr.*

une détérioration constituant un *damnum injuria factum*. Une telle action était le complément indispensable de la première qui, en permettant au publicain de se libérer de toute poursuite s'il rendait la chose enlevée par violence, pouvait parfaitement n'assurer la restitution que d'un gage considérablement diminué de valeur. Elle correspondait à un besoin réel, notamment en matière pastorale, où il était facile au *scripturarius*, afin de déterminer le pasteur à lui payer une somme supérieure à la *scriptura* de droit, de lui causer un grave préjudice en mettant son troupeau en fourrière sans lui fournir la nourriture suffisante (1).

Le préteur ne fait encore, si l'on veut, par ce second édit qu'appliquer expressément aux publicains le droit pénal commun. Toutefois, il intervient alors avec beaucoup plus de décision que dans le premier. C'est ainsi que l'on comprend désormais dans la *familia* non plus seulement les esclaves du publicain, mais même les esclaves d'autrui et les hommes libres qui collaborent à la levée de la taxe (2). Le préteur organise en outre indifféremment son système pénal contre les agents inférieurs

(1) Ulpien, D. 47, 8, *Vi bon. rapt.*, 2, 20, cité *suprà*, p. 69. Cf. sur des abus analogues des officiers royaux chargés de la perception de la taxe de pâturage de l'Italie méridionale, Bianchini, *Storia delle finanze di Napoli*, 42.

(2) Ulpien, D. 39, 4, *De publ.* 1, 5 : *Familiae nomen hic non tantum ad servos publicanorum referemus, verum et qui in numero familiarum sunt publicani sive igitur liberi sint sive servi alieni qui publicanis in eo vectigali ministrant, hoc edicto continebuntur.*

de la perception ou contre les publicains les plus haut placés dans la hiérarchie (1). Par contre, lorsqu'il y a délit de l'esclave, l'action est donnée, au cas de non-exhibition, *sine noxae deditione*, selon une formule qui n'est pas complètement identique celle de l'action de l'édit *de furtis* (2).

Il y a d'ailleurs plutôt, dans ce deuxième édit, extension que simple application du droit en vigueur. L'objet de l'action du titre *de publicanis* est inférieur, à la vérité, à celui de l'action *bonorum vi raptorum*. Mais, outre que son champ d'application est bien plus vaste, la notion du *bona vi rapere* étant plus étroite que celle du *vi adimere*, ses conditions de délivrance sont beaucoup plus larges, car rien n'indique qu'il faille ici que la violence ait été exercée par des bandes armées et qu'il ne suffise pas, au contraire, qu'elle soit le fait d'un seul agent sans armes. De même, le montant de l'action donnée en indemnisation du dommage ne se calcule pas, il est vrai, sur la plus haute valeur de la chose, pendant un certain délai antérieur, mais elle est, en revanche, à la différence de l'action de la loi Aquilia (3) au double pendant la première année. L'intention du magistrat est donc désormais

(1) Nous ne voyons pas de raison de supposer avec Degenkolb, *Lex Hieronica*, 117, que cet édit se serait appliqué primitivement à la seule *familia*.

(2) V. Lenel, *Édit perpétuel*, tr. fr., 2, p. 60, n. 1 : le *judicium sine noxae deditione* n'était délivré en principe que si toutes les conditions d'une action noxale se trouvaient réunies.

(3) Sauf, naturellement, au cas d'*infitiatio*.

bien plutôt de renforcer que d'atténuer le droit commun (1). Aussi les publicains et leurs agents seront-ils exposés, en outre, aux actions *bonorum vi raptorum* et *legis Aquiliae* toutes les fois que, leurs conditions d'exercice étant réunies, le contribuable lésé pourra en retirer un plus grand bénéfice.

(1) Ulpien, D. 39, 4, *De publicanis*, 1, 4 : *Est enim absurdum meliorem esse publicanorum causam quam ceterorum effectam opinari.*

CHAPITRE IV

ROLE SOCIAL DU PATURAGE PUBLIC

L'industrie pastorale a constitué de tout temps pour le Latium et pour une grande partie de l'Italie, une source très importante de revenus. Cette importance de l'élevage était peut-être, si possible, plus considérable à l'origine, où le pastorat était encore le régime d'exploitation prépondérant du sol et, dès les premières années de l'État romain, la lutte des classes dut graviter pour une notable partie autour de la question de l'admission aux pâtures publiques.

Les deux seules classes qui s'opposent l'une à l'autre à ce moment sont deux catégories politiques, le patriciat et la plèbe : quelle que soit la conception que l'on se fasse des origines de la plèbe, que l'on y voie ou non une classe sociale ayant existé à toute époque à côté de celle des individus demi-libres soumis à des rapports de clientèle (1),

(1) Voir, en sens opposé, Mommsen, *Droit public*, 6, 1, 59-97 et Karlowa, *R. R. G.* 1, 62-63. Cf. Voigt, *Ueber Klientel und Libertinität* dans les *Comptes rendus de l'Académie de Saxe*, 1878;

il n'en est pas moins certain qu'elle existe de très bonne heure et se présente immédiatement comme inférieure au patriciat aux points de vue les plus divers, à l'égard non seulement de l'accès aux magistratures et aux sacerdoces, mais encore du droit de vote et du droit de famille. Cette situation inférieure que l'on peut constater sur tant de points doit vraisemblablement s'étendre à la jouissance des terres publiques. Nous aurons à examiner plus loin la question de la participation des plébéiens à l'exploitation de l'*ager occupatorius*; quant à l'admission aux pâtures communes, il n'est pas douteux, à notre sens, qu'elle dut être entièrement refusée aux membres de la plèbe, à l'origine. La théorie contraire, soutenue par M. Mommsen qui l'avait d'ailleurs précédemment combattue (1), se fonde principalement sur l'absence de témoi-

Meyer, *Geschichte des Altertums*, 2, 327, et les auteurs cités par Willelms, *Droit public*, p. 29, n. 3, p. 30, n. 2 et Girard, *Organisation judiciaire*, 1, 145, n. 2.

(1) *Droit public*, 6, 1, 95-96; Schwegler, *R. G.*, 2, 435. Dans le même sens, mais sans argumentation spéciale, Engelbregt, *De legibus agrariis ante Gracchos*, 23 et 87. Cf. Humbert, dans *Dict. d'antiquités romaines* de Daremberg et Saglio, v° *Ager publicus*, 156, et Dumas, *Rogations agraires liciniennes*, 79, qui expriment là une opinion d'autant plus surprenante, qu'ils refusent à la plèbe, pour la même époque, le droit d'occupation, établissant ainsi une distinction absolument arbitraire entre deux modes de jouissance de l'*ager publicus* qui doivent avoir suivi une marche sensiblement parallèle et qui sont notamment visés en même temps par la loi Licinienne. M. Garsonnet, en admettant, *Locations perpétuelles*, p. 84, l'égalité entre patriciens et plébéiens au moment de l'introduction du tribunat laisse en réalité la ques-

gnages relatifs à l'exclusion des plébéiens; mais, pour l'époque primitive, un tel défaut de documents est de règle et ne saurait constituer par suite un argument : on en est réduit à des conjectures et il faut avouer que celle d'une égalité de droits entre la plèbe et le patriciat relativement à la dépaissance de l'*ager publicus* constituerait une anomalie étrange vis-à-vis de l'inégalité des deux classes à tant d'autres égards. L'exclusion de la dépaissance est au contraire une suite toute naturelle de l'exclusion des assemblées politiques ou de l'armée : on pourrait même dire qu'elle fait contrepoids à cette dernière et que la plèbe était raisonnablement peu fondée à prétendre un droit quelconque sur un *ager scripturarius* qu'elle n'avait nullement collaboré à conquérir (1).

tion indécise. En sens contraire déjà Huschke, *Ueber Festus*, v° *Possessiones*, pp. 89-91, en vertu d'un long raisonnement, factice, mais curieusement construit, suivant lequel les patriciens, descendants des compagnons de Romulus et par conséquent essentiellement guerriers, se seraient naturellement réservé les terres non encore conquises sur la nature et auraient abandonné par contre aux plébéiens, d'origine sabine, par suite plus juridiques mais aussi plus pacifiques, les terres déjà en culture. Cf. dans le même sens, mais pour des raisons plus solides, Mommsen, *Hist. rom.*, 1, 260 et 2, 32; Karlowa, *R. R. G.*, 1, 95; Weber, *Agrarg.* 123. On peut beaucoup plus vraisemblablement entendre dans ce sens qu'adapter à la dernière opinion de Mommsen le texte d'Hemina chez Nonius, éd. Peter, p. 149, fr. 17 : *Quicunque propter plebitatem agro publico ejecti sunt.*

(1) C'est ce qu'il est facile de déduire *a contrario* des nombreux textes invoquant à l'appui des réclamations agraires de la plèbe sa collaboration aux conquêtes et à l'augmentation consécutive de l'*ager publicus*. V. Karlowa, *R. R. G.*, 1, 97.

M. Mommsen sent d'ailleurs si bien l'inadmissibilité d'une situation égale des deux classes, qu'il l'atténue dans la mesure du possible et s'en remet à l'arbitraire du magistrat pour créer entre elles, par voie de réglementation, une inégalité consistant par exemple dans le moindre nombre des bestiaux que le plébéien pourra envoyer à la pâture ou dans l'imposition d'une *scriptura* plus élevée(1). On pourrait tout d'abord rétorquer à M. Mommsen que « rien n'autorise à admettre » cette infériorité réglementaire du plébéiat. Nous n'avons en effet aucun exemple, dans les divers systèmes de réglementation du droit de pacage qui nous sont connus, de dispositions défavorables à la plèbe ou du moins aux basses classes. Mais nous n'emploierons pas cet argument, qui n'est pas à notre sens pertinent pour une époque aussi ancienne. Bien plus, nous admettons parfaitement, toujours au seul titre qui nous soit permis, à titre de conjecture, l'existence d'une telle réglementation. Elle constitue en effet la transition toute naturelle(2) entre un régime d'exclusion

(1) Mommsem, *Droit public*, 6, 1, 96.

(2) C'est ainsi qu'après avoir été longtemps exclus de toute participation à l'allmend, réservé aux bourgeois, les *Beisassen* ou *Hintersassen*, simples domiciliés, ont réussi à se faire reconnaître en Suisse un droit d'usage d'ailleurs très réduit, tel que le droit au bois de chauffage (mais non au bois d'œuvre), au pâturage d'une ou deux têtes de bétail, à la culture d'un petit jardin : Laveleye, *op. cit.*, pp. 130 et 135; Rennefahrt, *Die Allmend im Berner Jura* dans *Unters. zur deutschen Staats und Rechtsgeschichte* de Gierke, 1905, p. 12. Cf. sur le régime analogue de la commune de Kells en Irlande, Laveleye, p. 292. La répartition de la jouissance des terres

et le système de l'admission sur un pied d'égalité parfaite, et se trouve par là même bien plutôt favorable que contraire à l'existence de cette ancienne exclusion : il n'y a pas lieu en effet de croire qu'une fois le principe de l'inégalité établi par les patriciens, par les véritables citoyens, ceux-ci se soient arrêtés à mi-chemin et lui aient fait seulement produire une partie de ses conséquences : L'aristocratie romaine a dû au contraire, tant qu'elle fut prépondérante, aller, comme toutes les classes auxquelles la suprématie est momentanément assurée, jusqu'au bout de son pouvoir et exclure complètement les plébéiens de la jouissance de l'*ager scripturarius* (1).

collectives proportionnellement au rang social est d'ailleurs un système usité jusqu'en Chine et en Annam (V. Laveleye, *La propriété et ses formes primitives*, 454 ; Jobbé-Duval, *La commune annamite*, 49 et 52) et qui tente de se reconstituer sous les régimes comportant l'égalité des classes en s'efforçant de faire dépendre de la qualité de propriétaire foncier l'admission à cette jouissance. Cf. *infrà*, ch. 5, et Laveleye, *loc. cit.*, 135 et 337. L'imposition d'une taxe particulière sur les non-citoyens est également fréquente. V. notamment Laveleye, *loc. cit.*, 101 et Rennefahrt, *loc. cit.*, 118, 3.

(1) Tel a été longtemps et tel est encore dans certaines communes, le cas des *Beisassen* ou *Hintersassen* de l'allmend suisse ou allemand, exclus du pâturage commun où sont seuls admis les bourgeois, c'est-à-dire les habitants descendant d'une famille ayant habité le pays et exercé ce droit de temps immémorial. Laveleye, *op. cit.*, *passim*, notamment, 129, 177, 197, 199. Rennefahrt, *Die Allmend im Berner Jura*, 34 et suiv. et 117-118. Les habitants fixés depuis un certain temps dans la localité ont d'ailleurs toujours tenté de se réserver exclusivement la jouissance des usages communaux, ou tout au moins de certains d'entre eux. La colonisation américaine est encore ici d'une compa-

Dès l'époque ancienne au surplus, toute une partie non patricienne de la population, les clients, disposait indirectement, par voie de concession précaire, des droits pastoraux ou agricoles de ses patrons sur l'*ager publicus*. La nécessité de cette concession implique déjà l'absence de droit de la population plébéienne et dut par suite établir un lien très puissant entre patriciens et clients(1). Elle était en outre un remède partiel à l'exclusivisme de l'aristocratie permit de retarder d'autant l'admission du bétail de la plèbe aux pâtures publiques. Entre temps d'ailleurs les plébéiens les plus considérables étaient reçus dans la communauté patricienne et devenaient ainsi les auxiliaires précieux de sa résistance(2).

raison très instructive. L'*admission for inhabitant* à Salem ne conférait nullement tout d'abord le droit de mener le bétail sur les communs. La situation du nouvel habitant, de tout point analogue à celle du cottager anglais, ne comportait que l'assignation d'un petit lot de terre (*home's lot*), comparable aux *bina jugera* divisés à la plèbe romaine. Ce ne fut que par une évolution, terminée seulement au cours du XVIIIe siècle, que les tenanciers de ces lots furent progressivement admis sur un pied d'égalité avec les ayants-droit des anciens colons. On trouve d'ailleurs postérieurement à cette date de nombreux vestiges de l'ancien état de choses, tel que par exemple le pâturage appelé *The old planters medow neere Wenham common* qui constituait aux mains des descendants des premiers colons une propriété collective distincte de celle de l'ensemble de la ville. Adams, *The village communitites at Cape Ann and Salem*, 32, 51-52, 65-70. Cf. sur le régime analogue de certaines *communanze* italiennes actuelles, *Inchiesta agraria italiana*, 11, 2, 511.

(1) En ce sens Huschke, *Ueber Festus*, v° *Possessiones*, 90, n. 22. Des rapports de clientèle pastorale analogue ont existé dans le clan irlandais : Laveleye, *op. cit.*, 419-422.

(2) Tite-Live, 22, 34 : *Plebeios homines jam iisdem initiatos*

Il vint cependant un moment, peut-être à la suite de l'incorporation de la plèbe dans l'armée, rattachée traditionnellement à la réforme servienne, où le nombre et le rôle militaire des plébéiens exigèrent un autre régime. Ils furent alors admis comme classe, et non plus par voie d'exceptions individuelles, à la jouissance de l'*ager scripturarius*. Sans doute le droit nouveau qu'ils acquéraient conserva-t-il quelque temps la trace de l'inégalité première et la réglementation du pâturage dut-elle, comme nous l'avons déjà admis, leur imposer des conditions plus lourdes qu'aux patriciens. Néanmoins ce système ne fut que provisoire et il ne subsiste plus aux temps historiques aucun intérêt à distinguer, à ce point de vue, les plébéiens des patriciens. Il n'est pas davantage question à la même époque d'une relation quelconque entre la qualité d'usager des pâturages publics et la propriété d'un *fundus*(1). La dépaissance de l'*ager publicus* est désormais librement

esse sacris et contemnere plebem, ex quo contemni desierint a patribus. Mommsen, *Hist. rom.*, 1, 260 et 2, 32. Sunden, *De lege Licinia*, 38-39. Karlowa, *R. R. G.*, 1, 97 n'admet cependant pas que cette admission ait eu une valeur juridique et la réduit à une simple tolérance. Les *novi homines* de Rome se retrouvent exactement dans les *new-comers* de Salem, nouveaux colons enrichis admis individuellement par les *old comers* dans la communauté pastorale et en défendant aussitôt l'accès, avec la dernière énergie, contre leurs compagnons de la veille. Adams, *op. cit.*, 68-70.

(1) *Contrà*, Belot, *Nantucket*, 125 et Weber, *Röm. Agrargeschichte*, 120-122, qui veulent retrouver dans l'*ager compascuus* du droit colonial le régime premier de l'*ager publicus* pastoral. V. la critique de cette théorie *infrà*, ch. 5.

accessible au bétail de tous les citoyens sans autre condition que l'acquit de la *scriptura*.

Mais cette égalité est toute apparente. En même temps qu'à leurs privilèges, les patriciens et les nobles plébéiens ne renonçaient pas à leur prépondérance économique et politique, qui leur permit de reconquérir aussitôt les avantages qu'ils avaient paru abandonner. Tout d'abord, les membres de l'aristocratie surent se soustraire bien souvent au paiement de la *scriptura*, grâce à leurs puissantes influences politiques, non seulement tant que la taxe fut levée directement par l'État, mais encore lorsqu'elle fut affermée à des sociétés vectigaliennes, dont les directeurs tenaient à ménager des contribuables aussi bien placés pour leur nuire (1).

(1) En ce sens Schwegler, *R. G.*, 2, 435; Mommsen, *Hist. rom.*, 2, 32-33. C'est à cela qu'il faut rattacher les nombreux rappels par les lois agraires de l'obligation du paiement du *vectigal*. Spécialement en matière pastorale, sinon la loi Licinienne, comme le suppose Niebuhr, du moins la loi Thoria, en même temps qu'elle paralysait à l'avenir l'application de la loi agraire de C. Gracchus, ordonnait une fois de plus le versement exact de la *scriptura*, d'ailleurs sans plus de succès que les lois précédentes, comme le prouve l'anecdote de Cicéron, *De oratore*, 2, 70, 284 : *Qui (Appius) in senatu, cum ageretur de agris publicis et peteretur Lucullus ab iis qui a pecore ejus depasci agros publicos dicerent : non est, inquit, Luculli pecus illud; erratis — defendere Lucullum videbatur — ego liberum puto esse, qualibet pascitur*. Cf. Varron, *De re rust.*, 2, 1, 2. C'est une plus stricte perception de tous les *vectigalia* que veut ordonner Rullus : Cic. *De lege agr.*, 1, 4, 10 : *Jubet enim eosdem decemviros omnibus agris publicis pergrande vectigal imponere*. C'est par contre à tort que Rein, Pauly, *Realencyclopädie*, v° *Pascua*, rapporte à cela Ovide, *Fastes*, 5, 283 sq.

En outre, les capitaux importants dont disposaient les nobles ne permettaient guère qu'à eux seuls de pratiquer un élevage important[1]. On a dit qu'ils pouvaient ainsi entretenir le personnel servile nécessaire pour assurer en tout temps la garde de leurs bestiaux, alors que les citoyens de fortune modeste devaient en principe les conduire eux-mêmes au pâturage et étaient par suite obligés d'y renoncer dans bien des circonstances[2] : mais il était des plus facile à ces derniers de s'entendre entre eux et de constituer, en réunissant leurs animaux, un troupeau commun, qu'ils remettaient à la garde d'un tiers au moyen d'un contrat de louage de services ou de société[3]. En réalité, leur véritable infé-

(1) Karlowa, *R. R. G.*, 1, 97-98. Weber, *Röm. Agrargeschichte*, 129. Dumas, *Rogations agraires liciniennes*, 79.

(2) Macé, *Lois agraires*, 127. *Contrà*, Dumas, *op. cit.*, 146.

(3) Ulpien, citant Celse au D. 17, 2, *Pro socio*, 52, 2, indique comme une hypothèse pratique de société, *cum pecus in commune pascendum damus*, ce qui ne peut présenter évidemment d'intérêt que pour de petits éleveurs. Une modalité très fréquente semble avoir été l'*aestimatio* du bétail ainsi confié pour le pacage. Cf. D. *h. t.*, 52, 3 : *Si pecus aestimatum datum sit et id latrocinio aut incendio perierit, commune damnum est, si nihil dolo aut culpa acciderit ejus qui aestimatum pecus acceperit : quod si a furibus subreptum sit, proprium ejus detrimentum est quia custodiam praestare debuit qui aestimatum accepit. Haec vera sunt, et pro socio erit actio, si modo societatis contrahendae causa pascenda data sunt quamvis aestimata.* Des contrats analogues sont encore conclus entre les *moscetos* et les petits propriétaires de bestiaux de la campagne romaine (*Inch. agr.*, 11, 2, 598). Ils permettaient d'ailleurs aux modestes éleveurs d'opérer, à l'aide de ce groupement, dans les proportions reconnues par les auteurs agricoles comme particulièrement favorables : Varron, *De re rust.*, 2, 3, 8 à 10.

riorité consistait en ce qu'ils n'avaient pas les capitaux nécessaires pour acheter suffisamment de bétail. Les nobles par contre pouvaient aisément constituer d'immenses troupeaux accaparant pratiquement les pâturages et les confier à la garde d'un personnel assez nombreux et fort pour faire la loi aux bergers des petits propriétaires et les exclure parfois complètement [1]. Cette exclusion ne s'adressait d'ailleurs pas uniquement aux pasteurs et les grands troupeaux de l'aristocratie contraignaient en outre les petits cultivateurs de l'*ager publicus* à leur céder la place et à renoncer à une agriculture qu'on s'ingéniait à leur rendre impossible [2].

L'admission théorique du bétail de la plèbe au pâturage public ne réalisait donc nullement son admission pratique. Il fallait doubler la première réforme d'une seconde et empêcher que les riches éleveurs ne profitassent de la liberté illimitée d'utilisation reconnue à chacun sur l'*ager scripturarius*, pour en écarter complètement les petites gens. Ce fut là précisément l'objet de la loi Licinienne, rattachée par la tradition aux tribuns de 367 av. J.-C. (387 de la ville), C. Licinus Stolo et L. Sextius. Cette loi n'organisa pas, comme on le dit quelquefois à

(1) Huschke, *Ueber die Stelle des Varro von den Liciniern.*, 9-10; Engelbregt, *De legibus agrariis*, 87 ; Sunden, *De lege Licinia*, 51 ; Stephenson, *Public lands and agrarian laws of the Roman Republic*, dans les *Hopkin's University Studies*, 9, 1890, 38-39 ; Grenier, *La transhumance des troupeaux en Italie*, 317.

(2) *C. I. L.*, 1, 551.

tort [1], l'admission de la plèbe à la jouissance de l'*ager publicus*, le principe de cette admission étant déjà bien reçu à cette date; mais elle en assura l'application pratique en s'opposant à l'accaparement par les riches des terres arables ou pastorales de l'État. En même temps qu'elle limitait à 500 jugères la superficie maxima des occupations individuelles [2], elle bornait en effet la faculté de dépaissance de l'*ager scripturarius* à cent têtes de gros bétail ou cinq cents de petit [3]. Cette loi a par suite un caractère

(1) Karlowa, *R. R. G.*, 1, 127. Il n'y a naturellement pas lieu d'invoquer dans un sens ou dans l'autre le texte maladroit d'Aurelius Victor, *De viris ill.*, 20, 3 : *Licinius Stolo... legem sanxit ne cui viro plebeio plus quam centum jugera agri habere liceret.*

(2) Tite-Live, 6, 35 : *Creatique tribuni C. Licinius et L. Sextius promulgavere leges omnes adversus opes patriciorum et pro commodis plebis... alteram de modo agrorum ne quis plus quingenta jugera possideret.* Plutarque *Tib. Gracchus*, 8 : Ἀρξαμένων δὲ τῶν πλουσίων ὑπερβάλλειν τας ἀποφορὰς καὶ τὸυς πένη τας ἐξελαυνόντων, ἐγράφη νόμος οὐκ ἐῶν πλέθρα γῆς ἔχειν πλειονα πενταχοσίων. Καὶ βραχὺν μέν χρόνον ἐπέσχε τὴν πλεονεξιαν τὸ γράμμα τοῦτο. Cf. 9 et 10. Sextus Cæcilius chez Aulu-Gelle, *N. att.*, 20, 1, 23 : *Rogatio illa Stolonis jugerum denumero praefinito.* Varron, *De r. r.*, 1, 2, 9 : *Stolonis illa lex quae vetat plus D jugera habere civem Romanum.* Columelle, *De r. r.* 1, 3, 11 : *Criminosum senatori fuit supra quingenta jugera possedisse, suaque lege C. Licinius damnatus est.* Pline, *Hist. nat.*, 18, 3 : *Lege Stolonis Licinii incluso modo D. jugerum.* Velleius Paterculus, 2, 6 : *Vetabat (Gracchus) quemquam civem plus quingentis jugeribus habere quod aliquando lege Licinia cautum erat.* Valère Maxime, 8, 6, 3 : *C. Licinius Stolo... cum lege sanxisset ne quis amplius quam quingenta agri jugera possideret.* V. l'explication plus ingénieuse que satisfaisante de ce chiffre par Huschke, *op. cit.*, 20, n. 41.

(3) Appien, *B. civ.*, 1, 7 (cité *infrà*, p. 128), confirmé par Ca-

unique qui la distingue très nettement des autres lois agraires tendant toutes à assurer au peuple des distributions de terres en pleine propriété (1) : elle n'a jamais, du moins directement, comporté d'assignations et s'est uniquement préoccupée de normaliser la jouissance de l'*ager publicus* et spécialement de l'*ager scripturarius*. Aussi ne la voit-on jamais appelée *lex agraria*. Sa désignation technique est bien plutôt : *lex de modo agrorum* (2) ou

ton, dans son discours pour les Rhodiens, chez Aulu-Gelle, *N. att.*, 7, 3, 37 : *Quae tandem lex est tam acerba, ut dicat... si quis plus quingenta jugera habere voluerit, tanta poena esto : et si quis majorem pecuum numerum habere voluerit, tantum damnas esto.* C'est par inadvertance que Hullmann, *Römische Grundverfassung*, p. 274 (cité par Huschke, *Ueber die Stelle des Varro*, p. 9, n. 14) attribue à la loi de Tib. Gracchus cette disposition relative à l'*ager scripturarius*. V. sur des réglementations analogues du pâturage communal moderne, Laveleye, *op. cit.*, 94 et 135. La fixation d'un maximum numérique est d'ailleurs assez rarement employée, à raison de son défaut de souplesse. On lui substitue la plupart du temps soit une règle proportionnant l'exercice du droit de pâturage à la superficie de terres arables possédées en propre, soit l'exigence de l'hivernage plus ou moins effectif des bestiaux. V. sur ces divers points, Laveleye, *op. cit.*, 119-132. Trapenard, *Le pâturage communal*, 172-190. Rennefahrt, *Die Allmend im Berner Jura*, *passim*.

(1) Cf. Huschke, *Ueber die Stelle des Varro*, 15.

(2) Tite-Live, 6, 35; Varron, *De r. r.*, 1, 2, 9; Sextus Caecilius chez Aulu-Gelle, *N. att.*, 20, 1, 23 (cités p. 109, n. 2). En ce sens, Sunden, *op. cit.*, 13 et 33-34. M. Maschke, *Zur Theorie und Geschichte der röm. Agrargesetze*, 58-59, estime que le *modus agri* de la loi Licinienne ne serait autre que le *modus* attribué à chaque individu, lors des assignations, à l'intérieur de la centurie et qu'il n'aurait pris le sens de maximum imposé à l'acquisition de la propriété foncière, que beaucoup plus tard, lorsque les

même, plus complètement, *lex de numero pecoris et de modo agri praefinito*(1).

La loi Licinienne *de numero pecoris* soulève d'ailleurs diverses difficultés assez sérieuses — concernant soit son existence même, soit surtout sa portée et sa date — qu'il convient d'examiner avant d'étudier l'effet de ses dispositions.

On a contesté tout d'abord l'existence même de la loi : Une contradiction, à la vérité récente et isolée(2), croit en effet reconnaître dans la loi Licinienne un simple reflet, projeté à tort dans le passé, de la loi de Tib. Gracchus, l'une et l'autre comportant un maximum individuel de 500 jugères et impliquant dans un certain sens l'octroi d'un supplément au fils de l'occupant(3). Mais un semblable parallélisme ne peut être établi qu'à la suite d'un examen superficiel des deux actes législatifs ainsi rapprochés. Il est facile en effet de se rendre compte du

institutions géométriques n'auraient plus été comprises des historiens. M. Maschke y voit un argument de plus en faveur de sa thèse sur l'inexistence de la loi Licinienne qui ne pourrait ainsi avoir eu, d'après sa terminologie même, l'objet qu'on lui prête. Mais ce rapprochement verbal, séduisant par son ingéniosité, n'explique nullement en quoi aurait bien pu consister cette loi relative au *modus agri* dans le sens adopté par M. Maschke, ni comment il se ferait que les sources fussent parvenues à commettre toutes exactement le même contre-sens sur la portée de ce mot.

(1) Aulu-Gelle, *N. att.*, 6, 3, 45.

(2) Maschke, *op. cit.*, 54-68.

(3) Maschke, 59-60. *Contrà*, Rudorff, *Das Ackergesetz des Sp. Thorius*, 28-29 et Huschke, *Ueber die Stelle der Varro*, 15-19. Sunden, *op. cit.*, 34.

défaut d'identité de deux lois, dont la seconde en date s'occupe exclusivement de l'occupation de l'*ager publicus* et organise une assignation des excédents de terre produits par son application, alors que la première ne prend aucune disposition concernant l'assignation des terres publiques arables, mais se préoccupe par contre également de l'*ager scripturarius*. En outre et surtout, comment voir une relation, autre que celle d'une antithèse complète, entre l'acte frauduleux de Licinius transférant à son fils 500 jugères et l'octroi légal de 250 jugères supplémentaires à l'occupant, à raison de chacun de ses deux premiers fils? En réalité il y a là deux lois distinctes(1), dont les dispositions divergentes résultent de l'état économique différent où elles furent prises. Quant à l'argument que l'on veut tirer du défaut d'authenticité du discours de Caton en faveur des Rhodiens de 587, il ne peut avoir, en supposant qu'on lui reconnaisse quelque fondement(2), une portée quel-

(1) Appien, *B. civ.*, 1, 9 : παισὶ δ'αὐτῶν ὑπὲρ τὸν παλαιὸν νόμον προσετίθει τὰ ἡμίσεα τούτων. Cf. Tite-Live, *Epit.*, 58.

(2) M. Maschke après avoir produit, *op. cit.*, pp. 62-63, divers arguments tirés du style et de la langue du passage de ce discours, rapporté par Aulu-Gelle (*N. att.*, 6, 3, 13, cf. *suprà*, p. 109, n. 3), reconnaît lui-même, p. 64, que « la question d'authenticité ne peut être résolue définitivement, ici comme dans les cas semblables, qu'à l'aide de larges recherches sur la façon générale de s'exprimer de l'auteur en question, ses particularités grammaticales et stylistiques ». M. Maschke croit reconnaître cependant dans le passage rapporté par Aulu-Gelle un exercice de rhétorique, où l'élève aurait eu à traiter du rôle de l'intention dans les délits. Il en donne deux raisons d'ordre général qui ne nous paraissent nullement décisives. Ce serait tout d'abord un de ces

conque, en présence des témoignages bien antérieurs de l'application de la loi.

A l'égard de la portée même de la législation Licinienne, les trois sysèmes concevables ont été successivement présentés. Celui qui la rapporte uniquement aux terres détenues en pleine propriété est à la fois le plus ancien et le moins soutenable (1). Aussi fut-il abandonné par Nie-

sujets situés aux confins de la morale et du droit (« eine These aus den Grenzgebieten von Moral und Jurisprudenz ») qui constituerait un thème tout indiqué pour l'école d'un rhéteur : mais l'auteur, qui produit à l'appui deux textes juridiques (D. 47, 2, *De furtis*, 1, 1 et 48, 19, *De poenis*, 18) n'y joint, comme exemple de développement littéraire analogue, qu'une citation, un peu moderne, de Shakespeare. M. Maschke relève en outre un second passage de Caton (Aulu-Gelle, *N. att.*, 1, 12, 17), de son aveu supérieur à toute suspicion, où l'orateur argumente également de l'innocence de l'intention délictuelle non suivie de commencement d'exécution. Il serait surprenant, d'après M. Maschke, que Caton ait recouru deux fois au même procédé dans les quelques rares passages que nous ayons de ses *Origines*. Il nous semble qu'il résulte plus simplement du rapprochement de ces deux textes, que ce mode d'argumentation était familier, sinon aux rhéteurs, du moins à Caton et que par suite il est encore plus naturel d'attribuer à ce dernier la paternité du premier discours.

(1) En ce sens, Sigonius, *De antiquo jure civium Romanorum*, 1, 16, *De antiquo jure Italiae*, 2, 2 ; de Beaufort, *Rép. romaine*, 1, 240 et suiv., 2, 415, et les auteurs cités par Sunden, *De lege Licinia*, 1. Cette doctrine a cependant été reprise isolément par Puchta, *Institutionen*², 1, 402-408, qui invoque notamment l'intérêt de l'État à ne pas restreindre l'occupation, productive de *vectigalia*. Les circonstances et les dispositions mêmes de la loi indiquent assez que l'*ager publicus* était insuffisant pour satisfaire les besoins de tous les ayants droit et que par suite l'occupation ou le pacage abandonnés par les nobles devaient être

buhr[1] qui démontra, d'ailleurs bien après la dissertation un instant célèbre de Heyne[2], que la loi de 387, ainsi que les lois agraires proprement dites, concerne uniquement le domaine public. Cette violente réaction pro-

aussitôt repris par les petits agriculteurs. Au surplus une semblable critique pourrait être dirigée contre toutes les assignations, qui entraînent forcément avec elles une diminution des recettes publiques mais qui sont commandées par des nécessités politiques inéluctables.

(1) *Röm. Gesch.*, 2, 146 s.

(2) Heyne, *Leges agrariae pestiferae et execrabiles* dans ses *Opuscula acad.* 4, 350 suiv., signala en effet le premier le caractère exclusivement de droit public attaché aux lois agraires. Les circonstances et l'époque (mars 1793) où ce discours académique fut prononcé lui assurèrent d'ailleurs une renommée plus politique peut-être que scientifique. Cf. pp. 351-352 : *Audimus enim homines inter Francos fanaticos et furoribus civilibus lymphatos, qui, cum nullam suarum rerum jacturam facere possint, quando quidem illis mala abunde omnia sunt, sed neque res neque spes bona ulla, facile et expeditum habent, aliena patrimonia praedam facere, jactare frequenter leges agrarias, et ita ferre ut dicant, eo rem devenisse, ut ad aequandas hominum fortunas tanquam veram libertatis et aequalitatis normam lex agraria sit ferendam, qua aequalis agri portio singulis civibus sit assignanda ; eaque in re provocare eos ad leges agrarias Romanorum, easque tanquam exemplum quod omnibus ubique mortalibus sequendum sit laudare.* Traitant un sujet d'actualité brûlante, Heyne se défendait au surplus de vouloir en tirer des conclusions applicables à la politique intérieure de la France : *Continemus intra fines hos judicium nostrum ; ut enim ad Francorum res haec transferamus nec loci nostri nec moris nec comitii est* (*loc. cit.*, 352). Cette précaution oratoire était avisée : Niebuhr fut en effet ouvertement traité de contempteur de l'ordre public, à l'occasion de sa théorie d'ensemble sur les lois agraires, par Schultze dans sa *Grundlegung zu einer geschichtlichen Staatswissenchaft der Römer*, Cologne, 1833.

voqua naturellement l'apparition d'un système mixte, brillamment soutenu par Huschke (1), d'après lequel la loi s'appliquerait indifféremment, comme le prouverait la terminologie générale employée par les textes, aux terres publiques et aux propriétés privées. Il faudrait donc y voir non pas, ainsi qu'on l'a dit parfois, en se laissant entraîner à la suite de certains textes ambigus, une loi somptuaire (2), à prétentions moralisatrices,

(1) *Ueber die Stelle des Varro von den Liciniern.* Heidelberg, 1838.

(2) Huschke, *loc. cit.*, 19. Pline, *Hist. nat.*, 18, 4, 17. S. Caecilius chez Aulu-Gelle, 20, 1, 23 : *Quid salubrius visum est rogatione illa Stolonis jugerum de numero praefinito.* Les *latifundia* sont d'ailleurs considérés par les Romains comme un mal bien plus économique que moral. Cf. Columelle, *De r. r.* 1, 3, 11. Le véritable caractère de la loi Licinienne est déjà très nettement dégagé chez Zollmann, *De legibus agrariis populi romani*, 1674, p. 8. Il est curieux de relever à ce propos que cet ouvrage, première monographie écrite, à notre connaissance, sur les lois agraires, n'a jamais été signalé, croyons-nous, sous le nom de son auteur. On l'a au contraire régulièrement attribué au président de thèse de Zollmann, le professeur strasbourgeois Ulrich Obrecht, dont le nom figure en effet sur le titre de façon beaucoup plus apparente que celui du candidat. L'origine de cette confusion remonterait d'après Macé, *Lois agraires*, p. 131, n. 1, à l'article nécrologique publié sur Obrecht par le journal de Trévoux en novembre 1701 (pp. 216-236). Elle a été en tout cas scrupuleusement reproduite depuis dans toutes les bibliographies relatives aux lois agraires (V. p. ex. Brisson, *De verborum significatione*, éd. de Halle, 1743, v° *Agraria lex*). Cette thèse est d'ailleurs assez rare et nous ne l'avons rencontrée que dans le recueil factice figurant à la Bibliothèque Nationale sous la cote 4° F. 16.586. Macé est le premier à y avoir recouru et à avoir signalé ainsi l'erreur de ses devanciers. Mais il a par contre mal lu le nom du candidat qu'il donne comme s'étant

mais tout au moins une loi d'ordre à la fois économique et social, tendant à assurer aux travailleurs du sol les instruments de production indispensables à la culture ou à l'élevage. L'absence de toute assignation des terres excédant le maximum légal des 500 jugères n'est d'ailleurs pas embarrassant dans cette ingénieuse théorie : elle s'expliquerait précisément parce que, le maximum s'appliquant également à l'*ager privatus*, les auteurs de la loi n'auraient pas voulu porter atteinte à la propriété privée, et se seraient contentés de rendre la vente obligatoire (1). Les intérêts des petits agriculteurs se seraient d'autre part trouvés sauvegardés, la mise en vente simultanée d'un grand nombre de terres devant forcément entraîner un affaissement des cours, favorable aux acheteurs éventuels, auxquels une autre loi faisait remise au même moment d'une partie de leurs dettes antérieures.

Ce système, présenté avec verve, rallia en son temps des auteurs considérables (2). Il est cependant beaucoup moins satisfaisant à l'examen que l'opinion qu'il veut

appelé Hollmann. L'observation de Macé a passé au surplus complètement inaperçue et Obrecht est resté, après comme avant, l'auteur du *De legibus agrariis*. Cf. p. ex. A. M. Berthelot, *Grande Encyclopédie*, v° *Agraires* (*lois*).

(1) Ce serait précisément dans ce système, parce que la loi de Tib. Gracchus ne s'adressa plus qu'aux *possessiones*, théoriquement sujettes au droit de révocation de l'État, qu'elle aurait pu en ordonner l'assignation. Huschke, *op. cit.*, p. 17.

(2) Rudorff, *Das Ackergesetz des Sp. Thorius*, 28. *R. R. G.*, 1, 151, n. 38, *Röm. Feldmesser*, 2, 312, et les auteurs cités par Sunden, *op. cit.*, 5.

combattre. Outre que les raisons de terminologie qu'il invoque ne sont nullement décisives (1), il en existe de très probantes en sens contraire (2), dont la moindre n'est pas celle que l'on peut tirer des textes relatifs à la loi de Tib. Gracchus (3). De plus, même au simple point de vue logique, cette hypothèse est des moins vraisemblables. L'achat, même à bon compte, n'est guère un remède à la portée de cultivateurs ruinés par l'usure, auxquels la loi Licinienne *de aere alieno* ne va pas faciliter un nouveau recours au crédit; d'autre part il est impossible d'admettre un régime pesant à la fois, mais de façon très inégale, sur les propriétés privées et sur les possessions toujours sujettes au droit de révocation de l'État, qui en-

(1) Huschke invoque notamment le langage de Tite-Live, qui parle simplement d'*ager*. Mais il peut se faire, comme le conjecture ingénieusement Sunden, *op. cit.*, 10, qu'il y eut de part et d'autre intérêt à ne pas préciser de quel *ager* il était question, les tribuns donnant ainsi une apparence plus odieuse à l'accaparement des terres publiques par les nobles et ceux-ci accusant de la même façon le caractère révolutionnaire de la mesure proposée. Il est surtout certain qu'il n'y avait pas de doute dans l'esprit des deux partis.

(2) Ainsi l'emploi du mot *possidere* (Tite-Live, 6, 35; 37, 2; 39, 9), usité sinon exclusivement du moins de préférence en matière d'*ager publicus* occupé. Ainsi surtout la détermination indirecte du caractère public de l'*ager* par Columelle, *De re r.*, 1, 3, 11 : *Cum agrorum vastitatem victoriae nostrae et interneciones hostium fecissent, criminosum tamen senatori fuit supra quingenta jugera possedisse*, Appien, *B. civ.*, 1, 8 (où τῆς δε τῆς γῆς renvoie visiblement à tout ce qui a été dit depuis le § 7, au sujet de τῆς δὲ γῆς τῆς δορικτήτου) et Plutarque, *Tib. Gracch.*, 8 : Ῥωμαῖοι τῆς τῶν ἀστυγειτόνων χώρας ὅσην ἀπετέμοντο πολέμῳ. *Contrà*, Huschke, *op. cit.*, 3-8.

(3) Notamment Appien, *B. civ.*, 1. 9; Plutarque, *Tib. Gracchus*, 8; Tite-Live, *Epit.*, 58.

traient chacune pour une part très variable dans le patrimoine des particuliers visés par la loi. Il en eût résulté que les plus durement traités eussent été précisément ceux dont les biens, acquis à titre perpétuel, avaient la plus haute valeur, à raison de la sécurité conférée par l'État à l'appropriation des terres assignées ou vendues, et qui n'avaient par suite nullement pu prévoir, à l'inverse des *possessores*, le retrait des immeubles dont ils jouissaient. Enfin il serait assez difficile d'expliquer l'intérêt qu'il y avait à introduire un pareil trouble dans le régime de la propriété privée, qui ne constituait encore à cette époque qu'un élément assez peu important de la fortune immobilière et qui par suite n'eût pas fourni un contingent bien sensible de terres à redistribuer par voie de vente [1]. Il est au surplus remarquable que cette théorie, qui ne s'adapte que bien péniblement aux terres arables, devient tout à fait injustifiable à l'égard des dispositions pastorales de la loi. On comprend à la rigueur que le législateur songe à imposer la vente d'un capital naturellement limité comme le sol, on ne le comprend plus à l'égard du bétail, capital illimité, qui se multiplie lui-même et qu'il serait au surplus possible de se procurer, en cas de besoin, à l'étranger. D'autre part on n'aperçoit pas pourquoi, une fois une certaine superficie, arable ou pastorale, assurée à chacun, la loi restreindrait la pratique de l'élevage sur les terres dont elle confirme la détention, alors surtout que d'autre

(1) Cf. Sunden, *op. cit.*, 31-32 et 56-57.

part aucune disposition ne viendrait limiter la production agricole de ces mêmes terres. Le maximum concernant le bétail n'est de toute façon intelligible qu'à l'égard de l'*ager scripturarius*. Les auteurs du système sont d'ailleurs bien obligés, sur ce point, d'y renoncer à demi-mot (1) et achèvent ainsi d'en démontrer eux-mêmes la fragilité (2).

(1) Huschke, *loc.cit.*, 9-10 : « Beabsichtigte Licinius mit diesem Capitel offenbar auch diejenigen Reichen zu beschränken, welche sich vorzugsweise auf Viehzucht legten, und mit ihren übermässigen Heerden, die sie auf eigenem Boden nicht unterhalten konnten oder wollten, die Aermern von den *saltus publici* verdrängten ». Cpr. pp. 13-14. En ce sens, tous les auteurs cités, n. 2 (particulièrement Engelbregt, *De legibus agrariis*, 87, n. 1), à l'exception de Macé, *Lois agraires*, 226 et 231, qui entend cette limitation du bétail élevé sur les 500 jugères et qui justifie son interprétation par le souci que l'on aurait eu, dès lors, de reporter l'activité rurale du pâturage sur l'agriculture. M. Voigt, *Die staatsrechtliche possessio*, 261-262, reproduit la même théorie, en l'aggravant de l'hypothèse gratuite d'une disposition de la loi Licinienne ayant interdit la transformation des terres arables en prés, à laquelle il rapporte aventureusement l'inscription *C. I. L.*, 1, 551 et Ovide *Fastes*, 5, 286, s.

(2) L'opinion de Niebuhr est en effet admise sans difficulté par Savigny, *Possession*, trad. Staedtler, 179; Walter, *Gesch. des röm. Rechts*[2] 1, 68; Giraud, *Recherches sur le droit de propriété*, 1,177; Rein, dans Pauly, v° *Publicus ager;* Mommsen, *Hist. rom.*, 2, 69-71; Macé, *Lois agraires*, 215 à 220 et 243; Schwegler, *R. G.*, 2, 401 s.; Engelbregt, *De legibus agrariis*, 87; Sunden, *De lege Licinia*, 27-34 et 52-53; Voigt, *op. cit.*, 259, n. 6 B; Karlowa, *R. R. G.*, 1, 125; Niese, *Hermès*, 23, 410. Cf. Dumas, *Rogations agraires liciniennes*, 123, citant en note parmi les auteurs allemands (?) le seul nom de Sunden, dont il a beaucoup mieux connu la monographie que ne porterait à le croire l'absence de toute mention bibliographique la concernant. V. également les auteurs cités par Huschke, 3 et Sunden, 5-6.

Si le rapport exclusif de la loi Licinienne aux terres publiques n'a plus été depuis Huschke l'objet de nouvelles contestations, il n'en a pas été de même de sa date qui a été récemment attaquée par M. Niese (1), avec une vigueur qui lui a attiré plusieurs partisans (2). Cette nouvelle théorie avancerait de près de deux siècles la date de la loi *de numero pecoris*, qui ne pourrait être alors postérieure à 587, année où Caton prononça son discours en faveur des Rhodiens, ni antérieure à 521, date de la loi de C. Flaminius relative au partage de l'*ager gallicus*; elle devrait même être placée plus exactement à la fin de la deuxième guerre punique, soit vers 574.

Il ne nous paraît pas cependant que l'argumentation, d'allure si serrée, produite par M. Niese soit en réalité aussi entraînante qu'elle le semble.

Tout d'abord le seul silence de Cicéron, dans ses discours contre la loi de Rullus, ne saurait prévaloir contre les nombreuses mentions concordantes d'auteurs appartenant à des époques diverses et obéissant à des préoccupations scientifiques distinctes. Ce silence n'aurait en outre rien de surprenant, aucun lien logique n'existant entre la loi agraire attaquée par Cicéron et la loi Licinienne réglant simplement la jouissance de l'*ager publicus* mais

(1) *Hermes*, 1888, 23, *Das sogen. Licinisch-Sextische Ackergesetz*, 410-423.

(2) Païs, *Storia di Roma*, 2, 141-143. Ed. Meyer, *Untersuchungen zur Geschichte der Gracchen*, p. 14. Maschke, *Agrargesetze*, 52-54. Cf. Girard, *Organisation judiciaire*, 1, 49, n. 4.

n'organisant nullement, comme celle de Rullus, et comme au surplus toutes les lois agraires proprement dites, sa transformation en *ager privatus* par voie d'assignation. Il est en tout cas encore moins aisé d'expliquer la négligence de Cicéron vis-à-vis d'une loi plus rapprochée de lui de deux siècles[1].

Il n'y a pas lieu non plus, comme des partisans du système de M. Niese l'ont eux-mêmes reconnu[2], d'attacher une importance quelconque au sorte d'exposé des motifs dont Appien et Plutarque font précéder leur relation de la loi et dans lequel ils font valoir des considérations concernant toute l'Italie. Il ne faut pas oublier en effet que ni l'un ni l'autre de ces auteurs ne se propose de traiter principalement de la loi Licinienne. Ils n'y font allusion que pour éclairer d'un rapide historique la législation agraire des Gracques. Il n'y a rien de surprenant par suite à ce qu'ils s'inspirent, par ignorance ou inadvertance, des circonstances de leur sujet principal et à ce qu'ils les projettent ainsi dans le passé. On n'est guère plus fondé à en tirer argument qu'on ne le serait à invoquer le langage identique tenu par Appien, au sujet de l'occupation et de la dépaissance de l'*ager publicus*, en faveur de l'origine récente de ces deux modes antiques de l'utilisation des terres publiques[3].

(1) Cf. Lécrivain, dans *Annales de la Faculté des lettres de Bordeaux*, 1889, p. 178.

(2) Maschke, *Agrargesetze*, 54-55. Cf. Lécrivain, *art. cit.*, 177-178.

(3) Appien, *B. civ.*, 1. 7 : Καὶ τάδε ἔπραττον ἐς πολυανδρίαν τοῦ

La date plus moderne proposée ne résulte au surplus nullement du passage où Plutarque indique simplement que les riches, après avoir observé quelque temps la loi, se relâchèrent de leur crainte et reprirent leur politique d'accaparement foncier (1). M. Niese invoque à la vérité, en faveur d'une courte durée d'application de la loi, cette considération, au premier abord séduisante, que Tib. Gracchus n'aurait pu renouveler une loi de 387 à laquelle on n'aurait pas manqué de reprocher son ancienneté et son défaut d'adaptation à une époque entièrement différente (2). On pourrait tout d'abord répondre que l'ancienneté d'une mesure législative n'est pas forcément pour elle une cause de défaveur et qu'elle contribue au contraire à donner à sa reprise un caractère conservateur et respectable. De plus, une loi dont l'application régulière est démontrée jusqu'au milieu du VIe siècle de Rome (3) n'est déjà plus ancienne vis-à-vis d'une loi du début du VIIe.

L'objection tombe d'ailleurs d'elle-même si l'on se donne la peine de relever les différences radicales existant entre les deux lois et procédant de circonstances économiques opposées. Le maximum de la loi Licinienne est encore assez haut placé : au temps des Gracques au contraire, il

Ἰταλικοῦ γένους, φερεπονωτάτου σφίσιν ὀφθεύτος ἵνα συμμάχους οἰκέίους ἔχοιεν.

(1) Plutarque, *Tib. Gracchus*, 8 : Καὶ βραχὺν μὲν χρόνον ἐπέσχε τὴν πλεονεξίαν τὸ γράμμα τοῦτο.

(2) Niese, *op. cit.*, 412.

(3) V. *infrà*, pp. 132-134. Cf. Lécrivain, *art. cit.*, 172.

est devenu tellement insuffisant qu'il faut l'augmenter au profit des nombreuses familles. La prépondérance des grands domaines ruraux est également, à l'époque des Gracques, un fait bien acquis dont il faut tenir compte en confirmant définitivement dans la jouissance de leur lot de 500 jugères, ceux qui, au temps de Licinius, restaient, même après réduction de leurs *possessiones*, de simples possesseurs (1). Ce développement des *latifundia* comporte d'autre part une exploitation principalement pastorale, pour laquelle la dépaissance des pâtures publiques est indispensable et il est par conséquent désormais impossible de songer à faire observer une limitation pratique des troupeaux envoyés sur ces pâtures. La loi Licinienne avait pu le faire, mais c'était là précisément celle de ses dispositions qui était devenue, par suite des préférences marquées du capitalisme agraire pour les grandes entreprises pastorales, la plus difficile à faire respecter. C'était surtout à son propos que les édiles avaient eu à faire usage du droit d'infliger l'amende prévue par la loi et, ces difficultés d'application ne faisant que croître avec le temps, il était naturel que les Gracques, soucieux de faire avant tout œuvre efficace, la laissassent de côté dans leur adaptation de la loi Licinienne aux circonstances nouvelles. Enfin s'il y avait une certaine analogie, d'ailleurs incomplète, dans les moyens employés par les deux lois, le but qu'elles se proposaient

(1) Cf. Soltau, *Die Aechtheit des Licinischen Ackergesetzes*, *Hermès*, 30, 627.

d'atteindre respectivement n'était nullement le même : la première constituant simplement un règlement de la jouissance des terres communes, parmi lesquelles demeuraient les terres excédant le maximum légal, la seconde renouvelant ce règlement afin de pouvoir partager définitivement, entre les prolétaires, les terres rendues libres par son application et ne procédant à ce renouvellement que dans la mesure seule où il pouvait permettre aux triumvirs agraires de nouvelles assignations.

La partie la plus impressionnante de l'argumentation de M. Niese est celle où il s'efforce de démontrer arithmétiquement l'impossibilité matérielle de la loi(1). En se plaçant dans l'hypothèse où cent citoyens se seraient trouvés détenir des possessions supérieures à cinq cents jugères (hypothèse que M. Niese déclare gratuitement inférieure à la réalité (2)) et en supposant que ces possessions une

(1) *Op. cit.*, 415-417.

(2) Il est certainement exact de dire que le maximum devait être calculé de telle façon qu'une superficie importante de terres occupées fût libérée par son application. Mais il est non moins sûr, comme M. Niese le reconnaît lui-même incidemment (p. 415), que ce maximum avait dû être également déterminé de manière à ne pas atteindre la grande majorité de la noblesse qui se fût refusée à la réforme, et à ménager aussi, dans la mesure du possible, les intérêts financiers de l'État qui tenait à avoir affaire à des redevanciers solvables. Cf. Soltau, *art. cit.*, 627. D'après ce dernier auteur, p. 628, le maximum de 500 jugères viserait surtout le *manceps* ou le *magister* des sociétés qui auraient pu se former en vue de l'occupation du domaine public. Cette explication subsidiaire nous paraît fantaisiste, l'occupation se présentant toujours dans les textes comme une faculté strictement individuelle.

fois réduites constituaient la moitié de l'*ager publicus* détenu par voie d'occupation, on arrive à une superficie totale, pour cette partie du domaine public, de 100.000 jugères soit d'environ le quart du territoire romain. Cette proportion est déjà considérablement surfaite, les calculs de M. Niese étant basés sur l'évaluation de la surface du territoire romain en 250 environ, alors que la loi est de 387 et que, dans l'intervalle, une grande partie du territoire de Véies ainsi que l'*ager Promptinus* ont été conquis (1). En outre, et même en la supposant à peu près exacte, cette importance des terres publiques par rapport à l'ensemble du territoire n'a rien d'anormal, à une époque où la propriété privée n'existe pas sans doute depuis bien longtemps et où elle ne représente en tout cas qu'un élément peu considérable de la fortune immobilière (2). Un certain nombre d'assignations ont déjà eu lieu en 387, mais elles ont toujours procédé par lots individuels de faible superficie : par suite, si toutes les terres conquises n'ont pas été incorporées à l'*ager publicus*, une grande partie d'entre elles y sont restées cependant, ainsi qu'en témoignent la tradition représentant la fortune de l'aristocratie foncière comme principalement constituée par les possessions du

(1) Justement relevé par Maschke, *Agrargesetze*, 54, n. 1. Autant qu'il est possible de préciser, la superficie du territoire romain en 387 serait environ le triple de ce qu'elle était vers 250. Cf. Sunden, *op. cit.*, 50.

(2) En ce sens, Dumas, *Rogations liciniennes*, 82, qui ne tire d'ailleurs aucun parti de cette constatation pour la détermination de la date de la loi.

domaine public (1) et les nombreuses propositions de lois agraires qui, pour être peut-être individuellement inexactes, n'en symbolisent pas moins très nettement l'aspiration de la plèbe à la détention des terres, qu'elle se représente pratiquement sous la seule forme de l'*ager publicus*. Cette importance des terres publiques est au surplus conforme au collectivisme agraire primitif dont l'occupation précaire est précisément, en matière agricole, un des effets survivants les plus remarquables : il ne suffit pas pour la nier de se référer aux textes parlant des salines et de la *sylva Mesia publicata* du règne d'Ancus Martius et de restreindre à ces seuls immeubles le patrimoine commun. De semblables questions, qui ne comportent pas de preuves matérielles, ne peuvent guère se résoudre qu'à l'aide de vraisemblances générales : or, d'après ces vraisemblances, il n'est pas douteux que Rome possédait dès l'origine un domaine public considérable (2).

Ce domaine public comprenait d'ailleurs non seulement les terres arables sujettes à l'occupation, mais encore des pâturages. La tradition et les XII Tables sont en effet d'accord pour représenter les premiers Romains comme un peuple éminemment pasteur. La campagne romaine et les collines qui la séparent des Apennins étaient, comme

(1) Cicéron, *De republica*, 2, 9, 14 : *Erat res in pecore et locorum possessionibus ex quo pecuniosi et locupletes vocabantur.*

(2) Cf. *suprà*, ch. 1.

elles le sont restées aujourd'hui [1], d'excellentes terres de pâture et les Romains n'ont certainement pas attendu d'avoir conquis l'Italie centrale ou méridionale (où ils pouvaient avoir accès au surplus en vertu de traités) pour s'adonner à l'élevage [2]. Les dispositions pastorales de la loi Licinia, placées en 387, ne constituent donc nullement un anachronisme. Elles répugnent même complètement au rajeunissement que M. Niese veut leur faire subir : un troupeau de 100 bœufs ou de 500 moutons ne peut avoir été un maximum pratique à une époque où, le pastorat et les *latifundia* ayant pris leur plein développement, il n'est pas rare de voir un seul éleveur propriétaire de plusieurs milliers de têtes de bétail [3].

Quant à l'argument tiré par M. Niese de la troisième

(1) *Inchiesta agraria italiana*, 11, 2, *passim*. Cf. Garsonnet, *Locations perpétuelles*, 83.

(2) Nous n'apercevons pas ce qui peut autoriser M. Niese a prétendre : 1° que les dispositions pastorales de la loi Licinienne supposent des pâturages de montagne (p. 417); 2° que la totalité du territoire de Rome sous les rois était morcelée et très cultivée (p. 418).

(3) Varron, *De r. rust.*, 2, 10, 10-11 : *de numero pastorum alii angustius, alii laxius constituere solent. Ego in octogenas hirtas oves singulos pastores constitui, Atticus in centenas. Greges ovium sed magnum quos miliarios faciunt quidam facilius de summa hominum detrahere possit, quam de minoribus ut sunt et Attici et mei. Septingenarii enim mei : tu opinor octingenarios habuisti.* (Mêmes nombres chez Columelle, *De re r.*, 7, 6, 5. Cf. Pline, *Hist. nat.*, 33, 10). De tels chiffres, relatifs à l'élevage italien, doivent être sensiblement consécutifs à la conquête des vastes pâturages de Lucanie et d'Apulie. La fixation d'un maximum de 500 têtes de même bétail ne saurait donc être rapportée à une époque où des troupeaux de 7 à 800 moutons sont considérés comme des *greges minores*.

disposition de la loi telle qu'elle est rapportée par Appien, il repose sur un malentendu, comme il est aisé de s'en rendre compte à la lecture du texte(1) :

(*a*) μόλις ποτὲ τῶν δημάρχων εἰς η γουμένων ἔκρισαν, μηδένα ἔχειν τῆς δε τῆς γῆς πλέθρα πεντακοσίων πλείονα μηδὲ προβατεύειν ἑκατὸν πλείω τὰ μείζονα καὶ πεντακοσίων τὰ ἐλάσσονα (*b*) καὶ ἐς ταῦτα δ'αυτοῖς ἀριθμὸν ἐλευθέρων ἔχειν ἐπέταξαν, οι τὰ γιγνόμενα φυλάξειν τε καὶ μηνύσειν ἔμελλον. Οἱ μὲν δὴ τάδε νόμῳ περιλαβόντες, ἐπώμοσαν ἐπὶ τῷ νόμῳ, καὶ ζημίαν ὥρισαν.

Il est clair que les ἐλεύθεροι ne sont nullement, comme on l'a généralement dit, des travailleurs libres destinés à se substituer en partie à la main-d'œuvre servile précédemment employée, et que l'on pourrait tout au plus y voir des sortes d'intendants, surveillant l'exploitation pour le compte du maître(2). A notre sens, ce sont tout simplement des inspecteurs, préposés par l'État à la surveillance des possessions et des pâturages(3), qui tiendront principalement la main(4) à ce que le maximum légal ne

(1) Appien, *B. civ.*, 1. 8.

(2) Voigt, *Ueber die staatsrechtliche possessio*, p. 262 ; Lécrivain, *op. cit.*, 178, n. 1 ; Soltau, *Die Aechtheit des Licinischen Ackergesetz*, 625. La principale difficulté qu'il nous semble y avoir à adopter cette interprétation réside dans l'obligation de dénoncer ou de déclarer (μηνύσειν), imposée à ces intendants, qui tiendraient alors le rôle mixte et bien peu pratique de serviteurs et de délateurs de leurs maîtres.

(3) Cf. *Standard Library Cyclopaedia of political statistical and forensic knowledge*, Londres, 1853, v° *Agrarian laws*, pp. 64 et 69, cité mais non réfuté à notre sens par Sunden, *De lege Licinia*, 51, 3.

(4) On pourrait concevoir également que ces inspecteurs aient à contrôler le produit des fonds dont l'État prélevait la dîme ou le

soit pas dépassé. La mention de leur liberté peut parfaitement résulter d'une inadvertance d'Appien ou même d'un copiste, déterminée par un besoin de symétrie avec la relation inexacte des circonstances économiques ayant commandé le vote de la loi Licinienne. Le développement du texte est entièrement favorable à cette conception de leur rôle : une première partie de l'exposition(*a*) est consacrée aux dispositions de fond de la loi ; aussitôt après vient l'indication(*b*), nettement séparée de ce qui précède par le καὶ ἐς ταῦτα du début, des moyens assurant l'application du dispositif proprement dit : création d'un corps d'inspecteurs; organisation de sanctions pénales; institution d'un serment[1], destiné à transformer la loi en *lex sacrata*. Intendants privés ou inspecteurs publics, les ἐλεύθεροι sont d'ailleurs en nombre limité (ἀριθμός) [2] et la disposition

quint (*Standard Library Cyclopaedia*, *loc. cit.* et Soltau, *Hermes*, 30, 625, entendant alors τὰ γιγνόμενα dans le sens, d'ailleurs fréquent, de « produits »). Ce contrôle portant uniquement sur les terres arables nous paraît cependant peu admissible, à raison non seulement de sa spécialisation, mais en outre de l'absence de tout intérêt, pour l'État, à la répression de fraudes ne portant préjudice qu'au fermier du *vectigal*.

(1) Cf. sur cette sorte de serment, Maschke, *Agrargesetze*, 48-70, et particulièrement, 49-50.

(2) Il est en effet impossible de traduire ἀριθμός par « partie aliquote », comme on le fait couramment, en rapprochant du texte d'Appien celui de Suétone, *Jul. Caes.*, 42 : *Sanxitne... ii qui pecuariam facerant, minus tertia parte puberum ingenuorum inter pastores haberent.* Cette dernière loi était au surplus dictée par de pures considérations de police et dirigée par suite uniquement contre les esclaves pastoraux, particulièrement turbulents.

les concernant ne saurait constituer un remède sérieux à la crise de la main-d'œuvre libre qui suivit la seconde guerre punique. Il peut bien se faire à la rigueur qu'une question analogue se soit posée dès 387, mais ce fut certainement avec une bien moindre importance, qui permit de répondre suffisamment à l'offre de travail libre par la création de quelques postes de fonctionnaires ou d'intendants(1).

Il ne nous paraît donc y avoir aucune raison décisive de placer vers 574 la loi Licinia *de numero pecoris et de modo agri raefinito* (2), et de renoncer à une date traditionnelle (3) qui est précisément la seule en

(1) La richesse mobilière, notamment en esclaves, sans avoir pris toute l'importance qu'elle acquit au VIe siècle, avait en effet déjà commencé à se constituer dès cette époque, au dire même des érudits qui acceptaient la date traditionnelle de la loi Licinia. V. Pline, *Hist. nat.*, 18, 3 : *Luxuriantis jam reipublicae fuit illa mensura*. Il est par suite aussi inutile qu'arbitraire de rejeter le paragraphe relatif aux inspecteurs agraires, comme le fait M. Dumas, *Rogations agraires liciniennes*, 131-133.

(2) La mention isolée de la loi Licinia *de modo agrorum*, faite par la plupart des auteurs cités *suprà*, p. 109, n. 2, rend son authenticité indépendante de celle des lois sur les dettes ou sur le consulat, dont nous n'avons pas au surplus à nous occuper ici.

(3) En ce sens Soltau, *Die Aechtheit des Licinischen Ackergesetzes*, *Hermes*, 30, 624-629, qui a cependant le tort, à notre sens, de supposer l'existence de deux lois distinctes, l'une du IVe, l'autre du Ve siècle. M. Soltau se fonde pour cela sur les dispositions relatives au serment et aux inspecteurs qui lui semblent pouvoir seulement appartenir à la deuxième de ces lois. Ces dispositions ne sont en réalité, comme nous l'avons relevé plus haut, que des mesures d'ordre secondaire, soigneusement rapportées par Appien, comme

harmonie avec les mesures pastorales de la loi et les témoignages concrets de son application.

L'exécution de ces mesures devait être grandement facilitée par l'obligation préexistante de procéder à une *professio* du bétail introduit sur les pâturages publics. Il est d'ailleurs à peu près certain que, dans les limites déterminées par la loi, toute liberté était laissée aux pasteurs, qui n'étaient sans doute pas autorisés à entretenir cumulativement sur l'*ager scripturarius* 100 têtes de gros bétail et 500 de petit, mais qui pouvaient par contre composer des troupeaux mixtes, à la seule condition que la conversion, sur la base légale, du troupeau total en unités d'une seule espèce ne donnât pas un chiffre supérieur au maximum(1).

Le dépassement de ce maximum était puni d'une

à son ordinaire, mais négligées par les récits plus brefs des autres auteurs. Cf. également en faveur de la date de 387 la réponse un peu rapide de M. Lécrivain, *loc. cit.*, scrupuleusement suivie par Dumas, *Rogations agraires liciniennes*.

(1) Il nous paraît plus difficile d'admettre avec Macé (*op. cit.*, 226-227) que les deux maxima donnés par la loi se cumulaient, car le rapport 1 : 5, établi par la loi licinienne (et sans doute conservé en matière d'exemption de la *scriptura* par la loi agraire de 643) se trouve être à peu près identique à celui exprimant encore aujourd'hui (1 : 6) l'équivalence pastorale des divers bestiaux. Cf. Trapenard, *Pâturage communal en Haute-Auvergne*, 186, et Rennefahrt, *Die Allmend im Berner Jura*, 124, 2. L'ancien rapport monétaire (1 : 10) entre le bœuf et le mouton n'a évidemment rien à voir dans cette question, étant déterminé par bien d'autres considérations que le coût d'entretien des animaux.

amende (1) dont le montant peut n'avoir pas été fixé par la loi, mais qui s'éleva toujours en fait au-dessus du taux de la *provocatio ad populum* (2). Les amendes étaient prononcées peut-être anciennement par les censeurs (3), certainement plus tard par les édiles curules ou plébéiens (4), en vertu de leur pouvoir général de réprimer

(1) Appien, *Bell. civ.*, 1, 8 : Ζημιαν ὥρισαν.

(2) Cela résulte de l'importance des dépenses engagées, au seul moyen de quelques condamnations individuelles. Tite-Live, 10, 47, 4 : *Damnatis aliquot pecuariis*. 33, 42, 10 : *Multos pecuarios ad populi judicium adduxerint : tres ex his condemnati sunt*. Le dernier passage contient d'ailleurs la preuve directe de l'existence de la *provocatio ad populum* en matière d'amendes pastorales. Cf. Garsonnet, *Locations perpétuelles*, 85. Mommsen, *Droit public*, 4, 189, et, sur la procédure même de la *provocatio*, Mommsen, *loc. cit.*, 6, 1, 403-410.

(3) La compétence pénale des censeurs est attestée, dès avant 387, par Cic., *De rep.*, 2, 35, 60. *L. Papirius P. Pinarius censores multis dicendis vim armentorum a privatis in publicum averterant*, qu'il est d'ailleurs impossible d'entendre d'une amende pour le défaut *de professio*, donnant sans doute lieu dès alors à la confiscation. Le texte se réfère visiblement à la prononciation ancienne des amendes en bétail. Sur ce système, dont l'application devait forcément entraîner la constitution de troupeaux publics (comme cela s'est présenté à Salem : Adams, *Village communities*, 58), cf. Girard, *Organisation judiciaire*, 109, 1 et les auteurs cités. Mommsen, *Droit public*, 4, 152 et 155, 2. Le censeur ne dut pas en tout cas pouvoir dépasser le taux de 3020 as. (Girard, *Organisation judiciaire*, 242, 2). M. Karlowa, *R. R. G.*, 1, 255, dénie d'ailleurs formellement toute compétence au censeur en matière d'amendes pastorales de la loi Licinienne.

(4) M. Mommsen, *Droit public*, 4, 191, observe que les édiles plébéiens sont les seuls à employer en jeux le produit des amendes. Peut-être n'y a-t-il là qu'une simple coïncidence.

les infractions de droit commun[1]. Elles furent régulièrement infligées aux contrevenants pendant près de deux siècles et leur produit était suffisamment important pour permettre l'organisation de jeux[2], l'entreprise de grands travaux d'amélioration de la voirie urbaine[3], ou même

(1) Mommsen, *Droit public*, 4, 186. Girard, *Organisation judiciaire*, 244-245.

(2) En 458 : Tite-Live 10, 23, 13 : *Ab aedilibus plebeis L. Aelio Paeto et C. Fulvio Curva ex multaticia item pecunia quam exegerunt, pecuariis damnatis ludi facti pateraeque aureae ad Cereris positae.* En 514 : Ovide, *Fastes*, 5, 288-294 (v. n. 3). En 558 : Tite-Live, 33, 42, 10 (v. *infrà*, p. 134, n. 1). Ces textes, comme la plupart de ceux qui suivent, démontrent à eux seuls l'inexactitude de la théorie de M. Niese qui se garde au surplus d'y faire allusion.

(3) En 461 : Tite-Live, 10, 47, 4 : *Ab aedilibus curulibus... damnatis aliquot pecuariis via a Martis silice ad Bovillas perstrata est.* En 514 : Festus v. *Publicii* : *Publicius clivus appellatur quem duo fratres L. M. Publici Malleoli, aediles curules, pecuariis condemnatis ex pecunia quam ceperant munierunt.* Tacite, *Ann.* 2, 49 : *Eodemque in loco aedem Florae ab Lucio et Marco Publiciis aedilibus constitutam*, ne se rapporte pas sûrement aux amendes pastorales prononcées par ces édiles. Cf. par contre Ovide, *Fastes*, 5, 282-294:

Sed jam de vetito quisque parabat opes
Venerat in morem populi depascere saltus
Idque diu licuit poenaque nulla fuit.
Vindice servabat nullo sua publica volgus
Jamque in privato pascere inertis erat.
Plebis ad aediles perducta licentia talis
Publicios, animus defuit ante viris.
Rem populus recipit, multam subiere nocentes
Vindicibus laudi publica cura fuit
Multa data est ex parte mihi magnoque favore
Victores ludos instituere novos.

la construction de temples (1). L'application fréquente des pénalités de la loi Licinia *de numero pecoris* témoigne à la fois de sa mise en vigueur réelle (2) et du

Parte locant clivum qui tunc erat ardua rupes
Utile nunc iter est, Publiciumque vocant.

Rein, dans Pauly, v° *Pascua*, et Schwegler, *R. G.*, 2, 434, 1, ont voulu entendre ce dernier texte d'amendes prononcées pour soustraction frauduleuse du bétail au paiement de la *scriptura* ou même pour simple retard apporté à ce paiement. Cette interprétation est contraire à la terminologie même du texte (L'infraction consiste simplement à *populi depascere saltus* et à entretenir tout son bétail sur l'*ager publicus* : *jamque in privato pascere inertis erat*. Nulle mention d'un retard ou d'une intention frauduleuse. Cf. au contraire *rem populus recipit*). Elle est de plus difficilement conciliable avec la confiscation et la *pignoris capio* pratiquées aux cas de fraude ou de retard. Elle reste enfin complètement inexplicable dans le régime de la ferme de la *scriptura*, à peu près certainement en vigueur à cette époque, qui supprime tout intérêt direct du peuple à la perception exacte de la taxe. Cf. Sunden, *op. cit.*, 20, 21 ; Voigt, *loc. cit.*, 262, 11.

(1) En 558 : Tite-Live, 33, 42, 10 : *Aediles plebis, C. Domitius Ahenobarbus et Cn. Scribonius Curio, multos pecuarios ad populi judicium adduxerunt : tres ex his condemnati sunt; ex eorum multaticia pecunia aedem in insula Fauni fecerunt. Ludi plebeii per biduum instaurati et epulum fuit ludorum causa.* En 561 : Tite-Live, 35, 10 : *Multos pecuarios damnarunt ex ea pecunia clipea inaurata in fastigio Jovis aedis posuerunt. Porticum unam extra portam Trigeminam, emporio ad Tiberim adjecto, alteram ab porta Fontinali ad Martis aram, qua in Campum iter esset, perduxerunt.*

(2) En ce sens, Macé, *Lois agraires*, 248-251 ; Rudorff, *Ackergesetz des Sp. Thorius*, 27 ; Mommsen, *Droit public*, 4, 185-190 ; Girard, *Organisation judiciaire*, 244, 4. Il est impossible de supposer avec Xenopolus, *De societatibus publicanorum*, 14, qu'il s'agisse dans tous ces cas d'amendes prononcées contre les usagers de pâturages que l'Etat romain aurait administrés encore directement. Cf. p. 133, n. 3.

développement croissant des grandes entreprises d'élevage. Ce développement a pris en effet dès la fin du VIe siècle, principalement dans l'Italie méridionale, une importance telle qu'il ne peut plus être question de l'enrayer. Les règles de la loi tombent alors en désuétude (1) et les Gracques se gardent bien de renouveler une mesure destinée à rester lettre morte. On renonce dès lors à modérer l'expansion du capitalisme pastoral et on se contente de protéger le petit élevage contre la concurrence écrasante qui lui est faite, en même temps que l'on s'efforce de reprendre au pâturage les terres propres à la culture. Les assignations des VIIe et VIIIe siècles réalisèrent le second point(2). Quant au premier, il fit l'objet d'une disposition de la loi de 643, qui accorda à tout pasteur la jouissance gratuite des pâturages publics pour un troupeau de 10 têtes de gros bétail ou 50 têtes de petit(3). Le

(1) Appien, *B. civ.*, 1, 10 : Τοὺς πλουσίους οὐ δυναμένους ἔτι, ὡς πρότερον τοῦ νόμου καταφρονεῖν. Le dernier vestige que nous ayons de l'application de la loi Licinienne est le discours de Caton de 587. Cf. Sunden, *op. cit.*, 21 et 61-62, Rudorff, *Ackergesetz*, 27.

(2) *C. I. L.*, 1, 551 : *Fecei ut de agro poplico aratoribus cederent paastores.*

(3) Loi agr. l. 26 : *Boves equ[os, mulos, asinos... in eo agro loco, quei post h(anc) l(egem) rog(atam) publicus populei Romanei erit, pascere ad eum numerum pecudum, que]i numerus pecudum in h(ace) l(ege) scriptus est, liceto, neive quid quoi ob eam rem vectigal neive scripturam dare debeto.* Cbn. avec l. 14. Le chiffre de 10 pour le gros bétail est seul certain. Mais celui de 50 pour le menu doit être vraisemblablement admis. Cf. *suprà*, 131, n. 1. En ce sens également Rudorff, *Das Ackergesetz des Sp. Thorius*, 67-68. Zeiss, *De lege Thoria agraria*, Weimar, 1841, 12; Mommsen, *C. I.*

bétail excédant ce chiffre continua naturellement à acquitter la taxe, à l'exception toutefois des animaux de moins d'un an suivant encore leur mère(1) et peut-être, par analogie avec la règle adoptée en matière de douanes, des bêtes de somme ou de selle nécessaires au service de l'exploitation et non destinées à la vente(2).

L., 1, 91 (plus nettement que précédemment : *Histoire romaine*, 5, 83); Garsonnet, *Locations perp.*, 85 (donnant par inadvertance le chiffre de 100 pour 50); Grenier, *La transhumance des troupeaux en Italie*, 321. Seul, Burmann, *Vectigalia populi Romani*, 46, semble entendre cette disposition d'une suppression complète, mais inadmissible, de la *scriptura*. L'établissement de tels dégrèvements est fréquent en matière pastorale. V. Laveleye, *De la propriété*, 137, 158, n. 1, 175, 178, 197, 205, et Trapenard, *op. cit.*, 186 à 190. Ces divers exemples présentent d'ailleurs des chiffres très inférieurs à ceux de la loi de 643.

(1) L. agr. de 643, l. 14 : *Quaeque ex eis minus annum gnatae erunt post ea qua[m gnatae erunt]*. Cf. Loi des 28 sept.-6 oct. 1791, t. 1, s. 4, art. 14.

(2) Cf. Varron, *De re rust.*, 2, 10, 11.

CHAPITRE V

AGER COMPASCUUS ET PACAGES COLONIAUX.

La colonisation du territoire romain et la constitution [1] sur ce territoire de nouveaux centres de population amenèrent de bonne heure la soustraction à l'*ager scripturarius* de districts pastoraux importants, spécialisés au profit de ces nouveaux centres. Les membres de ces communautés pastorales plus restreintes ne se virent d'ailleurs pas fermer pour cela, au moins à partir de la conquête de l'Italie centrale, l'accès des pâturages publics romains, où

(1) Nous n'avons naturellement pas à nous occuper des cités non fondées par Rome et simplement agrégées à elle sous forme de fédération ou de sujétion (cf. Mommsen, *Droit public*, 6, 2, *passim* et particulièrement pp. 318, 352, 354, 471) qui rentrent, lors de la constitution définitive du régime municipal, dans la catégorie des *municipia* : Mommsen, *loc. cit.*, 442 et 448. Cf. Ulpien, D. 50. 1, *Ad munic.*, 1. 1 : *Proprie quidem municipes appellantur muneris participes recepti in civitatem ut munera nobiscum facerent.* Les municipes ont certainement aussi possédé des pâturages publics (par ex. Gênes : *C. I. L.*, 5, 7749) soumis à un régime voisin de celui adopté à Rome, (en ce sens Serrigny, *Droit administratif romain*, § 691). Mais ces terres n'ont jamais appartenu, à un moment quelconque, à l'*ager scripturarius*.

la loi agraire de 643 reçoit même le bétail des latins et des pérégrins qui disposent cependant des pacages communaux de leur cité (1). La qualité d'usager était en effet déterminée dans l'un et l'autre cas par des principes différents qui pouvaient parfaitement coexister au profit du même particulier. La pratique de la transhumance obligeait au surplus à accorder aux éleveurs des plaines l'admission aux pâturages de montagne détenus en grande partie par l'État (2).

La séparation des idées d'État et de cité locale n'ayant apparu avec quelque netteté qu'à la fin de la République (3), ce furent tout d'abord des fragments de la cité romaine, qui se firent attribuer la jouissance exclusive de certaines parties du domaine public pastoral, distinguées du nom d'*ager compascuus* (4). La colonisation des terres conquises, sous forme de possessions ou d'assignations opérées

(1) L. 29 : *Item Latino peregrinoque quibus M. Livio L. Calpurnio [(co)ns(ulibus) in eis agris id facere... ex lege plebe]ive sc(ito) exve foedere licuit, sed fraude sua facere.* Cf. Rudorff, *Ackergesetz des Sp. Thorius*, 69-71.

(2) Varron, *De re r.*, 2, 1, 16 : *Itaque greges ovium longe abiguntur ex Apulia in Samnium aestivatum atque ad publicanum profitentur.*

(3) Mommsen, *Droit public*, 6, 2, 417-419. Nissen, *Italische Landeskunde*, 2, 1, p. 6.

(4) Paul Diacre, *ex Festo*, v°. *Compascuus ager : Compascuus ager dictus est qui a divisoribus agrorum relictus est ad pascendum communiter vicinis.* Cf. Isidore, *Etym.*, 15, 13, 11 ; Cicéron, *Top.*, 3, 12 ; L. agr. de 643, ll. 14, 25. *Compascere* ou *compescere* signifie généralement « faire paître en commun », ce qui peut par suite s'entendre également des différents bestiaux d'un même propriétaire ou des animaux appartenant à plusieurs : Festus,

viritim (1), aboutissait en effet fréquemment à la constitution d'un *vicus* (2), d'une *praefectura* (3), d'un *forum* (4), d'un

v° *Compescere* : *Compescere est velut in eodem pascuo continere.* Cf. v° *Dispescere* : *dispescere est proprie pecus a pastione deducere ut compescere una pascere et in uno loco continere.* V. également v° *Impescere.* La loi agraire de 643, l. 25, emploie *compascere* dans ce sens général, peut-être par souvenir involontaire de l'*ager compascuus* dont elle vient de parler quelques mots auparavant. Cf. Varron, *De re r.*, 1, 53 : *Messi facta spicilegium venire oportet aut domi legere stipulam aut, si sunt spicae rarae et operae carae, conpasci.* (Où il faut sans doute résister à la tentation de voir un souvenir de l'antique pâturage commun des chaumes après la moisson).

(1) En ce sens, Voigt, *Staastrechtl. possessio u. ager compascuus*, 253. Sur l'assignation *viritim* : Karlowa. *R. R, G.* 1, 92 et Mommsen, *Droit public*, 6, 198 et 6, 2, 429.

(2) *Vicus*, rattaché par Schrader au sanscrit viç (*Sprachvergleichung und Urgeschichte*, 578) exprime primitivement l'établissement sur un canton du pâturage commun. Sur l'organisation intérieure des *vici*, v. Mommsen, *Droit public*, 4, 171, 1 ; 6, 1, 133-135 et 6, 2, 448 ; Weber, *Röm. Agrargeschichte.* 51-52. L'existence de *compascua* est admise au profit des habitants des *vici* par M. Voigt, *op. cit.*, 253. Sur la subordination politique du *vicus* au *pagus* dans lequel il est établi, et qui pouvait être également titulaire d'un droit de propriété, cf. Mommsen, *op. cit.*, 6, 1, 133, n. 5 et 134.

(3) Mommsen, *Droit public*, 6, 2, 438, 2 ; 445-446. La *praefectura* est en principe la circonscription de la compétence d'un *praefectus.* Mais cette circonscription judiciaire n'est pas créée arbitrairement et correspond à un groupement local, qui donne précisément lieu par la suite à la conversion de la préfecture en cité (Mommsen, *loc. cit.*, 6, 2, 429, 1). Sur le sens technique et tout différent de *praefectura* chez les *agrimensores*, v. Frontin, 26, 10 ; 49, 9 ; Siculus Flaccus, 159, 26 et 160.

(4) Mommsen, *Droit public*, 6, 2, 429, 445-446 et 448, 1.

conciliabulum (1) ou d'un *castellum* (2). Ces groupements de fait n'eurent pendant longtemps aucune existence légale au sein de la commune romaine, dont on ne croyait pas pouvoir les distinguer sans les séparer complètement. Ils disposèrent cependant de certains biens nécessaires à leur vie collective et notamment de pâturages communaux, indispensables à toute agglomération rurale se livrant à un élevage suffisamment important. La jouissance privative de semblables pâturages fut peut-être concédée expressé-

(1) Frontin, *De controversiis agrorum*, 35, 13-16 : *Prima enim condicio possidendi haec est ac per Italiam ubi nullus ager est tributarius, sed aut colonicus aut municipalis, aut alicujus castelli aut conciliabuli, aut saltus privati.* Il s'agit sans doute dans ce passage de *conciliabula in municipii jus relata* (Frontin, *De controv. agr.*, 55, 17). Mais leur mise en parallèle avec les colonies ou les municipes rend inadmissible que des propriétés collectives ne leur aient pas appartenu au moins à titre de jouissance, avant leur élévation au régime communal. C'est en effet précisément parce que tous les éléments d'un organisme municipal se sont trouvés réunis au profit des *conciliabula* qu'il a été possible de les transformer en municipalités. C'est aussi là ce qui explique que les lieux non pourvus d'une organisation communale et attribués à un municipe, conservent un domaine foncier propre. La même remarque vaut évidemment pour les *vici, praefecturae* et *fora*. Cf. Mommsen, *Droit public*, 6, 2, 429; 446-447.

(2) Frontin, *De controversiis agrorum*, 35, 13-16 (v. n. 1). Paul, *Sent.* 4, 6, 2 : *In municipio colonia oppido praefectura vico castello conciliabulo.* Même énumération dans la *Lex Rubria de Gallia cisalpina*, c. 21 et 23. Cf. Mommsen, *Droit public*, 6, 2, 408. Nous ne croyons pas par contre qu'à raison de leur caractère tout spécial et nullement rural, les établissements de marchands et de vétérans *ad canabas legionis consistentes* aient jamais joui avant leur complète accession au droit municipal, d'un *ager compascuus*. Cf. Karlowa, *R. R. G.*, 1, 615-616 et les auteurs cités.

ment lors de l'assignation *viritim*. Peut-être aussi se constitua-t-elle plus simplement, par voie coutumière, au profit des propriétaires des fonds assignés ou simplement possédés (1), grâce à certaines circonstances qui purent le leur faciliter. On peut concevoir par exemple que l'établissement de ces nouveaux colons ait eu pour résultat d'isoler du surplus de l'*ager scripturarius* un canton de pâturage auquel il n'était plus possible d'accéder qu'en passant sur les fonds nouvellement appropriés ou bien encore qu'à raison de leur éloignement, les pâturages publics voisins n'aient pu être pratiquement exploités que par les membres de la nouvelle agglomération rurale : on arrivait ainsi insensiblement à considérer comme grevé d'un droit d'usage exclusif en faveur des habitants de la localité une portion de l'*ager scripturarius*. Régulièrement concédé ou non, cet *ager compascuus* a certainement existé et a dû subsister jusqu'à la colonisation complète de l'Italie. Mais les localités qui en bénéficiaient, n'ayant aucune existence juridique, ne pouvaient être titulaires du droit de propriété de cet *ager*. Elles le pouvaient encore moins si, comme nous le croyons, leur droit exclusif de jouissance s'était établi coutumièrement, sans aucune reconnaissance formelle de la part de l'État. Aussi la propriété de l'*ager compascuus* ne cesse-t-elle pas d'appartenir au peuple romain (2) qui perçoit régulièrement la

(1) V. en ce sens, l'excellente observation de Huschke, *Krit. Jahrb. für d. Rw.*, 5, 1841, 590-591.

(2) On retrouve dans l'histoire de la colonisation américaine, la même constitution spontanée de communautés agraires res-

scriptura des animaux admis à y pâturer (1), et qui dispose sur lui d'un droit de réglementation aussi

treintes, à l'intérieur de la communauté primitive, politiquement organisée, qui retient cependant sur leurs fonds un domaine éminent. Tel fut pendant longtemps le cas des *North Fields* et des *South Fields* de la ville de Salem, où un rapport municipal de 1852 sur l'état des propriétés communales signale encore comme de principe « that any unappropriated lands... belong to the proprietors of that district by a sort of special commonage but cannot be disposed of or appropriated by them, without the consent of the town first had and obtained ». Adams, *Village communities in Cape Ann and Salem*, 38-39. Les communautés non politiques, usagères des *compascua*, présentent au surplus une analogie frappante avec les villages de l'ancien régime et les sections de commune de la France actuelle, communautés agraires intégrées dans une circonscription supérieure (paroisse ou commune), seule dotée d'une organisation politique.

(1) L. agr. de 643, l. 15, *in fine* : [*Populo aut publicano vectigal scripturamve nei debeto neive de ea re satis*] *dato neive solvito* (restitution certaine), *a contrario*. Rien n'autorise à admettre avec M. Weber, *Agrargeschichte*, 133, que cette *scriptura* n'aurait pas existé de tout temps et serait le résultat d'une tentative d'assimilation tardive à l'*ager scripturarius*, de l'*ager compascuus* que cet auteur considère comme la forme la plus ancienne de la communauté pastorale romaine (*op. cit.*, 120). M. Weber n'explique d'ailleurs nullement comment il se fait que cet *ager compascuus*, tout en étant assimilé depuis un certain temps déjà, en 643, à l'*ager scripturarius*, par l'application du régime de la taxe de dépaissance, conserve sa physionomie propre et continue à être opposé de la façon la plus nette à l'*ager scripturarius* dans lequel il devrait cependant s'être fondu normalement (Ll. 14, 15, spéciales à l'*ager compascuus* et l'antithèse si tranchée de la ligne 25 : *neive is ager compascuos esto... quo mi*[*nus quei ve*]*lit compascere* (= *pascere*) *liceat*).

étendu que sur le surplus de l'*ager scripturarius* (1).

L'*ager compascuus* romain dut constituer à l'origine un domaine considérable. Il a encore conservé une très grande importance en 643, où la loi agraire s'occupe de lui en première ligne et applique ensuite, par voie de simple référence, à l'*ager scripturarius* de droit commun, le système ainsi organisé. Cette manière de procéder s'explique sans doute parce qu'à cette époque où la population de Rome a pris un caractère nettement urbain et se soucie peu d'élevage, la réglementation des pâturages locaux, exploités par des propriétaires résidant sur leurs terres, a pris une importance sociale supérieure à celle de l'*ager scripturarius* ordinaire, et qu'il importe par suite de la présenter au premier plan afin de disposer favorablement le public rural.

L'*ager compascuus* a dû apparaître sous cette forme

(1) Lignes 14, 15 et 26 combinées. Les auteurs reconnaissent généralement qu'il s'agit aux lignes 14-15, et par suite à la ligne 25, d'un *ager compascuus* différent de celui qui existera par la suite dans les territoires coloniaux : Rudorff, *Römische Feldmesser* 2, 311 (corrigeant l'opinion erronée exprimée dans son article *Das Ackergesetz des Sp. Thorius*, 67). Mommsen, *C. I. L.*, 1, 91, *Droit public*, 6, 1, 95, 4 ; Voigt, *op. cit.*, 230, 7 ; Weber, *Agrargeschichte*, 133. Il n'y a pas lieu par contre de citer dans le même sens un certain nombre d'auteurs qui, sur la foi des dispositions de la loi relatives à l'*ager compascuus* font de ce dernier un équivalent indifférent de l'*ager scripturarius*. V. Schwegler, *R. G.*, 2, 435, n. 6 ; Beaudouin, *Limitation des fonds de terre*, 34, 1, et 158, 3 ; Humbert, Daremberg et Saglio, v° *Ager publicus*, suivi par Dumas, *Rogations liciniennes*, 75.

dès que le territoire de Rome fut assez étendu pour se prêter à la création de centres distincts de la ville. Son existence répondait en effet aux besoins pastoraux des nouvelles agglomérations et nullement au désir d'assurer une meilleure répartition des pacages. Il est donc à notre sens tout à fait arbitraire d'y voir, avec une certaine doctrine(1), une institution créée en faveur de la plèbe et d'en placer l'apparition entre la loi agraire de Sp. Cassius et la loi Licinienne de 387. Pour lui donner cette date approximative, on se base, il est vrai, sur ce que la *possessio* n'aurait été rendue accessible aux plébéiens que par la loi Licinienne, et sur ce que l'*ager compascuus* aurait assuré aux usagers des droits pastoraux bien inférieurs à ceux dont ils pouvaient disposer au moyen de la *possessio* : la création du premier serait donc une concession partielle mais insuffisante faite aux plébéiens, qui auraient bientôt obtenu l'octroi, complémentaire, de la seconde. Un pareil système suppose en réalité autant de postulats que de propositions. Il n'est tout d'abord pas démontré, comme nous aurons l'occasion de l'indiquer plus loin, que la *possessio* ait jamais été un moyen légal pour les particuliers de s'approprier la jouissance exclusive d'une partie des pâturages communs. La loi Licinienne n'a pas d'autre part introduit la faculté d'occupation en faveur des plé-

(1) Voigt, *Ueber die staatsrechtliche possessio und den ager compascuus*, 252-253 et *Röm. Privatulterthümer*, 4, 2, p. 775.

béiens ; elle a simplement réglementé cette faculté, aussi bien que la faculté de dépaissance des pâturages publics, ce qui les suppose toutes deux généralement préexistantes. Enfin on n'aperçoit nullement en quoi l'*ager compascuus* se montrerait inférieur à la *possessio* pastorale, la valeur d'une quote-part de jouissance collective pouvant parfaitement surpasser celle du produit d'un fonds exploité privément.

En réalité et plus simplement, l'*ager compascuus* du premier type, comme au surplus celui du second, n'a légalement aucune signification sociale, et son apparition est strictement déterminée par les exigences économiques de tout centre rural. Il peut bien se produire, en fait, que les communautés pastorales formées entre les membres des premiers groupements locaux, de même que celles organisées plus tard entre habitants d'une même colonie, aient été composées principalement de plébéiens, ou tout au moins d'agriculteurs pauvres, lorsque l'assignation portait, comme dans la plupart des cas à l'époque ancienne, sur des terres éloignées de Rome : seuls ou presque seuls, des individus non propriétaires dans la banlieue de Rome pouvaient accepter en effet de le devenir dans des régions plus lointaines. Mais la meilleure répartition du pâturage qui résultait peut-être au premier jour de la spécialisation d'un *ager compascuus* ne se maintenait guère. Au sein de la petite communauté de nouvelles inégalités se manifestaient promptement. Rien n'autorise en effet à admettre, dans le silence des sources, que la faculté de pacage fût rigoureusement proportionnée à la superficie du sol arable, et qu'en même temps qu'un certain nombre de *jugera*, une certaine quantité de « têtes » de pâturage fussent accordées au bénéficiaire de l'assignation (1). Une telle proportionnalité eût d'ailleurs conduit à un droit de dépaissance pour un nombre de têtes identique, les lots assignés étant égaux entre eux. Or nous avons précisément la preuve du régime contraire dans les tentatives que l'on fit pour réduire l'inégalité de la jouissance (2). Nous ne pouvons donc admettre que la propriété privée d'un fonds ait été le principe distributif de la dépaissance de l'*ager compascuus* et il ne nous paraît nullement nécessaire de supposer que l'admission au pâturage ait été même simplement subordonnée à une semblable propriété. Elle nous semble au contraire avoir uniquement dépendu de la seule qualité d'habitant : l'inégalité d'étendue de la circonscription pastorale était la seule différence entre l'*ager compascuus* et l'*ager scripturarius* dont il dérivait.

On a essayé à la vérité de justifier cette hypothèse d'une organisation réelle de l'*ager compascuus* originaire, en présentant cette organisation comme le premier régime de l'*ager publicus* pastoral, auquel se serait substitué progressivement le système de l'*ager scripturarius*, c'est-à-dire de la libre admission au pâturage moyennant le paie-

(1) *Contrà*, Weber, *Agrargeschichte*, 123, réfuté au texte.

(2) Loi de 643, l. 14-15. Le système de M. Weber néglige au surplus le cas, cependant très pratique, où l'*ager compascuus* se serait constitué entre divers *possessores* de terres publiques.

ment d'une taxe, qui se serait seulement établie lors de cette transformation (1). Nous avons déjà examiné la conception de M. Weber relative à la *scriptura* (2). L'antériorité de l'*ager compascuus* qu'elle suppose ne nous paraît pas plus admissible. Si elle était exacte en effet, l'*ager compascuus* n'aurait dû cesser de perdre du terrain vis-à-

(1) Weber, *Röm. Agrargeschichte*, 120, 123-124, et *Handwörterbuch der Staatswissenchaften* [2], 1, 1898, v° *Agrargeschichte*, pp. 75-76, suivi par Mitteis, *Röm. Privatrecht*, 1, 1908, pp. 344-345. Cette théorie est visiblement dominée par la préoccupation du régime de la marche germanique, qu'elle voudrait retrouver à Rome. Mais, sans entrer dans la discussion du système même de la marche, il n'est pas certain que la propriété d'un fonds de terre soit, dans les diverses communautés agraires, une condition générale de l'admission à la pâture. Elle n'a dû au contraire s'introduire presque toujours qu'à une époque relativement moderne, lorsque, les pâturages n'étant plus en abondance, les membres de la communauté ont voulu s'opposer a leur accaparement par les gros éleveurs (cf. Trapenard, *Pâturage communal*, 186-190), ou encore les fermer à de nouveaux venus (Laveleye, *De la propriété*, 109-112, 173, 232, 280, et particulièrement, p. 168; le même procédé est également employé en France, du XVIe au XVIIIe siècle, à l'égard des droits d'usage dans les forêts royales, qui sont confirmés aux maisons actuellement usagères, afin d'éviter toute augmentation future du nombre des ayants droit). Il ne faut naturellement pas confondre avec la situation juridique des pâturages, leur situation de fait : il n'est pas douteux en effet que les cultivateurs disposant de fonds productifs de fourrages seront pratiquement les mieux placés pour jouir du pacage et que par là même leur jouissance se trouvera assez exactement réglée sur l'importance de leur propriété L'existence de cet avantage de pur fait au profit des propriétaires explique que l'introduction de la règle juridique qui le consacra ultérieurement et qui d'ailleurs ne put jamais s'appliquer à la rigueur, n'ait pas soulevé de grandes difficultés.

(2) *Suprà*, p. 28, n. 1, et 142, n. 1.

vis de l'*ager scripturarius*; il aurait dû constituer un état de choses passé, dont les survivances attardées s'en seraient allées par lambeaux et dont il n'eût pas été nécessaire de prohiber la reproduction future. Or la loi de 643 porte précisément cette prohibition indifféremment contre l'occupation des terres publiques et leur conversion en *ager compascuus*, comme contre deux institutions toujours bien vivantes, dont on peut craindre des retours offensifs à l'avenir et dont la seconde donnera fréquemment des preuves de vitalité lors des déductions de colonies. Ce même passage de la loi de 643 donne au surplus la portée exacte de l'*ager compascuus* et précise son rapport de subordination à l'*ager scripturarius*, dont il ne sert qu'à spécialiser la jouissance au profit d'une localité et dont il n'est par suite nullement une catégorie juridique concurrente.

C'est précisément ce caractère local de la compascuité qui a conduit à lui conférer lors des déductions de colonies l'organisation réelle qui a fait illusion à certains auteurs. Il est en effet remarquable que le lien établi entre le pâturage et la propriété d'un fonds n'apparaît qu'au profit de groupes agricoles restreints, inférieurs à la colonie et non encore élevés au rang de municipalités. La colonie, dont l'existence indépendante est reconnue de l'État qui la fonde, possède en effet ses pâturages sous le type de *pascua publica* locaux, semblables à ceux de l'État, et, ses règles de fondation étant identiques à celles de Rome, il y a même là un argument de plus en faveur de l'antériorité de l'*ager scripturarius*. Par contre, le groupe agricole auquel étaient affectés les *compascua* n'ayant pas encore d'existence légale, il était impossible d'assigner la faculté de pacage à une personne morale que le droit public se refusait à créer; on ne pouvait d'autre part l'attribuer aux détenteurs actuels des fonds sans méconnaître gravement la destination perpétuelle de l'*ager compascuus* à un pâturage indivis : force était donc de l'assigner aux terres rentrant dans la circonscription de fait considérée. La question ne se posa pas évidemment tant que les localités usagères de cet *ager compascuus* romain ne furent pas comprises dans le territoire d'une colonie et la jouissance resta par suite, jusqu'à la réalisation de cette éventualité, indistinctement et librement exercée par tous les habitants de la localité : mais, la très grande majorité d'entre eux étant propriétaires, la transformation ultérieure de la faculté personnelle de dépaissance en une sorte de droit réel lié à la propriété des terres arables ne devait pas soulever de difficultés sérieuses lors de la confection de la *forma* coloniale.

De cette dépaissance illimitée de l'*ager compascuus* résulta, comme cela se produit dans toutes les communautés pastorales non réglementées, l'accaparement du pâturage par les gros éleveurs. L'égalité primitive ne se maintint pas longtemps en effet entre les bénéficiaires des assignations. Certaines exploitations, mieux dirigées que d'autres, firent de leurs propriétaires des capitalistes qui se constituèrent d'importants troupeaux et monopolisèrent à leur profit l'usage des pacages locaux. Le législateur dut alors prendre en main les intérêts des petits éleveurs, qu'il protégea en même temps sur l'*ager scripturarius* proprement dit et sur l'*ager compascuus*. La loi Licinienne s'appliquait sans doute à toutes les catégories de pâturages publics dont l'*ager compascuus* n'était qu'une variété : mais, ici comme là, le maximum de 100 ou 500 têtes de bétail imposé aux usagers cessa bientôt d'être pratique et la loi de 643 lui substitua, dans ce cas encore, le système tout différent de la franchise d'un certain minimum de têtes (1) : l. 14-15 : *Quei in agrum compascuum pequdes majores non plus* X *pascet, quae*[*que ex eis minus annum gnatae erunt postea quam gnatae erunt... queique ibei pequdes minores non plus...*] *pascet, quaeque ex eis minus annum gnatae erunt post ea qua*[*m gnatae erunt : is pro iis pequdibus... populo aut publicano vectigal scripturamve nei debeto, neive de ea re sati*]*s dato, neive solvito.*

La loi de 643 défendait également la transformation future d'une parcelle quelconque des pâturages publics en *ager compascuus*. Il est peu probable cependant que cette défense ait été bien rigoureusement observée. Il serait

(1) En ce sens Huschke, dans *Krit. Jahrb. für d. Rw.*, 5, 1841, 591; Mommsen, *C. I. L.* 1, p. 91; Voigt, *Staatsrechtl. possessio und ager compascuus*, 229, 6. Weber, *Agrargeschichte*, 133. L'interprétation de Rudorff (*Ackergesetz des Sp. Thorius*, 47 et 67) voyant dans cet article de la loi la fixation d'un maximum applicable à tous les cas et la suppression générale de la taxe est visiblement erronée. Elle a été cependant suivie par Stephenson, *Public lands*, 85.

surprenant en effet que les *compascua populi Romani* existant dans les colonies de l'époque impériale et justement rapprochés par les géomètres des *subcesiva*, aient tous une origine antérieure à 643. Il serait encore plus inadmissible que les exigences permanentes de l'économie rurale n'aient pas obtenu la constitution des nouveaux *compascua* nécessaires aux centres agricoles créés après la loi.

La prohibition fut en tout cas ouvertement négligée lors de la déduction de colonies sur les terres publiques. La création de communes coloniales par l'État romain, aux dépens de ses domaines, l'amena non seulement à reconnaître plus ou moins exactement les droits exclusifs de certains groupes d'usagers sur diverses parties de ses terres pastorales, mais encore à remanier le régime des pâturages locaux qui avaient été précédemment constitués aux dépens de l'*ager scripturarius* ou qui se trouvaient créés suivant un procédé analogue, lors de la fondation de la colonie. Ce remaniement compliqua d'ailleurs plutôt qu'il ne simplifia le système précédemment existant et ses résultats doivent être examinés séparément à l'égard des pacages concédés à l'ensemble des colons et de ceux attribués à des groupes moins étendus.

Le statut des pâturages coloniaux est radicalement différent de celui des autres pâtures promiscues existant sur son territoire, pour cette raison très simple que la colonie a une existence distincte, reconnue de l'État qui l'a créée, et pourra par suite à l'inverse de la localité disposant d'un *ager compascuus*, être titulaire de la propriété des pâturages qui lui sont attribués.

La notion de cette attribution est obscurcie chez les *agrimensores* par une distinction que nous croyons être d'origine récente et qui apparaît pour la première fois chez Frontin, *De controversiis agrorum*, 54, 16 sq : *Sunt autem loca publica haec quae inscribuntur ut SILVAE ET PASCUA PUBLICA AUGUSTINORUM. Haec videntur nominibus data : quae etiam vendere possunt. Est alia inscribtio quae diversa significatione videtur esse, in quo loco inscribitur SILVA ET PASCUA, aut FUNDUS SEPTICIANUS COLONIAE AUGUSTAE CONCORDIAE. Haec inscribtio videtur ad personam coloniae ipsius pertinere, neque ullo modo abalienari posse a re publica.*

La même distinction se retrouve dans des termes un peu différents mais cependant aussi nets, chez le pseudo-Hygin, *De limitibus constituendis*, 197, 20 sq : *Aeque territorio si quid erit adsignatum id ad ipsam urbem pertinebit nec venire aut abalienari a publico licebit. Id DATUM IN TUTELAM TERRITORIO adscribemus sicut silvas et pascua publica. Quod ordini coloniae datum fuerit, adscribemus in forma SILVA ET PASCUA, ut puta SEMPRONIANA, ITA UT FUERUNT ADSIGNATA JULIENSIBUS. Ex hoc apparebit haec ad ordinem pertinere.*

Il résulte de ces textes(1) que dès la fin du premier

(1) Cf. Pseudo-Hygin, *De limitibus constituendis*, 202, 7-10 :

siècle, l'assignation de pâturages à une colonie pouvait s'opérer d'après deux modes différents : tout d'abord sous forme d'assignation à la colonie elle-même (*colonia, urbs*) conçue comme personne morale distincte des membres qui la composent, ou, comme s'exprime encore le pseudo-Hygin, à la circonscription administrative, au territoire, *territorium* (1); d'autre part sous forme d'assignation *nominibus* (2) aux membres de l'*ordo* colonial (3). La seule conséquence pratique, d'ailleurs considérable, de la distinction réside dans le caractère d'inaliénabilité qui s'attache aux fonds attribués selon le premier mode et non à ceux concédés d'après le second. Il est d'ailleurs probable que l'État ne se soucia tout d'abord que faiblement de protéger les colons contre le danger d'aliénations intempestives de leur patrimoine foncier (4).

Si coloniae concessa (subcesiva) fuerint, CONCESSA COLONIAE *in aere inscribemus. Ita si rei publicae concessa fuerint, in aere* SUBCESIVA CONCESSA *ut* JULIENSIBUS *inscribemus.*

(1) Pomponius D. 50, 16, *De verb. sign.*, 239, 8 : *Territorium est universitas agrorum intra fines cujusque civitatis.* La *controversia de jure territorii* peut avoir par suite pour objet soit le droit de propriété de la colonie sur ses immeubles (Frontin, *De controversiis agr.*, 17-18), soit la limite des circonscriptions administratives de deux cités voisines ou même d'une cité et d'un *saltus* (Frontin, *loc. cit.*, 52-53).

(2) L'assignation *nominibus* à chaque colon à l'intérieur de la centurie ne présente évidemment qu'une ressemblance formelle avec celle indiquée au texte. Cf. Siculus Flaccus, *De condic. agr.*, 154, 11-12 : *Dividuntur ergo agri limitibus constitutis per centurias, assignantur viritim nominibus.*

(3) Cf. Frontin, *De controv. agr.*, 18, 1.

(4) La théorie de l'inaliénabilité des communaux s'est égale-

La colonie qui est une reproduction réduite de la cité romaine, a dû pouvoir à l'origine disposer aussi librement qu'elle de ses biens[1]. Ce fut seulement lorsque l'expérience eut révélé les dangers d'une telle liberté que l'on songea à la restreindre. Mais il est certain qu'on n'eut nullement recours pour cela à la distinction entre

ment constituée en droit français assez tard et pièce à pièce ; Trapenard, *op. cit.*, 65-69.

(1) Il ne faut naturellement pas confondre avec les règles définies concernant l'aliénation ou l'administration des biens des cités, le contrôle administratif des magistrats supérieurs. Ce contrôle ne fut d'ailleurs sérieusement exercé que sous l'Empire qui créa auprès de certaines municipalités, peut-être de toutes, des *curatores reipublicae* chargés concurremment avec les gouverneurs (Ulpien, D. 50, 10, *Operibus publicis*, 5, 1) de veiller à la bonne gestion de leurs intérêts domaniaux et financiers (Rudorff, *Röm. Feldmesser*, 2, 458-459; Mommsen, *Droit public*, 5, 389-391). C'est seulement au IIIe siècle que l'on voit apparaître pour la première fois la comparaison, qui a depuis fait fortune, de la cité à un mineur en tutelle : Rescrit d'Alexandre-Sévère : C. 11, 30, *De jure reip.* 3 : *Rem publicam ut pupillam extra ordinem juvari moris est*. Constitution de Dioclétien et Maximien de 285 : C. 2, 53, *Quibus ex causis mag. in int. rest.*, 4 : *Respublica minorum jure uti solet*. Cf. C. 11, 31, *De administratione rerum publicarum* ; 32, *De vendendis rebus civitatis* ; 33, *De debitoribus civitatum*. V. Mommsen, *Droit public*, 6, 2, 317 ; 461 ; 469-470. Serrigny, *Droit administratif romain*, 2, 61-66. C'est tardivement aussi et pour justifier après coup les dispositions législatives relatives à l'aliénation des communaux que l'assimilation des communautés d'habitants à des mineurs s'est introduite en droit français (Trapenard, *Le pâturage communal*, 64-65) où elle subsiste encore, malgré les critiques fondées dirigées par la doctrine contre cette terminologie un peu grossière (Berthélemy, *Droit administratif*[4], 1906, p. 89 et les auteurs cités).

la personnalité de la colonie et l'université des colons. Nous en avons la preuve manifeste dans le chapitre 82 de la loi de la colonie de Genetiva, déduite par César en 710 : les terres, les forêts et les édifices *quibus publice utantur*, dont cette loi défend l'aliénation, ont été *data adtributa colonis coloniae Genetivae Juliae* et c'est encore aux mêmes colons que devra être versée l'amende prononcée contre les acquéreurs irréguliers de ces fonds(1).

La pratique de l'assignation à la colonie, comme personne morale distinguée de la collectivité des colons, s'est donc introduite au plus tôt au début de l'empire en la

(1) Il y a tellement peu d'opposition entre l'*ordo colonorum* et la colonie que les mêmes fonds *colonis coloniae adtributa* sont dits au cours du même chapitre *coloniae Genetivae Juliae esse*. Cet emploi indifférent des deux termes, si nettement séparés cependant par les *agrimensores*, établit surabondamment qu'il est impossible de reporter la distinction posée par ces derniers jusqu'à l'époque de César, comme l'a fait Huschke, *Avitum et patritum*, dans *Zeitschrift für vergleich. Rechtsw.*, 1, 179-182, suivi par Karlowa *R. R. G.*, 1, 318, et Brugi, *Dottrine giuridiche degli agrimensori*, 325. On peut d'autant moins rapporter, avec ces auteurs, le chap. 82 à des biens concédés *ad personam coloniae*, que ce texte se réfère expressément aux *qui agri quaeque silvae quibus publice utantur*, c'est-à-dire aux *silvae* et *pascua* publics, toujours attribués au contraire à l'*ordo colonorum* (V. *infrà*, p. 162, et notes). Les forêts *quibus publice utantur* ne peuvent s'entendre au surplus des forêts employées aux réparations des édifices publics, puisqu'on en prévoit la location pour cinq ans (*neve eas silvas... locato longius quam in quinquennium*). Cf. Mommsen, *Gesammelte Schriften*, 1, 1, 255 et Mitteis, *Römisches Privatrecht*, 1, 1908, p. 343.

double qualité de renforcement et d'atténuation de la règle de l'inaliénabilité. On voulut en effet donner tout d'abord à la prohibition une apparence plus logique et l'on eut recours pour cela à la fiction encore employée aujourd'hui en droit public communal(1). Afin de soustraire à l'aliénation les biens qu'il paraissait désirable de conserver dans leur affectation collective, on déclara les attribuer à la personne même de la colonie, c'est-à-dire à une entité supérieure à la totalité des colons même supposés unanimes. Cette personnalité en effet, de sa nature perpétuelle, réunissait dans une même synthèse les générations actuelles et futures. Ses biens ne pouvaient par suite rentrer dans la sphère de compétence de magistrats agissant seulement au nom d'une partie des éléments qui la composaient. Cette construction théorique présentait désormais le principe d'inaliénabilité de la propriété communale non plus comme une décision arbitraire du législateur mais comme le produit d'une déduction juridique. Elle le rendait par là même d'autant plus respectable et il n'est pas douteux qu'à Rome comme ailleurs les formules juridiques ont fortement contribué à faire pénétrer dans la pratique et à soustraire à toute discussion les solutions qui n'étaient avant leur intervention que des dispositions empiriques, par suite toujours critiquables. Néanmoins cette sorte de métaphysique

(1) C. Berthélemy, *Droit administratif*[4], 1906, p. 541-542, 546 et Demolombe, *Droit civil* 9, p. 329, malgré la rédaction défectueuse de l'art. 542 C. civ.

de droit public qui n'hésitait pas à parler de *persona coloniae* avait un caractère factice qui suffirait à établir sa modernité[1].

La nécessité même de cette construction théorique démontre que la règle de l'inaliénabilité n'était pas acceptée sans de vives résistances. Aussi le droit impérial, tout en l'ornant d'un grand appareil théorique, s'était-il attaché à en restreindre l'application aux seuls cas où l'intérêt public pouvait justifier cette dérogation aux principes[2]. La loi de Genetiva y soumettait encore indistinctement les terres et forêts *quibus publice utantur*, c'est-à-dire tous les fonds objets d'un usage public quelconque, pouvant notamment consister dans la dépaissance. Sous le régime organisé par le droit impérial au contraire, il faut tout d'abord une disposition expresse de l'acte d'assignation spécifiant nettement que l'immeuble fera partie du domaine personnel de la colonie. Mais, en plus de cette première restriction de forme, on ne classera en principe dans la catégorie des biens inscrits sous le nom de la colonie et comme tels inaliénables, que ceux-là seuls qui sont présumés devoir être, de par leur nature, indispensables à toute époque à la vie publique locale[3]. Ce seront par exemple, en pre-

(1) En ce sens également, Planiol, *Traité élémentaire de droit civil*, I⁴, n° 3009, et Mitteis, *Röm. Privatrecht*, I, 1908, p. 343.

(2) Cf. les tempéraments apportés au principe trop rigoureux de l'inaliénabilité absolue des communaux, à la fin de l'ancien régime français (Trapenard, *Pâturage communal*, 87-89).

(3) La même conception paraît bien être à la base du fragment

mière ligne, les futaies dont les produits sont employés à la réparation des temples ou des bains publics, *in tutelam aut templorum publicorum aut balneorum*[1], qui tiennent une place si importante dans la catégorie des biens assignés *ad personam coloniae* qu'elles finissent même par la représenter tout entière et que les fonds ainsi assignés sont dits très fréquemment *data in tutelam*[2]. Ce seront encore les bois taillis affectés *ad lavacra publica ministranda*[3] ou les immeubles consacrés à la sépulture des pauvres[4].

de Marcien, D. 1, 8, *De divisione rerum*, 6, 1 (= *Inst.*, 2, 1, 6) qui indique les immeubles urbains comme types des biens appartenant en propre à l'*universitas : Quae in civitatibus sunt theatra et stadia et similia* (le *et si qua alia sunt communia civitatum*, doublant inutilement *similia*, est peut-être interpolé). Le principe est posé avec la plus absolue netteté dans Frontin, *De controversiis agrorum*, 17, 1 à 18, 2 : *De jure territorii controversia est de his quae ad ipsam urbem pertinent, sive quid intra pomerium ejus urbis erit quod a privatis operibus optineri non oportebit. Eum dico locum quem nec ordo nullo jure a populo poterit amovere.* Cf. Karlowa, *R. R. G.* 1, 597.

(1) Frontin, *De controv. agr.*, 55, 1-3. Ces biens constituent dans le système de Frontin la catégorie des fonds *agrestis soli* : *loc. cit.*, 18, 2-5 : *Habet autem condiciones duas, unam urbani soli, alteram agrestis. Agrestis quod in tutelam rei fuerit assignatum urbanae; urbani, quod operibus publicis datum fuerit aut destinatum.* Cf. Brugi, *Dottrine giuridiche degli agrimensori*, 325.

(2) Pseudo-Hygin, *De limitibus const.* 198, 1. Cf. Hygin, *De condic. agr.*, 114, 3-5 : *Assignatae sunt silvae, de quibus ligna in reparationem publicorum munerum traherentur. Hoc genus agri tutelatum dicitur.*

(3) Frontin, *De controversiis agrorum*, 55, 3-4.

(4) Frontin, *loc. cit.*, 55, 8-10 : *Habent et res p. loca suburbana inopum funeribus destinata quae loca culinas appellant. Habent et loca noxiorum poenis destinata.*

C'est au contraire seulement dans des circonstances tout à fait exceptionnelles (1) que la colonie se trouvera personnellement propriétaire de pâturages. Il peut se faire par exemple qu'un fonds lui ait été donné ou légué par un particulier qui a voulu assurer à sa libéralité un effet durable (2). Il peut encore s'agir de *saltus* éloignés, étrangers même au territoire de la colonie (3), qui lui ont été attribués à titre de *beneficium* impérial et dont les revenus doivent figurer chaque année à son budget (4). Il n'est pas rare enfin de voir la colonie propriétaire en personne de pâturages réservés aux animaux conduits aux marchés ou aux abattoirs de la ville, dont on se propose de favoriser par

(1) En dehors du passage du Frontin cité au texte, il n'en existe que deux mentions, figurées dans les illustrations accompagnant les traités des *agrimensores* : fig. n° 186 (V. le texte n. 2) et 196 b. : *Pascua colonie Julie*. La seconde figure est d'autant plus intéressante qu'elle représente une *forma* type et qu'à cette inscription unique au nom de la colonie s'opposent quatre exemples de *pascua publica colonorum*. La figure analogue 197 *a* n'offre aucune assignation faite à la personne de la colonie.

(2) Tel paraît bien être le cas du *fundus Mamilianus cum silva datus assignatus coloniae Juliae Constantiae* de la fig. 186 (*Gromatici veteres*, pl. 20) qui a dû faire partie du patrimoine d'un particulier. Cf. Frontin, *De controv. agr.*, 54, 21-22 : *FUNDUS SEPTICIANUS COLONIAE AUGUSTAE CONCORDIAE*.

(3) Cf. à la Table de Veleia, les *saltus in Veleiate et in Parmense et montibus adfinibus* de la colonie de Luca et Mommsen, *Droit public*, 6, 2, 428, 1.

(4) Frontin, *De controv. agr.*, 49, 9-12 : *Solent (coloniae) et privilegia quaedam habere beneficio principum ut longe [et] semotis locis saltus quosdam reditus causa acceperint*. Cf. Brugi, *Dottrine giuridiche degli agrimensori*, 325.

ce moyen la prospérité commerciale ou simplement l'approvisionnement[1].

Dans tous ces cas, à moins que l'on ne se trouve en présence de la volonté nettement formulée d'un donateur[2], il n'y a pas lieu à la jouissance promiscue et personnelle des fonds par les colons. Le bénéfice que ces derniers en retirent est certainement très important; il met en jeu les intérêts les plus généraux et les plus durables qui puissent exister au sein de la colonie, intérêts d'ordre non seulement commercial ou budgétaire, mais encore politique ou même religieux : ce sont donc ceux qui doivent être le plus jalousement protégés. Mais

(1) Frontin, *loc. cit.*, 55, 5 : *Sunt et loca publica quae in pascuis sunt relicta quibuscumque ad urbem venientibus.* Nous ne voyons pas sur quoi M. Voigt peut bien se fonder pour restreindre doublement la portée de ce texte, de termes très généraux, à la ville de Rome et aux marchands de bétail destiné aux abattoirs (*op. cit.*, 227, n. 19). L'existence de semblables pâturages auprès de la plupart des villes semble au surplus impliquée par Columelle, *De re rust.*, 7, 3, 13 : *Post foeturam deinde longinquae regionis pascua petiturus opilio, fere omnem sobolem pastioni reservat suburbanae... Submitti tamen etiam in vicinia urbis quintum quemque oportebit.* Ces pâturages qui devaient, par leur destination même, se trouver dans la banlieue immédiate de la ville ont pu facilement exister dans les plus anciennes colonies. Pseudo-Hygin, *De limit. const.*, 179, 1-7 : *Antiqui enim propter subita bellorum pericula... loca aspera et confragosa saxis eligebant ubi illis amplissimum propugnaculum esset et ipsa loci natura. Haec vicina urbibus rupium multitudo limites accipere propter loci difficultatem non potuit sed relicta est ut aut silvas rei publicae praestaret, aut, si sterilis esset, vacaret.*

(2) Cette éventualité a été négligée par Rudorff, *Feldmesser*, 2, 296, dont l'opinion nous paraît, en conséquence, trop absolue.

d'autre part l'avantage ainsi assuré à la majorité des colons est indirect, impersonnel : la conservation des immeubles qui le leur procurent les touche par suite moins vivement et c'est à leur égard qu'ils se laisseront porter le plus volontiers à une aliénation du patrimoine colonial : double et puissante raison de limiter leur pouvoir de disposition et d'assigner ces fonds *ad personam coloniae*.

Toute autre est la situation des pacages utilisés directement par tous les colons. Ceux-ci ont tout d'abord un intérêt personnel à leur conservation. En outre l'utilité de ces pâturages, indispensables dans une agglomération agricole, peut venir à diminuer et même à disparaître tout à fait si l'activité économique de la colonie prend un caractère industriel ou commercial, ou si encore la culture des céréales ou de la vigne tend à se substituer à une exploitation pastorale du sol. Alors qu'on ne peut admettre la négligence de la cité à l'égard de l'entretien des bâtiments publics ou des sépultures des prolétaires, on conçoit parfaitement que l'évolution économique permette et impose même l'aliénation des pâturages collectifs. Cette aliénation est au surplus pour les colonies un moyen budgétaire d'un puissant secours dans les circonstances graves, et l'on ne peut songer, une fois les éléments les plus précieux du patrimoine collectif sauvegardés, à immobiliser le surplus. On a d'ailleurs dans l'intérêt des usagers une garantie suffisante de l'opportunité des actes éventuels de disposition.

Les pacages coloniaux, qui sont désormais soustraits

en principe à la règle de l'inaliénabilité restent donc assignés sous l'ancienne forme, *nominibus*, c'est-à-dire à l'*ordo colonorum*(1). Ces pâturages ne sont plus les *pascua coloniae Juliae*; on les appelle tout simplement, à l'ancienne mode, *pascua publica Juliensium*(2), plus brièvement *pascua Juliensium*(3) ou même *pascua publica*(4). Jamais on ne les désigne comme des *compascua*, le seul emploi qui soit fait de cette expresssion (pseudo-Hygin, *De lim. const.*, 202, 1-4) visant en réalité un cas tout différent. Ils sont par contre les seuls pâturages locaux régulièrement dits *publica*.

(1) Cf. Brugi, *Dottrine giuridiche degli agrimensori*, 325.

(2) Frontin, *De controversiis agr.*, 54, 16-17 : *Silvae et pascua publica Augustinorum*. Fig. 183 : *Silva et pascua publica Milensium*. Fig. 187 : *Pascua publica colon.* (= *colonorum*, d'après le texte en regard, p. 198. Cf. Voigt, *op. cit.*, 226, 16) *Juliae Constantiae*. Fig. 196 *b*. *Silva publica Juliensium*. Fig. 197 *a* : *Mons Andra publica Truanensis*.

(3) Pseudo-Hygin, 198, 4-5 : *Silva et pascua Semproniana ita ut fuerunt adsignata Juliensibus* (provenant sans doute d'une donation faite sans affectation spéciale à la colonie). Fig. 189 : *Mons Juliensium*. Fig. 196 *b* : *Mons Masvin. Juliensium*; *silva pascua Juliensium*; *mons Mica Juliensium*.

(4) Pseudo-Hygin, *De limit. const.*, 196, 16-19 à 197, 3 : *Illa quae rei publicae adsignabunt... in forma ita ut erit ostendemus* SILVA *sive* PASCUA PUBLICA *sive utrumque*. Fig. 197 *a* : *Mons Meta publica*; *mons et silva publica*; *mons publicus et silva*. Le droit de propriété de l'*ordo* sur ces pâturages ne peut faire doute, l'absence de déterminatif sur un plan colonial ne pouvant logiquement impliquer que le domaine colonial. La propriété de l'État sur une partie du territoire, étant au contraire exceptionnelle, devra toujours être indiquée expressément. La même figure en présente précisément un exemple : *Mons sacer populi Romani*. Cf. fig. 20 : *Mons Mutela rei publicae populi Romani*.

Ces particularités de terminologie ne sont pas fortuites ; elles sont au contraire l'expression du régime spécial de ces fonds. La colonie est en effet, à la différence des autres agglomérations secondaires préexistant sur son territoire, contemporaine de la confection de la *forma*, et ne peut par suite avoir déjà spécialisé à son profit une partie de l'*ager scripturarius*. Ses pacages ne peuvent être à aucun degré la forme nouvelle prise par un *ager compascuus* antérieur. Aussi n'est-il que régulier et logique d'écarter pour eux le terme de *compascua*. D'autre part la colonie étant une reproduction réduite de Rome, qui lui confère l'existence officielle, et ses procédés de fondation étant traditionnellement considérés comme identiques à ceux de la Ville[1], il est naturel que l'on organise son régime pastoral sur le plan de l'*ager scripturarius*. C'est là précisément ce qui ressort des textes, qui présentent toujours les pâturages coloniaux comme ouverts au bétail de tous les colons, sans jamais placer au nombre des conditions d'admission la possession d'un fonds de terre situé sur le territoire. Il est bien certain qu'à l'origine, chaque colon recevant un lot de terre, la situation était en fait la même que si cette condition eût été exigée[2], mais il y avait là simple coexistence des qualités de propriétaire et d'usager. Lorsque, par la suite, la colonie devint un centre de

(1) Varr. *De l. lat.* 5, 143 : *Coloniae nostrae omnis in libris antiquis scribuntur urbeis, quod item conditae ut Roma.*

(2) V. au surplus l'observation générale de la note 1, p. 147.

caractère urbain, les journaliers et artisans durent avoir part à la jouissance des pâturages communs. Un traitement différentiel résultant de la réglementation reste à la vérité théoriquement possible mais aucun texte n'autorise à en affirmer l'existence. Le principe était en tout cas la libre admission du bétail à la dépaissance sans autre condition que l'acquit de la taxe éventuellement établie(1). Cette taxe, qui ne paraît pas avoir porté ici le nom de *scriptura* mais au contraire, du moins dans certaines localités, celui de *pascua*(2), est un point commun de plus entre l'*ager scripturarius* et le pâturage colonial, qui se présente ainsi à tous égards, comme un pacage indistinctement ouvert à l'universalité des habitants et se trouve par suite

(1) En ce sens, Weber, *Röm. Agrargeschichte*, 56 et 133. Le contraire n'a pu être soutenu par Rudorff, *Feldmesser*, 2, 396, et à sa suite par Voigt, *Possessio und ager compascuus*. 231, qu'en vertu du texte du pseudo-Hygin, *De limit.*, 202, 1-4, sans aucun rapport avec cette question. A l'exception de ce seul passage, non pertinent, tous les textes s'accordent à présenter les *pascua* des colons comme des pâturages ouverts à la libre jouissance de l'*ordo colonorum*, c'est-à-dire de tous les habitants de la colonie. Les lignes 33 et suiv. de la *sentencia Minuciorum* (*C. I. L.* 5, 7749) invoquées par M. Voigt ne disent en réalité rien d'autre en indiquant, comme titulaires du droit de dépaissance, l'universalité des Viturii et des Genuates. Elles se réfèrent d'ailleurs à un municipe et non à une colonie. La désignation complète des pacages de l'*ordo*, comme 1° *publica*; 2° *colonorum*, exprime en outre à elle seule, leur véritable caractère. Fustel de Coulanges y voit cependant, suivant son habitude, un cas de propriété indivise à titulaires plus ou moins nombreux (*L'alleu et le domaine rural*, 9).

(2) *C. I. L.* 4, *suppl.* tryptiques 145 et 146 : *Pasqua*; trypt. 147 : *Vectigal publicum pasquorum*.

le seul sur le territoire de la colonie à pouvoir être qualifié de public(1).

Aux *pascua publica* des membres de l'agglomération coloniale, s'oppose toute une série de pâturages jouis par des communautés rurales plus restreintes. Le régime de ces pacages, présente d'ailleurs des différences assez sensibles que les écrits des géomètres accusent très nettement :

Frontin, *De controv. agr.*, 15 : *De proprietate controversia est plerumque ut in Campania cultorum agrorum silvae absunt in montibus ultra quartum aut quintum forte vicinum. Propterea proprietas ad quos fundos*

(1) V. les textes cités *suprà* p. 162, nn. 2 à 4. Les *compascua* ne sont au contraire jamais dits *publica*, sauf quand le domaine éminent en a été transféré à la colonie. L'emploi de *publicus* en matière coloniale et municipale est constant et les critiques de cette terminologie formulées par Ulpien (D. 50, 16, *De verb. sign.*, 15 : *Bona civitatis abusive 'publica' dicta sunt : sola enim ea publica sunt quae populi Romani sunt*) et par Gaius (D., *h. t.*, 16 : *'Publica' appellatio in compluribus causis ad populum Romanum respicit : civitates enim privatorum loco habentur*) n'ont que la valeur de pures observations doctrinales auxquelles leurs auteurs mêmes ne se conforment pas toujours : par exemple, Ulpien au D., *h. t.*, 17, *pr.* : *Inter 'publica' habemus non sacra nec religiosa nec quae publicis usibus destinata sunt sed si qua sunt civitatum velut bona. Publicus* implique d'ailleurs si peu en pratique qu'il s'agisse d'une propriété du peuple romain, qu'il est fréquemment suivi du déterminatif *populi Romani* (Cicéron, *De lege agr.*, 2, 15, 38 et 40). Cf. *C. I. L.* 14, 457 : *p(ublicum) c(ol.) O(stiensis)* et 4063 : *publicum Fid(enatium)*. Nous n'apercevons pas sur quoi peut bien se fonder M. Kornemann (Pauly-Wissowa, v° *Commune*) pour prétendre que *communia* désigne techniquement chez les *agrimensores* les terres non partagées entre les colons.

pertinere debeat disputatur. Est et pascuorum proprietas pertinens ad fundos sed in commune; propter quod ea compascua multis locis in Italia communia appellantur, quibusdam provinciis pro indiviso.

Hygin, *De condic. agrorum*, 116, 23 à 117, 4 : *In his igitur agris quaedam loca propter asperitatem aut sterilitatem non invenerunt emptorem. Itaque in formis locorum talis adscriptio, id est IN MODUM COMPASCUAE aliquando facta est, et TANTUM COMPASCUAE; quae pertinerent ad proximos quosque possessores, qui ad ea attingunt finibus suis. Quod genus agrorum id est compascuarum etiam nunc in adsignationibus quibusdam incidere potest.*

Siculus Flaccus, *De condic. agrorum*, 152, 12-17 : *Quorundam etiam vicinorum aliquas silvas quasi publicas, immo proprias quasi vicinorum esse comperimus, nec quemquam in eis cedendi pascendique jus habere nisi vicinos quorum sint; ad quas itinera saepe ut supra diximus per alienos agros dantur.* 137, 9-11 : *Inscribuntur et COMPASCUA; quod est genus quasi subcesivorum, sive loca quae proximi quaeque vicini, id est qui ea contingunt, pascua....* (lacune).

Pseudo-Hygin, *De limit. const.*, 201, 12-18 : *Si qua compascua aut silvae fundis concessae fuerint quo jure datae sint formis inscribemus. Multis coloniis immanitas agri vicit adsignationem, et cum plus terrae quam datum erat superesset, proximis possessoribus datum est in commune nomine compascuorum : haec in forma similiter comprehensa ostendemus. Haec amplius quam acceptas acceperunt, sed ut in commune haberent.*

Compascua, telle est bien la désignation technique des fonds attribués à ces communautés pastorales restreintes, dont les expressions locales *communia*(1), *communalia*(2), *pro indiviso*(3) ne sont peut-être même que des dérivés(4).

(1) Frontin, *De controv. agr.*, 15, 7, cité au texte. Cf. Kornemann, dans Pauly Wissowa, v° *Commune.*

(2) Frontin, *loc. cit.*, 48, 21 : *Relicta sunt et multa loca quae veteranis data non sunt. Haec variis appellationibus per regiones nominantur : in Etruria communalia vocantur, quibusdam provinciis pro indiviso.* Cf., *eod. loc.*, 55, 20 : *Si silvae etiam sunt juxta hunc alveum (Tiberis) suis circumdatae terminibus, quae communalia nominantur.*

(3) Frontin, *De controv. agr.*, 15, 7 et 48, 21 cités *suprà*, nn. 1 et 2. Sur l'emploi conjoint de *communis* et de *pro indiviso*, v. Marcien au D., 41, 1, *De adquir. rei dom.*, 8. Nous ne voyons aucune nécessité de rectifier avec M. Mommsen (*C. I. L.*, 1, 91) *pro indiviso* en *p(opuli) ro(mani) indivisa*. Il n'est certes pas douteux que certains *compascua* restèrent la propriété du peuple romain. Mais, outre qu'il en exista d'autres, il n'y a aucune raison de supposer une faute de copie identique dans deux passages distincts du même auteur, surtout s'agissant d'une désignation signalée par Frontin comme provinciale et dispensée par suite d'une exactitude juridique dont sont également dépourvus les termes *communia* ou *communalia* cités aux mêmes textes. Il ne serait pas impossible que l'Espagne fût parmi les provinces où l'expression *pro indiviso* était employée. Elle se retrouve en tout cas identique dans la coutume pyrénéenne de Labourt et, sous une forme voisine (*pro comunal*), dans diverses parties de la péninsule : Altamira, *Historia de la propiedad comunal*, 201 et 208. Cf. Brugi, *Dottrine giuridiche degli agrimensori*, 326, n. 14.

(4) *Gromatici veteres*, éd. Lachmann, fig. 18 : *Compascua communia prossimorum possessorum.*

Le droit de dépaissance est ici lié à la propriété agricole[1] dont il forme un accessoire, une appartenance[2]. L'opposition qui s'établit ainsi entre les *compascua* et les

(1) Frontin, *De condic. agr.*, 15, 2 : *Cultorum agrorum silvae;* 3 4 : *Proprietas adquos fondos pertinere debeat disputatur;* 5 : *Pascuorum proprietas pertinens ad fundo.* Pseudo-Hygin, *De limit. const.*, 202, 1-2 : *Ex his compascua fundi acceperunt.* Cf. fig. 194 : *Pascua fundorum col. publica.* Il revient au même en réalité de dire avec Frontin, *De controv.*, 48, 24 que ces pâturages *certis personis data sunt depascenda* : Il ajoute en effet aussitôt *tunc cum agri adsignati sunt*, établissant ainsi un lien étroit entre le lot et la jouissance du communal. Ces *certae personae* sont précisément déterminées par leur établissement dans un certain canton et la définition personnelle des *compascua* (v. encore, Hygin, *De cond. agr.*, 117, 1 : *Quae pertinerent ad proximos quosque possessores*; ps.-Hygin, *De limit. const.*, 201, 15 : *Proximis possessoribus datum est in commune nomine compascuorum*), ne leur enlève nullement leur caractère d'institution locale et réelle. Elle est simplement une preuve de plus de l'apparition tardive du système factice des *compascua* coloniaux, qui s'est substitué à la jouissance publique d'un *ager compascuus* par tous les habitants, propriétaires ou non, de l'agglomération.

(2) Cet accessoire de l'immeuble rural consiste en principe dans un droit de pacage qui absorbe en réalité toute l'utilité du fonds mais qui ne comprend pas cependant le droit de propriété, théoriquement réservé à l'État. V. p. ex. Siculus Flaccus, *De cond. agr.*, 152, 12 : *Nec quemquam in eis cedendi pascendique jus habere nisi vicinos quorum sint.* Cf. *infrà*, p. 174, n. 3. *Contrà* primitivement Brugi, *Dei pascoli accessori a piu fondi alienati*, *Arch. giur.*, 37, pp. 57 s., notamment pp. 77 et 80-82. Il est certainement excessif de voir avec M. Voigt, *Staatsr. possessio u. ager compascuus*, 231, dans ce *jus pascendi* une simple servitude prédiale et de transporter ainsi en droit public une catégorie de droit privé. Le meilleur terme de comparaison serait encore le droit d'usage qui fut reconnu dès le Moyen âge à diverses communes et dont l'assimilation aux servitudes fut précisément toujours excep-

pâturages des colons, ne permet pas de considérer les premiers comme publics. Tout au plus parlera-t-on pour éveiller directement l'idée de la communauté de pacage ainsi constituée de *sylvae quasi publicae*, mais en corrigeant d'ailleurs aussitôt cette demi-analogie, établie pour la clarté de l'exposition, en *imo propriae quasi vicinorum* (1). En réalité il y a dépendance si étroite entre la propriété privée et les droits que son titulaire exerce sur les *compascua*, que l'on va parfois jusqu'à considérer les fonds qui en sont l'objet comme une sorte d'appoint, de prolongement du lot (2). Il n'y a par contre, ici non plus, aucune preuve d'une proportion quelconque entre la superficie du lot et le nombre de têtes admis à la pâture.

Il est d'ailleurs visible que ces communautés pastorales fermées répondent à deux types bien distincts. Dans le

tionnelle et forcée. Cf. Trapenard, *Le pâturage communal*, 105-108 et 143. Tel est également le système auquel s'est arrêté définitivement M. Brugi, *Dottrine degli agrimensori*, 326-329, qui rapproche le *jus compascendi* des usagers romains du *diritto d'uso* appartenant aux habitants de certaines communes italiennes actuelles et qui le définit, p. 327, « une sorte de servitude sur une chose publique ». Il est d'ailleurs bien évident qu'il dépend de l'autorité concédante de renoncer à son domaine éminent et de rendre ainsi la communauté propriétaire des pâturages au même titre que nombre de communes appartenant à des temps plus modernes. Cf. *Inch. agr. ital.* 11, 2, *passim.*

(1) Siculus Flaccus, *De condicione agr.*, 152, 12, cité au texte.

(2) Pseudo-Hygin, *De limit. const.*, 201, 17-18 : *Haec amplius quam accepta acceperunt sed ut in commune haberent.* Cf. sur l'inexactitude de semblables façons de s'exprimer, Brugi, *Dottrine degli agrimensori*, 327.

premier, la qualité d'usager appartient exclusivement aux *proximi possessores*, c'est-à-dire aux voisins immédiatement limitrophes des *compascua* (1). Dans l'autre forme de compascuité au contraire, la communauté pastorale est beaucoup plus étendue et il n'est pas rare d'y voir accéder des propriétaires séparés du *compascuum* par quatre ou cinq lots(2). Cette différence de régime, à première vue arbitraire, s'explique parfaitement en vertu des circonstances variables dans lesquelles elle s'est constituée. La fondation de la colonie ne s'est pas en effet forcément opérée en terrain neuf. Certaines assignations viriles, certaines possessions avaient constitué préalablement, sur divers points, des agglomérations de fait qui s'étaient attribué, comme nous l'avons vu, l'usage exclusif d'un *ager compascuus* resté d'ailleurs *populi Romani*. Lors de la déduction de la colonie, la physionomie propre de cet *ager compascuus*, comme au surplus de toutes les parties du sol ayant une affectation d'intérêt public, fut respectée : *Semper auctores divisionum*

(1) Hygin, *De cond. agr.*, 116, 23 s. Siculus Flaccus, *De cond. agr.*, 157, 9-11. Ps.-Hygin, *De limit. const.*, 201, 12-18. (cités au texte).

(2) Frontin, *De controv. agror.*, 15, 2-3 : *Cultorum agrorum silvae absunt in montibus ultra quartum aut quintum forte vicinum.* Sic. Flaccus, *De condic. agr.*, 152, 16-17 : *Ad quas (silvas) itinera saepe... per alienos agros dantur.* Ps.-Hygin, *De lim. const.*, 204 : *Ita fiet ut alii sibi junctas silvas accipiant, alii in montibus ultra quartum forte vicinum. Liber Coloniarum*, 226, 3 : *Ager qui a fundo suo tertio vel quarto vicino situs est.* (Les deux derniers textes se réfèrent à des forêts loties). Cf. Brugi, *Dei pascoli accessori a piu fondi*, 69.

sanxerunt uti quaecumque loca sacra sepulchra, delubra, aquae publicae atque venales, fontes fossaeque publicae vicinalesque essent, item si qua compascua, quamvis agri dividerentur, ex omnibus ejusdem condicionis essent cujus ante fuissent(1). La fondation de la colonie n'était en effet nullement un acte révolutionnaire, sinon démocratique, et l'*auctor divisionis* n'avait aucune raison de ne pas respecter un état de choses que la coutume tout au moins avait créé et que la loi avait dès longtemps reconnu régulier. D'autre part la *forma* devant présenter un tableau fidèle de la situation foncière des différentes parcelles du territoire colonial, il fallait bien indiquer l'affectation spéciale des divers *agri compascui*. Or, comme nous l'avons vu précédemment, on ne pouvait le faire en les assignant à l'agglomération, au *vicus* par exemple, dont l'incorporation dans la *forma* de la colonie ne faisait qu'exprimer matériellement l'inexistence juridique : on était ainsi amené à opérer l'assignation au bénéfice de la totalité des propriétés privées rentrant dans la circonscription de fait du *vicus* (2), mais les *agri compascui* avaient si peu changé de régime à ce jeu qu'ils ne changèrent pas non plus de nom et restèrent des *compascua* ou des *sylvae compascuae* (3).

Ce sont sans doute des espèces semblables que cons-

(1) Hygin, *De condic. agr.*, 120, 13-18. Cf. Weber, *Röm. Agrargeschichte*, 57.

(2) Telle semble bien être l'opinion de Mommsen, *Droit public*. 6, 1, 95 et n. 4. Cf. Weber, *Röm. Agrargeschichte*, 57.

(3) C'est évidemment *silvae* qu'il faut sous-entendre dans les

tituent surtout les communautés pastorales étendues à d'autres qu'aux possesseurs limitrophes. On dut être d'ailleurs conduit à copier cette organisation et à créer de toutes pièces des communautés du même type entre les cultivateurs installés pour la première fois sur le sol colonial. Ce fut par exemple le cas lorsqu'un certain nombre de lots constituaient, par suite de la nature du terrain, inégalement propre à la culture, un groupe agricole isolé. L'attribution restreinte de pâturages ne portait guère préjudice en pareille hypothèse au surplus des colons : elle ne faisait même que traduire juridiquement l'état de fait, lorsque le pâturage se trouvant très éloigné du reste de la colonie ou en étant simplement séparé par des obstacles naturels(1), la jouissance restait pratiquement réservée aux colons assez voisins pour l'exercer utilement.

Toutefois, la communauté pastorale entre les cultivateurs dont l'installation était contemporaine de la déduction s'établit plutôt sur le type du *pascuum publicum*, qui correspondait mieux au principe de l'unité coloniale. Les exemples figurés de *formae* donnés par les géomètres

formules : *in modum compascuae* ou *tantum compascuae*, données par Hygin, *De condicion. agrorum*, 116, 25-26. Cf. sur l'emploi de *pascua, ae* (= taxe de pâturage), *C. I. L.*, 4, *suppl.*, 145-147. Il n'est d'ailleurs pas impossible que la forme du féminin singulier des adjectifs *pascuus* et *compascuus* soit le résultat d'une interprétation erronée de celle du neutre pluriel.

(1) Tel est le cas des *compascua publica* de la fig. 197 *a*. Cf. Brugi, *Dottrine giuridiche degli agrimensori*, 329.

présentent un seul exemple de *compascua*(1) contre d'innombrables cas de pâturages publics. Ceux-ci étaient par suite assez importants pour satisfaire les exigences pastorales de la colonie et ce fut presque uniquement, lorsque ces exigences une fois satisfaites, il se trouvait rester des terres disponibles(2) ou bien encore à l'égard de parcelles infertiles et peu importantes, isolées au milieu de l'*ager vectigalis* de la colonie(3), que l'on organisa la compascuité entre colons. Mais, comme il s'agissait alors bien plutôt de tirer parti des fonds que d'assurer une répartition générale du pâturage, on put déterminer plus étroitement la qualité d'usager et l'attacher exclusivement à la propriété des fonds limitrophes. Tel fut précisément le cas des *compascua* du second type, que les textes nous montrent seulement organisés dans des circonstances semblables et dont il n'y a pas lieu de faire, par suite, avec certains auteurs(4),

(1) Fig. 197 *a*.

(2) Pseudo-Hygin, *De limit. const.*, 201. *Multis coloniis immanitas agri vicit adsignationem et cum plus terrae quam quam datum erat superesset, proximis possessoribus datum est in commune nomine compascuorum.*

(3) Hygin, *De condic. agr.*, 116, 24, cité p. 166 : *Quaedam loca propter asperitatem aut sterilitatem non invenerunt emptorem.*

(4) Weber, *Röm. Agrargeschichte*, 123-124. Dans le sens de l'opinion adoptée au texte, Rudorff, *Röm. Feldmesser*, 2, 395. Brugi, *Dei pascoli accessori a piu fondi*, 59-60. Voigt, *Staatsr. possessio u. ager compascuus*, 231-232. La diversité du régime des *compascua* est d'ailleurs exprimée clairement par bien des textes. V. Pseudo-Hygin, *De limit. const.*, 201, 12-13 : *Si qua compascua aut silvae fundis concessae fuerint, quo jure datae sint formis inscribemus.* Frontin, *De controv.*, 15, 3 : *Proprietas (silvarum) ad quos*

le mode unique de compascuité à l'époque impériale(1).

Le régime fiscal des *compascua* était d'ailleurs le même dans les deux cas(2). Provenant pour une part de l'ancien *ager compascuus*, pour le reste directement de l'*ager scripturarius*, ils demeuraient en principe, à l'un de ces deux titres et sauf remise expresse du *vectigal*, lors de la concession, soumis à l'obligation d'acquitter la *scriptura*. Le bénéficiaire de la taxe restait normalement l'État(3). Mais il

fundos pertinere debeat disputatur (contestation inconcevable si la qualité d'usager dépendait toujours d'un fait matériel aussi aisé à constater que la communauté de limites).

(1) Paul Diacre, *ex Festo*, v° *c. a.* : *Compascuus ager dictus est qui a divisoribus agrorum relictus est ad pascendum communiter vicinis.* Isidore, *Etym.*, 15, 13, 11. La signification de *vicinus* a toujours eu en droit public communal une signification large, impliquant l'habitation dans un certain canton, mais jamais au contraire la communauté de limites. V. encore aujourd'hui les *vezinos* de la commune espagnole : Altamira, *Historia de la propiedad comunal*, notamment p. 206. Cf. Laveleye, *De la propriété*, 218 et Viollet, *Histoire du droit civil français*[3], 605.

(2) Ce point, précédemment méconnu par M. Brugi (*Pascoli accessori*, 69), a été au contraire récemment admis par lui (*Dottrine giuridiche*, 326-329).

(3) En ce sens, Voigt, *loc. cit.*, 230, n. 7. La correction de *pro indiviso* en *p. R. indivisa*, de M. Mommsen (*C. I. L.*, 1, 91) implique aussi cette opinion. Il faut rattacher à cela la qualification de *quasi publicae immo propriae quasi vicinorum*, donnée aux *silvae compascuae*, par Siculus Flaccus, *De cond. agr.*, 162, 12. Le même auteur les rapproche également des *subcesiva* dont la propriété est restée en principe à l'Etat, sauf concession spéciale, *loc. cit.*, 157, 9-10 : *Inscribuntur et compascua, quod est genus quasi subcesivorum.* Il n'y a pas lieu, par contre, d'expliquer avec M. Brugi (*Pascoli accessori*, 69) la rectriction au droit plein des propriétaires énoncée par le premier texte, au moyen de cette hypothèse gratuite

semble fréquemment, au moins sous l'Empire, avoir transmis le droit de l'exiger à la colonie[1], plus exactement même à l'*ordo colonorum* qui fut ainsi gratifié, au même titre que la colonie proprement dite, de *beneficia principis*. Tel est en effet le sens du texte généralement méconnu du pseudo-Hygin, *De limit. const.*, 202, 1-4 : *Multis locis quae in adsignatione sunt concessa ex his compascua fundi acceperunt : haec beneficio coloniae habent, in forma COMPASCUA PUBLICA JULIENSIUM inscribi debent : nam et vectigal quamvis exiguum praestant.*

Il est impossible de voir ici, avec M. Voigt[2], des *compascua* ouverts à la dépaissance de tous les propriétaires de la colonie. L'existence de semblables *compascua* serait d'autant plus problématique qu'elle serait simplement attestée par ce seul texte[3], alors que tous

que d'autres que les usagers légitimes participeraient abusivement à la jouissance. V. au surplus, n. 2. L'attribution des *compascua* à certains fonds n'implique nullement renonciation par l'État à son droit de percevoir la *scriptura*, qu'il a soin au contraire de réserver expressément. Les *subcesiva vectigalibus proximis quibusque adscripta*, de Siculus Flaccus, *De cond. agr.*, 162, 24, en sont un exemple manifeste.

(1) Il serait cependant exagéré de faire avec M. Brugi, *Dottrine degli agrimensori*, 326, une règle absolue de cette situation seulement fréquente.

(2) *Op. cit.*, 231. Également, semble-t-il, Brugi, *Dottrine giuridiche degli agrimensori*, 325. Cf. cependant le même, *Pascoli accessori*, 68.

(3) La sentence des Minucii, rapportée sur ce point par M. Voigt (ll. 33 sq. : *Quei ager compascuos erit, in eo agro, quo minus pecus*

les autres sans exception font de la compascuité une institution basée sur le voisinage et ne s'étendant qu'à un nombre restreint d'usagers. Autant d'ailleurs la constitution des *compascua*, comme institution locale destinée à subvenir à des besoins spéciaux, est justifiée, autant elle se conçoit peu si l'on veut y voir une institution générale faisant double emploi sur la plupart des points avec les *pascua publica* (1). Il s'agit en réalité dans ce passage comme dans celui qui le précède immédiatement (2), de *compascua* identiques à

pascere Genuates Vecturiosque liceat ita, utei in cetero agro Genuati compascuo, ni quis prohibeto) concerne un municipe, dont la terminologie peut différer de celle employée par les colonies. Le texte n'est en outre embarrassant que si l'on veut le rapporter aux *compascua* du dernier état du droit public. Il est à la fois correct et sans portée, si l'on y reconnaît l'emploi d'*ager compascuus* dans son sens primitif de pâturage exploité par une agglomération subordonnée à l'État romain : or telle est la seule signification que l'on puisse lui attacher dans ce passage qui présente la totalité des Genuates et des Viturii comme titulaires du droit de dépaissance, en leur simple qualité d'habitants. Il n'est même pas impossible que *compascuus* soit pris ici dans le sens général de *pascuus* relevé p. 138, n. 4.

(1) Aussi Rudoff, *Röm. Feldmesser*, 2, 396, les confond-il entièrement avec eux. La distinction est au contraire faite soigneusement et à juste titre par Voigt, *op. cit.*, 226 et 231. Mais son défaut d'intérêt pratique démontre à lui seul l'inexactitude de l'interprétation donnée au passage du pseudo-Hygin.

(2) Pseudo-Hygin, *De limit. const.*, 201, 13-18, cité au texte, *suprà*, p. 166. Les *multa loca quae in adsignatione sunt concessa* doivent peut-être s'entendre de *loca extraclusa* ou de *subcesiva* réservés lors de la fondation de la colonie et assignés postérieurement, suivant un même régime (Frontin, *De controv.* 22, 2 : *Extraclusa loca sunt aeque juris subcisivorum*), probablement sous

ceux qui nous sont présentés par les autres textes[1]. Une seule particularité a conduit le pseudo-Hygin à en parler à cette place : le transfert à l'*ordo colonorum* par acte exprès du prince, du droit de lever le *vectigal* sur les propriétaires des *fundi*, c'est-à-dire du domaine éminent dont ce *vectigal* est l'attribut essentiel. La faculté de dépaissance reste aux mêmes usagers mais, le domaine éminent ayant été dévolu à l'*ordo*, ces *compascua* se confondent à ce point de vue avec le reste du domaine public des colons et sont désormais appelés, au même titre que leurs pâturages ordinaires, *compascua publica Juliensium*[2], *compascua Juliensium*[3], *compascua publica*[4].

L'*ordo colonorum* prend, relativement aux *pascua publica*, les dispositions qui lui paraissent propres à les mettre le mieux en valeur. Il pourra en transformer les parties susceptibles de défrichement en *ager vec-*

l'Empire où apparut seulement le *beneficium* dont parle le texte. Le *beneficium* s'appliquait en effet essentiellement aux *subcesiva* et l'état juridique des fonds qui en étaient l'objet était tenu à jour dans le *liber beneficiorum* ou *subcesivorum* de chaque région, dont le même auteur traite précisément aussitôt après (202, 5-10). Cf. Nipsus, éd. Lachmann, 293, 9-15. *Demonstratio artis geometricae*, même éd., 402, 10-12. Le premier et le dernier de ces textes visent expressément les *subcesiva beneficio coloniae concessa*.

(1) En ce sens, implicitement, Mommsen sur la l. 14 de la loi de 643. (= *Gesamm. Schriften*, 1, 1, 107-108).

(2) Pseudo-Hygin, *De limit. const.*, 202, 3-4 cité au texte, p. 176.

(3) Fig. 195.

(4) Fig. 197 *a*. Cf. fig. 194 : *Pascua fundorum col. publica* et les justes remarques de Brugi, *Pascoli accessori*, 98, n. 21 et *Dottrine degli agrimensori*, 328.

tigalis[1] et il le fera de plus en plus au cours de la période impériale, où la culture est sans cesse plus en honneur et où un grand nombre de pâturages se convertissent ainsi en terres arables. Toutefois ce mouvement n'est pas susceptible d'une extension indéfinie. Le peu de fertilité et d'épaisseur de certains sols et le climat des pays de montagne lui opposent des obstacles infranchissables : Une grande partie des terres coloniales reste donc pastorale et l'*ordo* la laisse librement ouverte à l'usage de tous les habitants qui doivent simplement acquitter une taxe de dépaissance vraisemblablement inférieure à la *scriptura* romaine[2]. Cette taxe est affermée, tout comme la *scriptura* et procure ainsi à la colonie des revenus impor-

(1) Sur l'origine et le régime de l'*ager vectigalis*, v. Mommsen, *Droit public*, 4, 150, n. 2 et *Hermes*, 12, 123-124. Cf. Huschke, *Avitum et patritum*, dans *Zeitschrift für vergl. Rechtswissenschaft*, 1, 160-210; Karlowa, *R. R. G.* 1, 94; Weber, *Röm. Agrargeschichte*, 170-177; Beaudouin, *Les grands domaines dans l'Empire romain*, 240-247. Voir également, sur les défrichements symétriques des pâturages des villes grecques, Guiraud, *La propriété foncière en Grèce*, 134-137. Cf. le contrat de bail à ferme du desséchement d'un marais communal appartenant à la cité d'Erétrie, *Rec. d'inscriptions juridiques grecques*, 1, 143.

(2) La ferme de la *pascua* de la colonie, à la vérité urbaine, de Pompéi donne seulement un produit annuel de 2675 serterces (probablement payées en or, Mommsen, *C. I. L.*, 4, *suppl.*, *Addenda*, p. 454). Cf. le *vectigal exiguum* versé par les cultivateurs admis à la jouissance des *compascua* appartenant à l'*ordo colonorum* (Pseudo-Hygin, *De limit. const.*, 202, 4), où il est d'ailleurs excessif de voir avec Karlowa, *R. R. G.* 1, 597 et Brugi, *Dottrine degli agrimensori*, 325, un *vectigal* purement récognitif, les cités rurales tirant au contraire de leurs pâturages des revenus importants.

tants, alimentant pour une forte part le budget des localités rurales(1) et figurant encore assez honorablement dans les recettes d'un centre urbain comme Pompéi(2). Toutefois les adjudications de la *pascua* coloniale ne comportent pas à beaucoup près des enchères aussi

V. par ex. les *saltus* concédés aux colonies *reditus causa* (Frontin, *De controv.*, 49, 11) et les constructions publiques édifiées au moyen de ces revenus (*C. I. L.* 9, 3386 : *T. Vemnasius T. F. Priscus Aviedius* > *L. Stabilio portic. ex pec. saltuar. fac. cur.*). On peut observer que les redevances établies sur l'*ager publicus* cultivé des cités étaient également inférieures à celles levées par Rome sur les usagers de son domaine : *Sent. Minuc. C. I. L.* 5, 7749 : *Tum quod in eo agro natum erit frumenti partem vicensimam, vini partem sextam Langenses in poplicum Genuam dare debento in annos singolos.*

(1) Ainsi s'explique la concession du domaine éminent de certains *compascua* à l'*ordo colonorum* (Pseudo-Hygin, *De limit. const.*, 202, 1-4 cité au texte), à l'exemple des *saltus* attribués *reditus causa* à la colonie. Cf. le rôle important joué dans le budget des municipes par les *vectigalia* fonciers. Cic. *Ad fam.*, 13, 7 : *Municipii* (*Atellani*) *fortunas omnes in isto vectigali consistere*; 13, 11 : *Quorum* (*municipum Arpinatium*) *omnia commoda omnesque facultates consistunt in iis vectigalibus quas habent in provincia Gallia.*

(2) *C. I. L.*, *suppl.*, tryptiques 145 à 147. Le produit annuel de la ferme pendant les trois années (56-57 à 58-59) correspondant à ces quittances est de 2.675 sesterces. Le paiement s'en fait d'ailleurs en deux fois. Un premier acompte de 1.000 sesterces est tout d'abord versé contre reçu délivré par un *servus publicus* de la colonie. Le complément soit 1.675 sesterces est réglé en juillet et fait l'objet d'un second reçu libellé de façon assez inconstante. V. p. ex., pour l'année 58-59, le tryptique 147 : *L. Veranio Hupsao L. Albucio Jus[to] d. i. d. XIV k. Jul. Privatus c. c. V. C. ser. scripsi me accepisse ab L. Caecilio Jucund[o]* HS ∞ DCLXXV *et accepi ante hanc diem* VIII *idus Junias* HS ∞ *num. ob vectigal*

élevées que celles de la *scriptura*. Aussi un capitaliste isolé peut-il facilement y participer(1). Il est procédé à ces adjudications tous les cinq ans par les duovirs(2), comme à Rome par les censeurs, d'ailleurs à une autre époque de l'année(3), par suite de la date différente d'entrée en charge des magistrats coloniaux. La *lex locationis* est vraisemblablement portée à la connaissance du pu-

publicu(m) pasquorum. Act. Pom. C. Fonteio C. Vipos. cos. Cf. Mommsen, *Die pompeianischen Quittungstafeln*, dans *Hermes*, 12, 120-121 (= *Gesammelte Schriften*, 3, 1907, p. 254). Zangemeister, dans *C. I. L., 4, suppl.*, p. 426, col. 2.

(1) Tel est le cas, à Pompéi, du banquier Jucundus. Aussi les textes juridiques qui parlent toujours des *publicani* à l'égard des *vectigalia* de l'État, s'expriment-ils au singulier lorsqu'il s'agit de ceux des cités : Gaius, D. 39, 4, *De publicanis*, 13,1 : *Si quis vectigal conductum a re publica cujusdam municipii habet.* Cf. Ulpien, D., 43, 14, *Ut in flumine publico*, 1, 7.

(2) Loi de Malaca, c. 63. Le chap. 93 de la loi de la colonie de Genetiva leur défend même expressément d'accepter des présents ou une rémunération quelconque des enchérisseurs. Cf. *C. I. L.*, 10, 6104 : *Carthag(ine) aed(ilis) praefectus j(ure) d(icundo) vectig(alibusque) quinq(uennalibus) locand(is) in castellis* LXXXIII, et les deux *massari* administrant encore les biens de l'*Universita di Chiaserna* (*Inch. agr. ital.*, 11, 2, 495). Les décurions exercent d'ailleurs, à l'exemple du Sénat romain, un contrôle supérieur sur l'administration des *vectigalia* locaux (Loi de Malaca, 63. Loi de la Colonie de Genetiva, 82). Sur le droit des duovirs d'infliger des amendes, v. Mommsen, *Stadtrechte*, 450-451, et *Droit public*, 6, 1, 133 ; 6, 2, 466, 2 et 470. Cf. *C. I. L.*, 12, 1227 et 1377; 14, 2621 et 3678.

(3) A Pompéi, l'année de location des *vectigalia* de la colonie part du 1er juillet, le *quinquennium* auquel se réfère les tryptiques ayant son point d'origine au 1er juillet 55. Cf. Mommsen, *Die pompeianischen Quittungstafeln*, *Hermès* 121-122 (= *Gesammelte Schriften*, 3, 1907, pp. 255-256).

blic[1], mais il est impossible de décider, en l'absence de texte, si elle attribue au fermier un droit de prise de gage calqué sur celui du *scripturarius*[2]. Il y a par contre tout lieu de penser que l'ensemble de ses dispositions reproduisait sensiblement celles de la *lex censoria*[3].

L'*ordo* devait percevoir selon le même système, les redevances à provenir de la communauté usagère des *compascua publica colonorum*. Il se préoccupait également de la conservation des diverses catégories de son patrimoine foncier et chargeait des employés spéciaux[4] de la surveillance de ses pâturages, toujours exposés à l'usurpation.

(1) Loi de Malaca, c. 63.

(2) Degenkolb admet, malgré l'absence de texte, l'existence de la *pignoris capio* au profit du publicain municipal (*Lex hieronica*, 123).

(3) Kniep, *Societas publicanorum*, 11.

(4) *C. I. L.*, 5, 715 : *Dum saltus publicos curo decidi hoc in privato agello*, rapporté par M. Hirschfeld, *Kaiserl. Verwaltungsbeamten*², 133, 3 à un affranchi municipal. Cf. *C. I. L.* 5, 5503 : *Curator saltus Firronani item templi Minervae et Albutiae* de Gaule Cisalpine.

CHAPITRE VI

APPROPRIATION DES TERRES PASTORALES : *SALTUS* PRIVÉS ET IMPÉRIAUX

A mesure que le pâturage public s'étendait, par l'effet des conquêtes de la République sur un domaine de plus en plus vaste, il perdait cependant chaque jour de son importance relative vis-à-vis de la propriété privée qui ne cessa dès l'origine même de Rome de s'accroître à ses dépens. Il nous suffira de mentionner les diverses mesures qui convertirent en terres arables, appropriées par voie d'assignation ou d'occupation, les parties de l'*ager scripturarius* susceptibles de culture : il y avait là simple restitution à l'économie agricole proprement dite de terres qui devaient normalement lui être consacrées et qui n'avaient été maintenues dans le domaine pastoral de la République qu'à titre provisoire, en attendant une nouvelle demande de terres [1], ou d'une façon tout à fait irrégulière,

(1) Tel est le cas des *subcesiva :* pseudo-Hygin, *De lim. const.*, 202, 5-7 : *subcisivorum omnium librum facere debebimus, ut quando voluerit imperator sciat quot in eum locum homines deduci possint.*

en faveur du capitalisme agraire (1). Il en est tout autrement des appropriations de pâturages publics n'ayant pas pour but leur transformation économique, mais simplement l'établissement de la jouissance exclusive d'un ayant droit unique. Cette incorporation du pâturage, comme tel, dans le patrimoine des particuliers fut à Rome un phénomène aussi marqué que dans d'autres civilisations et mérite d'autant mieux d'être mis en lumière qu'ici comme là, on se représente trop volontiers l'appropriation juridique ou violente des pacages comme une victoire de la culture sur la friche, de l'individualisme industrieux sur un collectivisme apathique.

Cette appropriation s'opéra tout d'abord officiellement lors de la fondation de certaines colonies : Frontin, *De controv. agrorum*, 48, 10-20 (2) : *Nam ubi mons fuit*

(1) *C. I. L.*, 1, 551 : *Fecei ut de agro publico aratoribus cederent paastores.*

(2) C'est à tort, selon nous, que Rudorff, *Röm. Feldmesser*, 2, 398, rapporte à un semblable partage les *cultorum agrorum silvae* de Frontin, *De controv.*, 15, 1-4. Il s'agit bien à la vérité, dans l'un et l'autre passage, de terres arables campaniennes disposant de forêts complètement séparées des fonds, situation qui s'explique dans les deux cas par la fertilité de l'*ager Campanus* dont les cultivateurs doivent aller chercher au loin leurs usages forestiers ou pastoraux. Mais rien ne prouve à la p. 15 que les forêts soient situées en dehors du territoire, comme semble bien le dire au contraire le passage cité au texte (Cf. fig. 36). En outre et surtout le *proprietas ad quos fundos pertinere debeat* de la même page, l. 4, n'implique nullement qu'il s'agisse d'un groupe de lots forestiers appartenant chacun à un fonds déterminé, puisque le texte indique immédiatement après, à la l. 5, que *est et pascuorum proprietas pertinens ad fundos, sed in commune*. La *controversia de proprietate*

proximus asper seu sterilis, super quo fundi constitui nequierunt aut forte aquae inopia habitatio hominibus prorsus negata est, silvae tamen dum essent glandiferae, ne earum fructus perirent, diviso monte particulatim datae sunt proprietates quaedam fundis in locis planis et uberibus constitutis, qui parvis fluminibus stringebantur. Et sunt plerumque agri ut in Campania in Suessano culti qui habent in monte Massico plagas silvarum determinatas : nam et formae antiquae declarant ita esse adsignatum quoniam solo culto nihil fuit silvestre quod adsignaretur.

Une telle assignation individuelle de pâturages était d'ailleurs illégale en principe. Il fut de règle en effet, au moins dès Auguste, de ne donner en assignation que des terres susceptibles de culture : *eatenus QUA FALX ET ARATER IERIT*. La sage administration impériale ne voyait en effet que des inconvénients à abandonner à l'appropriation privée des terres convenant naturellement à l'exploitation collective. Toutefois force lui fut de tourner le principe lorsque l'on déduisit des colonies dans des régions peu douées pour la culture, où l'on ne parvenait

mentionnée aux lignes 1-4 s'explique parfaitement par la diversité du régime des *compascua*, dont les voisins immédiats eussent voulu exclure, en se réclamant du régime adopté dans les communautés pastorales restreintes aux *proximi possessores*, les usagers dont les fonds étaient situés *ultra quartum aut quintum forte vicinum.* — Peut-être le partage eut-il simplement pour objet à l'origine la jouissance de la forêt. Cf. sur des lotissements forestiers analogues dans les communes de l'Italie actuelle, *Inch. agr. ital.* 11, 2, 497.

qu'à grand peine à constituer des lots composés pour la majeure partie de terres arables. Afin de ne pas créer aux colons une situation inférieure à celle faite aux membres des colonies précédemment déduites, on fut alors amené à compléter le lot de chacun par une assignation supplémentaire en forêt ou en pâturage. Cette dérogation à la règle d'Auguste, bien que vivement critiquée, finit cependant par être admise, sous la pression des nécessités pratiques : ps.-Hygin, *De limit. const.* 203, 16 à 204, 4 (1) : *Haec lex habet suam interpretationem. Quidam putant tantum cultum nominari : ut mihi videtur utilem ait agrum adsignare oportere. Hoc erit ne accipienti silvae universus modus adsignetur aut pascui. Qui vero majorem modum acceperit culti, optime secundum legem accipiet aliquid et silvae ad inplendum modum. Ita fiet ut alii sibi junctas silvas accipiant, alii in montibus ultra quartum forte vicinum.*

Lorsqu'on en arriva d'ailleurs à déduire des colonies jusque dans les maigres terres de l'Italie méridionale, l'assignation en pâturage ne fut plus simplement l'accessoire d'un fonds ou le complément d'une part insuffisante de terres

(1) Tel est précisément le cas de l'*ager Spoletinus* en Picenum. *Liber coloniarum*, 225, 16 à 226, 5 : *Ager Spoletinus in jugeribus et limitibus intercisivis est adsignatus ubi cultura est ; ceterum in soluto est relictum in montibus vel subscisivis, quae rei publicae alii cesserunt. Nam et multa loca hereditaria accepit ejus populus. Ager qui a fundo suo tertio vel quarto vicino situs est, in jugeribus jure ordinario possidetur sicut et Interamnae Flaminiae et Interamnae Paletino Piceni.*

arables, mais elle constitua à elle seule l'intégralité du lot. Il y avait là contravention indiscutable à la règle d'Auguste, qui, même interprétée largement, interdisait tout au moins d'assigner des lots uniquement composés de pâturages, *ne accipienti silvae universus modus adsignaretur aut pascui*. On en évita les apparences en ne spécifiant pas la nature du terrain concédé. Mais, comme la superficie généralement adoptée pour les terres arables n'eût pas donné un domaine pastoral suffisamment productif (1), on établit des lots vingt-cinq fois plus grands, dont le nom de *saltus* (2) exprime à lui seul la nature économique (3).

L'assignation ne fut pas d'ailleurs le seul mode d'appro-

(1) *Demonstratio artis geom.*, édition Lachmann, 1, 398, 1-3, *Sunt fundi bene meritorum et pro estimo ubertatis angustiores adsignati sunt. Loca macra et arida ampliori termino conclusa sunt.* L'augmentation de la superficie du lot, lorsqu'il est constitué en pâturages, est d'ailleurs d'une nécessité générale. Cf. la loi argentine du 3 novembre 1882 sur les ventes de terres publiques et la division des territoires nationaux, fixant respectivement à 25 et à 2.500 hectares l'importance des lots concédés en sol arable ou en pastoral (art. 12, 6° et 13, 2°).

(2) *Liber Col.*, Lachmann, *Röm. Feldmesser*, 1, 211, 3 : *Provincia Calabria : ... Cetera loca vel territoria in saltibus sunt adsignata et pro aestimio ubertatis sunt praecisa* ; 262, 6-7 : *Brondisinus ager pro aestimio ubertatis est divisus, cetera saltibus sunt assignata.* Cf. Sic. Flacc. *De condic. agror.*, 158, 20 : *Qui cum viginti et quinque centurias includant, saltus appellatur.* L'ancien *saltus* de 4 centuries (Varron, *De r. r.* 1, 10, 2) ne pouvait se rapporter qu'à des terres moins exclusivement pastorales. Cf. Voigt, *Possessio u. ager compascuus*, 225, 9 et Weber, *Röm Agrargeschichte*, 15.

(3) En ce sens Engelbregt, *De legibus agrariis ante Gracchos*, 85. Mommsen, *Decret des Commodus*, *Hermes*, 15, 392. Schulten, *Die römischen Grundherrschaften*, 28.

priation des pâturages usité sur le territoire colonial. L'usurpation joua également un rôle analogue et important : elle s'attaqua soit au domaine colonial [1], soit, ce qui nous intéresse plus directement, aux *compascua* [2] ou aux parcelles d'*ager scripturarius* subsistant comme *subcesiva*, *loca relicta* ou *extra clusa* à l'intérieur des limites de la colonie. Ces dernières usurpations, sévèrement poursuivies par Vespasien et Titus, furent au con-

(1) Frontin, 55, 8-15; 56, 9-11. Cf. les *loca publica a privatis possessa* de Pompéi, *C. I. L.*, 10, 1018.

(2) Frontin, 48, 24 sq. : *Haec fere pascua certis personis data sunt depascenda tunc cum agri adsignati sunt. Haec pascua multi per inpotentiam invaserunt et colunt : et de eorum proprietate solet jus ordinarium moveri, non sine interventu mensurarum quoniam demonstrandum est quatenus sit adsignatus ager.* Cf. Brugi, *Dottrine giuridiche degli agrimensori*, 329. Ces usurpations avaient pour but la mise en culture des *compascua*. Il y a même raison de supposer qu'elles s'attaquèrent également à des fonds naturellement impropres à toute autre exploitation que la dépaissance : l'exemple des nombreuses usurpations réalisées sur l'*ager scripturarius* sans modification de la destination économique du sol autorise suffisamment cette conjecture. Dans bien des cas d'ailleurs, l'usurpation dut être opérée collectivement par les usagers du *compascuum* que son indivisibilité théorique (Brugi, *Dei pascoli accessori*, 97 ; Karlowa, *R. R. G.* 1, 318) devait très insuffisamment protéger contre de semblables entreprises. Il put aussi se faire que toutes les terres participant à la jouissance du *compascuum* se trouvant réunies aux mains d'un même propriétaire, celui-ci disposât en toute liberté d'un fonds perdant en fait tout caractère collectif. V. sur ce point Brugi, 96 et Serrigny, *Droit administratif romain*, II, 245. Cf. Ulpien, D., 3, 4, *Quod cujusc. univ.*, 7, 2. C'est d'ailleurs là une éventualité d'un caractère très pratique, qui s'est souvent présentée dans l'histoire des communautés de village.

traire confirmées par Domitien pour toute l'Italie (1). Or si certaines avaient été suivies d'une mise en culture, un grand nombre n'avait pu apporter, à raison de la nature stérile ou marécageuse des fonds (2), aucune modification à leur affectation pastorale.

Cette série d'appropriations plus ou moins régulières opérées aux dépens du patrimoine pastoral de l'État, comme aussi de ses colonies, constituèrent au bénéfice des domaines ruraux une masse importante de propriétés pastorales, accessoires de l'exploitation agricole des terres. Celles-ci s'entendent désormais *cum suis salictis et silvis* (3), *cum silvis quae eis cedere solent* et le testateur

(1) Frontin, *De controv. agr.*, 54, 3-13. Cf. Mommsen, *Droit public*, 5, 435; C. I. L, 9, 5420. (= Girard, *Textes*[3], 175).

(2) Les *subcesiva* n'appartiennent pas toujours, comme on semble le supposer d'ordinaire, à la catégorie des terres arrables. Ils ne sont restés en effet fréquemment en dehors du cercle des assignations qu'à raison de leur défaut d'aptitude agricole. Isidore, *Etym.*, 15, 13, 15 : *Subcesiva sunt proprie, quae de materia praecidens sutor, quasi supervacua abjicit. Inde et subcesivi agri quos in pertica divisos recusant quasi steriles, vel palustres* : Siculus Flaccus, *De condic. agr.*, 163, 15-19, *Subcesivorum diximus hanc condicionem esse factam, quod silvae et loca aspera in assignationem non venerunt. Comperimus vero in aliquibus regionibus et pascua et silva assignatas esse, adscriptumque in formis ita, ILLI [ET ILLE TOT] SILVAS ET PASCUA, JUGERA TOT.* Les empiètements qui nous en sont rapportés par Frontin (*De controv.*, 53, 22, sq. : *Per longum enim tempus, attigui possessores vacantia loca quasi invitante otiosi soli opportunitate invaserunt et per longum tempus impune cummalleaverunt*) s'entendent donc également bien d'usurpations pastorales.

(3) Scaevola, D. 33, 7, *De instr. vel instr.*, 27, 5 : *Fundo legavit in haec verba : 'Sempronio fratri meo hoc amplius fundos*

est censé, en les léguant, avoir compris dans sa disposition les *pascua quae ad eum simul cum fundo pervenerint et quae semper in usibus hujus possessionis habuerat* (1).

Ce morcellement des pâturages entre les usagers locaux ne permit plus de retirer de la dépaissance tout le profit qu'elle peut donner sous la forme collective. C'est en effet une vérité courante que l'exploitation pastorale est particulièrement rémunératrice lorsqu'elle est pratiquée sur un fonds suffisamment étendu pour assurer au bétail un grand parcours et pour permettre l'organisation de la garde communale. La cupidité des agriculteurs, désireux d'augmenter à tout prix leurs propriétés, leur avait fait méconnaître ces avantages de la dépaissance collective. Certains s'en rendirent compte cependant et tentèrent de reconstituer artificiellement la communauté pastorale imprudemment dissoute : Scaevola, *libro quarto Dig.*, D. 8, 5, *Si serv. vind.*, 20, 1 : *Plures ex municipibus qui diversa praedia possidebant saltum communem, ut jus compascendi haberent, mercati sunt idque etiam a successoribus eorum est observatum : Sed nonnulli ex his, qui hoc jus habe-*

meos it uta instructi sunt, Cassianum Nonianum cum suis salictis et silvis'. Quaesitum est, cum silvae et salicta non in fundis supra scriptis, sed in adjectis agellis et quos simul testator comparavit nec sine his fundi coli possint, an legato cederent. Respondit id tantum cedere legato, quod verbis comprehendisset. Cf. *Basil.*, 44, 10, 26, 5. Table de Veleia, col. 4, l. 84. Table de Baebia, col. 2, l. 47. Ulpien, D. 50. 15, *De censibus*, 4, *pr.* C. Th. 9, 42, *De bonis proscr.*, 7.

(1) Scaevola, D. 33, 7, *De instr. vel instr. leg.*, 20, 7.

bant, praedia sua illa propria venum dederunt. Quaero, an in venditione etiam jus illud secutum sit praedia, cum ejus voluntatis venditores fuerint ut et hoc alienarent. Respondit id observandum, quod actum inter contrahentes esset : sed si voluntas contrahentium manifesta non sit, et hoc jus ad emptores transire. Item quaero an cum pars illorum propriorum fundorum legato ad aliquem transmissa sit, aliquid juris secum hujus compascui traxerit. Respondit cum id quoque jusfundi qui legatus esset videretur, id quoque cessurum legatario.

Les divers propriétaires ruraux de l'espèce rapportée par le jurisconsulte se sont proposé tout simplement de reconstruire l'ancienne communauté des pâturages où chaque *vicinus* dispose d'un *jus compascendi* sur les fonds communs. C'est en réalité ce seul *jus compascendi* qui les intéresse [1] et qu'ils désirent acquérir; s'ils recourent cependant à l'achat des terres sur lesquelles il devra s'exercer, cela tient uniquement à ce que la propriété d'un fonds grevé d'un droit de pacage en toute saison n'a aucune valeur pratique et pourra être acquise sans frais supplémentaires [2]. Les *compascua* ainsi devenus la pleine

(1) Cf. Brugi, *Le Dottrine giuridiche degli agrimensori romani*, 330.

(2) Il n'y a certainement pas acquisition de servitude (*saltum communem... mercati sunt*). V. l'argumentation détaillée en ce sens, de Brugi, *Dei pascoli accessori*, pp. 74-76. Cf. Mommsen, *C. I. L.*, 1, 91 et sur les opinions divergentes de Vivianus et de Fabre, principalement inspirées des usages communaux du Moyen âge, Brugi, *op. cit.*, 67, n. 11. Nous ne voyons aucune nécessité de supposer avec M. Weber, *Röm. Agrargeschichte*, 122, n. 4,

propriété des *municipes* demeurent donc dans l'indivision et s'opposent comme tels aux *praedia propria*, restés le domaine exclusif de chacun d'entre eux. La quote-part de dépaissance accordée à l'ayant droit doit être vraisemblablement proportionnelle à sa contribution à l'achat du *saltus* commun : elle conservera d'ailleurs, comme en principe tout droit de pâturage établi par un mode de droit privé [1], un caractère essentiellement prédial et il est même curieux de constater que la circonscription rurale constituée par la réunion contractuelle des fonds de ces divers propriétaires n'ayant pas plus d'existence juridique que le *vicus* non parvenu au rang de municipalité, le procédé employé par ces particuliers sera à peu près identique à celui usité par l'État lors de la confection de la *forma* coloniale [2]. Ici comme là, on fera

que les *compascua* auraient été loués de l'État à titre de bail héréditaire ou achetés en qualité d'*ager quaestorius*, l'opposition des *propria praedia* au *saltus communis* ne requérant nullement cette explication gratuite.

(1) Il faut en effet une disposition expresse du testateur pour en faire une servitude personnelle. Papinien, D, 8, 3, *De serv.*, 4 : *Pecoris pascendi servitutes item ad aquam appellendi, si praedii fructus maxime in pecore consistat, praedii magis quam personae videtur : si tamen testator personam demonstravit, cui servitutem praestari voluit, emptori vel heredi non eadem praestabitur servitus.*

(2) La seule différence consistera en effet en ce que, du moins dans l'espèce rapportée par Scaevola, chaque ayant-droit au pâturage sera également copropriétaire du fonds. Cette légère différence disparaîtrait elle-même si le groupe des propriétaires des

du *compascuum* l'appartenance des divers fonds rentrant dans la circonscription de fait considérée.

Toutefois de très grandes différences séparent ces *compascua* contractuels de ceux assignés lors de la déduction d'une colonie, différences découlant naturellement de l'absence dans le premier cas de toute intervention administrative. Le magistrat qui a procédé à l'assignation, alors même qu'il aurait fait abandon aux usagers du domaine éminent de l'État, a eu soin de spécifier en effet que les *compascua* constitueraient une *proprietas pertinens ad fundos sed in commune :* il a créé ainsi un état d'indivision durable(1) que les usagers n'ont nullement contribué à établir et qu'il ne leur appartient pas par suite de rompre par un partage.

Dans le cas rapporté par Scaevola au contraire, rien de tel ne se présente. Les ayants droit ayant constitué à eux seuls le lien de compascuité ou plus exactement de copropriété dans lequel s'est reformée l'ancienne communauté de pacage, il leur est parfaitement loisible de détruire d'un commun accord la situation juridique qu'ils ont

praedia avait voulu simplement acquérir un *jus pascendi,* ou bien encore à l'égard d'un *ager compascuus* sur lequel l'État aurait renoncé à son domaine éminent en faveur des usagers.

(1) Il n'est même pas certain, à notre sens, contrairement à ce que prétendait M. Brugi (*Pascoli accessori*, 95) que les usagers aient eu le droit de transformer, de leur seule autorité, les *compascua* en terres arables. Cf. au surplus en sens contraire le même auteur, *Dottrine giuridiche degli agrimensori*, 328.

créée de la même manière. Bien plus, chacun d'eux devra pouvoir en règle faire cesser l'indivision au moyen de l'action *communi dividundo*, quitte tout au plus à indemniser les autres propriétaires, du préjudice résultant pour eux de la suppression du pâturage sur l'intégralité du *saltus*. Il y a donc là une communauté éminemment instable qui ne peut se maintenir que par la bonne volonté des acquéreurs primitifs et de leurs ayants cause : *idque etiam a successoribus eorum est observatum* (1).

En outre la communauté de pâturage contractuellement organisée, même en la supposant maintenue par l'accord des parties, différera encore de la compascuité établie par le fondateur de la colonie ou de celle existant auparavant sur l'*ager compascuus populi Romani*, en ce que son caractère local n'aura rien d'obligatoire ni de perpétuel. Les acheteurs du *saltus communis* pourront entendre traiter ce fonds en appartenance réelle de leurs *praedia* et leurs successeurs pourront aussi lui conserver ce rôle, mais il sera toujours loisible, aux uns et aux autres de le modifier et de faire de leur quote-part de propriété du *saltus* un droit distinct du fonds principal et séparément aliénable. Cette quote-part de propriété indivise ne pourra évidemment, tant que continueront à subsister les rapports de compascuité, conférer à son titu-

(1) Cf. Brugi, *Pascoli accessori*, 97 et *Dottrine giuridiche degli agrimensori*, 329-330.

laire un droit de pâturage plus étendu que celui primitivement reconnu à l'auteur originaire en raison, par exemple, de sa contribution à l'achat des *compascua*. Mais, sous le bénéfice de cette seule réserve, il sera pleinement loisible à l'ayant-droit de retenir, de vendre ou de léguer séparément son droit dans l'indivision, ou, comme s'exprime assez inexactement Scaevola, son *jus compascendi*. Il pourra ainsi soit exclure de la communauté pastorale l'acquéreur de son *praedium proprium*, soit y introduire un étranger n'ayant peut-être aucun établissement agricole dans la région (1).

Ces tentatives de reconstitution des pâturages collectifs locaux témoignent de façon très intéressante des graves inconvénients résultant pour les agriculteurs italiens du partage de leurs communaux et aussi de la conscience que certains d'entre eux en avaient eue (2). Toutefois elles ne

(1) Cf. Brugi, *op. cit.*, 81 ; 94 et n. 1 ; Karlowa, *R. R. G.*, 1, 318, 8.

(2) L'achat de terres destinées à reconstituer le domaine public de l'État était également ordonné par le projet de loi agraire de Rullus. Il est parfois le seul moyen de rétablir pratiquement le domaine public usurpé depuis longtemps. Cf. l'exemple, identique à l'hypothèse de Scaevola, que nous en avons relevé dans une communauté de village auvergnate au XVIIIe siècle (Trapenard, *Aliénations et usurpations de communaux dans le canton de Champs*, *R. N. H.*, 1906, p. 294 = 18 du tirage à part). On peut d'ailleurs constater encore à l'époque moderne des reconstitutions analogues. V., pour la Suisse, l'espèce citée par M. de Laveleye, *Propriété*, 137, 1 ; pour l'Italie, *Inch. agr. ital.*, 11, 2, 502 ; pour l'Espagne, Altamira, *Propiedad comunal*, 235 et

durent pas être plus fréquentes que dans d'autres milieux. Elles étaient en effet principalement intéressantes pour de moyens cultivateurs qui ne pouvaient pas posséder individuellement un de ces immenses *saltus* dont disposaient les capitalistes agraires. Mais c'était précisément pour eux qu'il était difficile de réunir les fonds nécessaires à l'achat en commun du *saltus*. En outre cette reconstitution contractuelle d'une institution très ancienne et très attaquée était un système bien artificiel pour ne pas être fréquemment en butte à la défiance naturelle de l'esprit paysan. C'était en outre un procédé assez imparfait qui supposait trop une appréciation exacte et soutenue des données de l'économie rurale pour ne pas être voué d'avance à un succès des plus restreints (1).

Si d'ailleurs les pâturages coloniaux et les *compascua* se transformaient ainsi de plus en plus en propriétés privées,

307. Il n'est pas rare non plus que la reconstruction contractuelle de la communauté se montre inférieure, comme dans l'hypothèse discutée au texte, au modèle législatif qui l'a inspirée. C'est ainsi par exemple que la suppression de la vaine pâture par les lois des 9 juillet 1889 et 22 juin 1890 a été immédiatement suivie, dans un grand nombre de localités, de la réapparition de la communauté pastorale, sous la forme d'une société civile d'où sont exclus désormais les non-propriétaires, précédemment admis en vertu de l'art. 14 (titre 1, s. 4) de la loi de 1791.

(1) Il n'y a évidemment pas lieu d'y rattacher l'indivision pastorale établie, soit fortuitement en vertu d'une transmission successorale, soit même volontairement entre deux grands capitalistes. V. sur cette autre catégorie de *saltus communis*, Cicéron, *Pro Quinctio*, 6, 28; Modestin, D. 3, 5, *De neg. gest.*, 26 (27) *pr.*

l'*ager scripturarius* proprement dit n'avait pas été mis à contribution dans une moindre mesure. L'existence, en Italie et dans les provinces, des immenses domaines de la fin de la République et de la période impériale est de notoriété générale. Mais la mise en culture à laquelle un grand nombre d'entre eux ont été livrés sous l'Empire ne doit pas faire illusion sur leur première destination pastorale, attestée au surplus par leur désignation, étroitement technique, de *saltus* (1).

L'origine de ces *saltus* n'est pas à chercher dans les institutions locales de l'Afrique antérieures à la conquête (2).

(1) Le *saltus* est en effet originairement le grand pâturage, généralement forestier, quelque chose comme l' « alpe » suisse et savoisienne ou la « montagne » auvergnate. Cf. Schulten, *Grundherrschaften*, 25 et n. 1. La signification de ce terme est restée si étroitement pastorale à la fin de la République que l'on se demande encore si la mise en culture des quelques petits champs voisins de la maison du garde du *saltus* ne font pas perdre à tout le fonds cette dénomination. Festus h. v° : *Saltum Gallus Aelius, l. II. Significationum quae ad jus pertinent, ita definit. 'Saltus est, ubi silvae et pastiones sunt, quarum causa casae quoque : si qua particula in eo saltu pastorum aut custodum causa aratur, ea res non peremit nomen saltui* (*saltuis*), *non magis quam fundi, qui est in agro culto et ejus causa habet aedificium, si qua particula in eo habet silvam'*. Cf. Porphyrio sur Horace, *Ep.*, 2, 2, 178 : *Saltibus. Latis fundis porrectis per plurimos montes.* L'étymologie d'Isidore, 14, 8, 25 : *Saltus sunt vasta et silvestria loca, ubi arbores exsiliunt in altum.* (Cf. 17, 6, 8 : *Saltus est densitas arborum alta vocata hoc nomine, eo quod exsiliat in altum et in sublime consurgat*), est visiblement inexacte. Cf. Schulten, *loc. cit.*, n. 1.

(2) Mommsen, *Hermes*, 15, 396-397 n'indique cette origine qu'à titre hypothétique et subsidiaire. Schulten, *Grundherrschaften*, 17,

Il est possible qu'il n'y ait eu lors de l'organisation de cette province qu'à romaniser en *saltus* un certain nombre de grands domaines préexistants; mais, outre que plusieurs *saltus* africains n'ont été formés que postérieurement (1), il n'y aurait là au plus que des circonstances locales particulièrement favorables à la constitution des *saltus*, mais aucune cause générale de leur existence.

Il n'y a pas non plus lieu de faire appel au goût bien connu des agriculteurs romains pour la *continuatio agrorum*, pour la constitution progressive des *latifundia*, incriminés par Pline, à l'aide d'incorporations successives des propriétés avoisinantes (2). Ce groupement immobilier sup-

est plus affirmatif mais ne tire de conclusions que pour l'Afrique seule. Cf. Weber, *Röm. Agrargeschichte*, 186, n. 98, et 188.

(1) Toutain, *L'inscription d'Henchir Mettich*, *N. R. H.*, 1897, 392-394; 398-399; 413-415.

(2) Cic., *De lege agr.*, 2, 28, 78 : *Agrum quidem Campanum quem vobis ostentant, ipsi concupiverunt; deducent suos quorum nomine ipsi teneant et fruantur; coement praeterea, ista dena jugera continuabunt. Nam si dicent per legem id non licere, ne per Corneliam quidem licet. At videmus ut longinqua mittamus, agrum Praenestinum a paucis possideri.* 3, 2, 8 : *Fundus Hirpinus sit sive ager Hirpinus (totum enim possidet).* 3, 4, 14 : *Denique eos fundos, quos in agro Casinati optimos fructuosissimosque continuavit, cum usque eo vicinos proscriberet, quoad oculis conformando e multis praediis unam fundi regionem formamque perficeret.* Cf. Pline, *H. n.*, 18, 3 : *Nec e latifundiis singulorum contingebat arcentium vicinos.* Le procédé consistant à *continuare agros* par voie d'achat ou autrement est saisi sur le vif par Hygin, *De gener. controv.*, 130, 12-16 : *Solent quidam complurium fundorum continuorum domini, ut fere fit, duos aut tres agros uni villae contribuere et terminos qui finiebant singulos agros relinquere : desertisque villis cete-*

posant un état assez morcelé de la propriété, ne s'applique guère essentiellement qu'à des fonds cultivés. On pourrait il est vrai, admettre que certains capitalistes aient réussi à réunir entre leurs mains plusieurs de ces *saltus* de 5.000 jugères établis dans certaines colonies de l'Italie méridionale[1]. Mais ce ne serait là encore qu'une justification de portée purement locale.

En réalité les *saltus* ont été, pour l'immense majorité, constitués aux dépens de l'*ager scripturarius* sans le concours d'aucun acte d'assignation. Ce n'est pas à dire cependant qu'il faille y voir, comme l'ont fait récemment M. Schulten et à sa suite M. Beaudouin[2], le produit de l'exercice régulier du droit d'occupation, appartenant à tout citoyen sur les parties incultes du territoire spécifiées par le magistrat. Il est certes probable que les exploitants primitifs des *saltus* ont tenté de donner une coloration juridi-

ris praeter eam cui contributi sunt. Cf. Sic. Flacc., *De cond, agr.*, 161, 11 s. : *Item contrario evenit ut quod pluribus assignatum est ad unum perveniat dominum et quamvis dissimiles sint culturae ut etiam finitiones appareant quae inter eos [id est] quibus assignati erant agri, tamen [quoniam] ut saepe invenimus, uni foco territoria complurium acceptarum adtribuantur.* V. également sur ce groupement des petites propriétés en *latifundia*, Fustel de Coulanges, *L'alleu et le domaine rural*, 22-30.

(1) Weber, *Röm. Agrargeschichte*, 228, n. 25.

(2) Schulten, *Grundherrschaften*, 1 et 26. Beaudouin, *Grands domaines*, 13-14. M. Mommsen, *Hermes*, 15, 396-397, parle de la constitution de *latifundia* par les sénateurs aux dépens des territoires municipaux des villes défaites, sans admettre ni rejeter expressément l'hypothèse d'usurpations commises sur le domaine public. Cf. *Droit public*, 6, 2, 428, 1.

que aux actes originaires de leur détention et il était tout indiqué d'invoquer pour cela le droit d'occupation. Mais il est absolument impossible de reconnaître, à notre sens, dans les appropriations de pâturages un exercice normal de ce droit[1].

La faculté d'occupation, de création coutumière[2], a dû se présenter dès l'origine, à Rome comme dans toutes les communautés agraires constituées sur un plan identique, et nous ne voyons aucune raison d'en nier, avec certains auteurs[3], l'existence à la période royale. Elle consistait essentiellement dans le droit de s'assurer la disposition exclusive d'une part des terres arables non encore défrichées et désignées à cet effet dans une *concessio*, sans doute portée à la connaissance du public par l'édit du magistrat compétent[4]. L'*ager occupatorius* ainsi déterminé pouvait

(1) Le texte de Varron (*De l. lat.*, 5, 36 : *Quos agros non colebant propter silvas et id genus ubi pecus possit pasci et possidebant ab usu salvo saltus nominarunt*) que l'on a parfois invoqué en sens contraire (par ex. Schulten, *loc. cit.*, 26), peut parfaitement s'entendre d'une simple détention et ne décide rien. Il est bien plutôt remarquable qu'il relève comme une circonstance notable, le défaut de mise en culture du fonds.

(2) En ce sens, Stephenson, *Public Lands*, 17-18, qui la compare assez justement au *squatting* nord-américain.

(3) Voigt, *Staatsrechtl. possessio u. ager compascuus*, 247. Déjà auparavant Huschke, *Ueber Festus*, v° *Possessiones*, 84. Il nous est impossible d'apercevoir le fondement de la relation établie par M. Voigt entre l'absence de la *possessio* et l'existence de l'assignation ou de la dépaissance publique.

(4) Rudorff, *Röm. Feldmesser*, 312. Voigt, *op. cit.*, 234-236 et 258. Schwegler, *R. G.*, 2, 423. Mommsen, *Dr. publ.*, 7, 334. Maaschke, *Röm. Agrargesetze*, 67-68. Cf. ps.-Hygin, *De limit.*

bien à la vérité être prélevé sur des terres précédemment exploitées par l'État comme pâturages. Toutefois l'ouverture à l'occupation ayant dû suivre logiquement la conquête, une telle modification de l'affectation primitive des terres publiques fut sans doute exceptionnelle. On faisait, lors de l'incorporation des terres prises aux cités vaincues, une répartition du sol conquis suivant ses aptitudes agricoles. Et l'État, de même qu'il laissait à la dépaissance publique les fonds qui ne lui semblaient pas comporter une autre exploitation, affectait aussitôt à la culture les parties du nouveau domaine qu'il jugeait susceptibles de devenir des terres arables. Les usagers admis à participer à cette mise en valeur de l'*ager publicus* furent sans doute, au second cas comme au premier et pour les mêmes raisons[1], tout d'abord les patriciens seuls, qui rétrocédèrent d'ailleurs fréquemment à leur clientèle la jouissance précaire de certaines terres, puis indistinctement les membres du patriciat et de la plèbe. Cette égalisation des deux classes de citoyens est chose déjà faite lors de la loi Licinienne de *modo agrorum*[2] qui régle-

const., 197, 14 sq. : *Cum possidere unicuique plus quam edictum continebat non liceret.* L'exercice de la faculté d'occupation est également subordonné par la sentence des Minucii, *C. I. L.*, 5, 7749, à une *de majore parte Langensium Veiturium sententia.*

(1) V. *suprà*, pp. 100 et s. Cf. Mommsen, *Droit public*, 6, 1, 97.

(2) En ce sens Huschke, *Ueber die Stelle des Varro*, 13. Sunden, *De lege Licinia*, 37-39 (cité à tort par Voigt, 248, n. 7, comme ayant adopté l'avis contraire). Mommsen, *Droit public*, 6, 1, 97, 3. Dumas, *Rogations agraires liciniennes*, 79-80. Weber, *Röm. Agrargeschichte*, 129, 10. *Contrà*, Engelbregt, *De legibus agrariis*, 86.

mente l'exercice du droit d'occupation non pas contre l'aristocratie, mais contre le capitalisme agraire.

L'occupation n'était en réalité qu'un mode de jouissance de l'*ager publicus* adapté à son exploitation agricole. Alors en effet que les fonds destinés au pâturage ne nécessitent aucun travail d'aménagement, ceux consacrés à la culture absorbent une somme importante de travaux et de dépenses. Si par suite l'appropriation collective convient parfaitement aux premiers, les seconds requièrent impérieusement au contraire l'appropriation individuelle qui, seule, peut encourager l'exploitant aux sacrifices nécessaires (1). Cette ap-

Schwegler, *R. G.*, 2, 448 sq. Voigt, *op. cit.*, 248, 7. Beaudouin, *Limitation des fonds de terre*, 31, 1.

(1) La restriction de l'occupation aux terres mises en culture ressort avec évidence de ce fait que seules des redevances en blé et en vin sont stipulées des Viturii détenant des possessions sur l'*ager publicus* de Gênes (*C. I. L.*, 5, 7749). Cf. Appien, *B. c.*, 1, 7. La restitution de la ligne 14 de la loi agraire de 643 (*Agri colendi causa*) s'inspire de la même conception. L'opinion contraire n'a guère été soutenue formellement que par M. Voigt, *op. cit.*, p. 250 (Cf. le même, *Röm. Privatalterthümer*, 4, 2, p. 776), bien qu'elle ait été implicitement admise par M. Schulten, *Grundherrschaften*, 26 et M. Beaudouin, *Grands domaines*, 22. M. Voigt affirme à plusieurs reprises l'application légale de l'occupation aux pâturages, sans relever pourtant le moindre texte à l'appui de son assertion. L'unique motif qu'il en donne, encore très rapidement (*Staatsr. possessio*, p. 250) consiste dans l'impossibilité d'entreprendre l'élevage « industriel » sur l'*heredium*. Il n'a cependant jamais été soutenu par personne que l'*heredium*, déjà si insuffisant au point de vue agricole, pouvait jouer un rôle pastoral de quelque importance. Son insuffisance à ce dernier point de

propriation n'était accordée au surplus que dans la limite même où elle était utile. Elle s'étendait seulement à la jouissance de l'*ager occupatorius* dont la propriété restait réservée à l'État et lui permettait de révoquer à toute époque la concession et de percevoir, tant qu'elle était maintenue, un *vectigal* (1) fixé au dixième des céréales, et au cinquième du produit des plantations provenant de la parcelle publique occupée ou *possessio*.

Les causes mêmes qui déterminèrent l'apparition cou-

vue est au contraire une des preuves les plus décisives de l'existence originaire de pâturages communs. Mais on ne voit nullement à quelle nécessité économique pourrait bien répondre l'occupation légale de ces pâturages, conservés, après appropriation, dans leur état antérieur. La théorie de M. Voigt, qui cadre déjà si imparfaitement avec les données romaines, ne résiste d'ailleurs pas à une rapide comparaison avec les divers systèmes connus de communauté de village, où se retrouve un droit d'occupation, analogue ou identique à celui de Rome et strictement limité aux terres arables. V. par ex. sur le *Bifanc-recht* germanique, Laveleye, *Propriété*, 86 ; 407-408; Weber, *Röm. Agrargeschichte*, 126 ; Schulten, *Grundherrschaften*, 26, n. 32. Cf. en droit moderne, le *diritto di seminare* ou d'opérer des défrichements (*cese*) sur certaines parties du territoire communal en Italie (*Inch. agr. ital.*, 11, 2, 490 et 503), et le régime analogue pratiqué par les cosaques du Don (Kowalewsky, *Passage historique de la propriété collective à la propriété individuelle*, 18), en Espagne (Altamira, *Propiedad comunal*, 288), en Sibérie (Laveleye, *Propriété*[4], 22-24), en Algérie (Laynaud, *Propriété foncière en Algérie*, Alger, 1900, pp. 17-19), dans l'Inde (Laveleye, 296), en Annam (Jobbé-Duval, *Commune annamite*, 62), à Java (Laveleye, 68) et jusque chez les Indiens de l'Amérique du Nord ou du Sud (d, 303-306).

(1) Cf. le *contributo* encore payé par le membre du *consorzio* ou de l'*universita* qui défriche une partie de la *macchia* communale : *Inch. agr. ital.*, 11, 2, 490 et 503.

tumière du droit d'occupation, impliquent donc sa restriction aux seules terres susceptibles de culture. Et encore sur celles-ci l'occupation avait-t-elle pour limites naturelles les facultés agricoles de chaque possesseur (1). L'usager ne pouvait pas en effet fixer à sa guise les bornes de sa possession, qui étaient identifiées une fois pour toutes avec celles de sa mise en culture. Tout au plus l'autorisa-t-on, encore par une pratique évidemment abusive, à s'approprier non seulement le domaine correspondant à ses facultés agricoles présentes, mais encore la superficie qu'il pouvait raisonnablement espérer cultiver dans la suite : *Non solum tantum occupabat unusquisque quantum colere praesenti tempore poterat, sed quantum in spem colendi habuerat ambiebat* (2). Le principe était en

(1) Sic. Flacc. *De condic.*, 138, 8 : *Ut quisque virtute colendi quid occupavit*. Cf. les textes cités n. 2. Rudorff, *Ackergesetz des Sp. Thorius*, 26. La formule plus générale de Voigt, *op. cit.*, 237 et n. 15, simplement basée sur le passage précité, est en réalité sans aucun fondement. Régime identique dans les communautés agraires relevées p. 201, n. 1. Cf. notamment Laveleye, *op. cit.*, 50 et 296 ; Altamira, *op. cit.*, 232 ; Laynaud, *Propriété foncière en Algérie*, 17. La même conception se retrouve dans la règle accordant à chaque usager la jouissance du sol qu'il peut circonscrire en un jour à l'aide de la charrue, de la faux ou de la hache (Laveleye, *op. cit.*, 24 et 218), règle qui a certainement été connue de Rome à l'origine. Tite-Live, 2, 5 : *Agri quantum uno die circumaravit datum.*

(2) Hygin, *De condic. agr.*, 115, 6-8 : Cf. Sic. Flacc. *De cond. agr.*, 137, 19-21 : *Singuli deinde terram nec tantum occupaverunt quod colere potuissent, sed quantum in spem colendi reservavere. Hi autem agri occupatorii dicuntur.* 138, 13 : *Non ex mensuris actis unusquisque [miles] modum accepit sed quod aut excoluit aut in spem colendi occupavit*. Une allusion ironique à cette formule est faite par

apparence respecté par cette interprétation large. Toutefois cette extension dangereuse rendait pratiquement impossible l'application de la règle, car il était bien difficile à l'État de démontrer que le terrain enclos par l'occupant dépassait ses moyens de culture à venir et l'incorporation dans les domaines privés de terres laissées à l'état de pâturages devenait ainsi possible en fait, sinon en droit. L'inconvénient d'un tel régime était d'autant plus sensible que le capital de l'occupant était plus important : aussi la loi et l'édit du magistrat (1) intervinrent-ils simultanément pour fixer à l'occupation une limite *maxima*, qui fut de 500 jugères tant que resta appliquée la loi Licinia, et que la législation des Gracques porta, pour le père de famille, à 750 ou 1.000 selon les cas (2).

Ces limitations successives furent d'ailleurs peu observées, autant que l'on peut en juger par l'existence des grands domaines de l'époque républicaine ou impériale, constitués aux dépens de l'*ager publicus*. Leur établissement dut même plutôt contribuer à développer l'appropriation des pâturages publics, la seule condition requise par la loi semblant être désormais l'observation du maximum et l'exigence de la mise en culture des fonds occu-

Cicéron, *De lege agr.*, 2, 26, 69 : *Qui tantum agri in illis rei publicae tenebris occupavit, quantum concupivit.*

(1) Le pseudo-Hygin, *De limit. const.* 197, 14 : *Cum possidere unicuique plus quam edictum continebat non liceret.*

(2) Sur l'invraisemblable limitation de l'occupation à la superficie de l'ancien *saltus* de 800 jugères, cf. Engelbregt, *De legibus agrariis*, 83-84.

pés se trouvant ainsi reléguée au second plan, où l'on dut bientôt l'oublier (1). L'aristocratie trouvait en outre dans la dépaissance une exploitation des terres rémunératrice (2) et en complète harmonie avec son absentéisme habituel qui ne lui eût pas permis d'assumer les multiples soucis d'une mise en valeur proprement agricole. Ces diverses circonstances, jointes sans doute à la complaisance des magistrats qui purent soumettre à l'occupation des territoires incapables de culture ou plutôt fermer les yeux sur des usurpations caractérisées de pâturages, permirent au capitalisme agraire de se créer de larges domaines aux dépens de l'*ager scripturarius*. Aussi les lois des Gracques furent-elles souvent aux prises avec des possessions pastorales (3).

L'œuvre de réaction entreprise par les Gracques n'eut d'ailleurs qu'un succès partiel. Les deux dernières des trois lois dirigées contre elle améliorèrent au contraire considérablement le statut des possessions italiennes en les rendant héréditaires et en les affranchissant du *vectigal*. La loi de 643 interdisait il est vrai à l'avenir toute

(1) Peut-être faut-il entendre ainsi l'affirmation de Caton chez Tite-Live, 24, 4 : *Per nihil aliud nisi per ipsam legem Liciniam ingentem excitatam esse agros continuandi cupidinem.*

(2) Cicéron, *De amicitia*, 79 : *Plerique neque in rebus humanis quicquam bonum norunt nisi quod fructuosum sit et amicos tanquam pecudes eos potissimum diligunt, ex quibus sperant se maxumum fructum esse capturos.*

(3) En ce sens, Mommsen, *Hist. rom.*, 4, 132. Cf. *C. I. L.*, 1, 551.

occupation ou toute mise en défens de l'*ager scripturarius* (1). Mais si l'on peut admettre que le régime légal de l'occupation prit fin par là même (2), il est bien peu

(1) L. 25 : *Neive quis in eo agro agrum oqupatum habeto neive defendito, quo mi[nus quei] velit compascere liceat* (rapporté invraisemblablement par M. Voigt, *Staatsr. possessio*, 227, *b*, aux *subcesiva*). *Defendere* signifie proprement enclore une partie de pacage et la transformer en prairie affectée à la production du foin. V. Mommsen, sur ce texte, *C. I. L.*, 1 (= *Gesamm. Schriften*, 1, 1, 113). Cf. *Sent. Minuc. C. I. L.*, 5, 7749, ll. 37-42 : *Prata quae fuerunt proxuma faenisicei L. Caecilio Q. Muucio cos. in agro poplico quem Vituries Langenses posident et quem Odiates et quem Dectunines et quem Cavaturineis et quem Mentovines posident, ea prata invitis Langensibus et Odiatibus et Dectuninibus et Cavaturinibus et Mentovinibus, quem quisque eorum agrum posidebit, inviteis eis niquis sicet, nive pascat nive fruatur. Sei Langenses aut Odiates aut Dectunines aut Cavaturines aut Mentovines malent in eo agro alia prata inmittere defendere sicare id uti facere liceat, dum ne ampliorem modum pratorum habeant quam proxuma aestate habuerunt fructique sunt.*

(2) Cela n'est pas à notre sens absolument évident, la disposition de la loi de 643 rapportée n. 1 nous paraissant viser uniquement l'occupation de l'*ager scripturarius* et non celle de toute espèce d'*ager publicus* (En ce sens Mommsen, *loc. cit.*, pp. 113-114) : la loi n'interdit en effet les actes d'appropriation visés par elle qu'en tant qu'ils pourraient avoir pour résultat *quo minus quei velit compascere liceat*. En outre deux de ces actes sur trois ne peuvent s'entendre que du domaine public pastoral (*neive is ager compascuos esto... neive defendito*). Les lignes 24-25 ont donc plutôt pour objet de prohiber à nouveau les appropriations de pâturages publics par les particuliers ou les agglomérations rurales que d'interdire à l'avenir au magistrat ou même au législateur de livrer de nouvelles terres arables à l'occupation. Une telle interdiction n'eût pas eu d'ailleurs un bien grand effet pratique. Cependant à l'exception de Mommsen et de Rudorff, *Röm. Feldmesser*, 2, 313, qui admet la survivance de l'occupation jusqu'à la conces-

probable que les usurpations de pâturages publics précédemment commises sous son couvert aient cessé de se pratiquer (1). Quant aux *saltus* provinciaux, nous n'avons pas à la vérité la preuve de leur assimilation législative aux terres tenues en pleine propriété, mais, si aucune mesure expresse n'intervint à leur propos, ils ne tardèrent pas en tout cas à se confondre d'eux-mêmes avec ces terres à la suite des transmissions dont ils furent également l'objet.

Ainsi, dès la fin de la République, les *saltus* sont relevés de leur situation juridique inférieure de possessions de droit public (2) et constituent un élément régulier du patrimoine, susceptible d'être aliéné (3), donné en garan-

sion des *subcesiva* à leurs possesseurs par Domitien, la plupart des auteurs croient devoir adopter l'interprétation que nous critiquons. V. Voigt, *op. cit.*, 257, n. 41 ; Weber, *Röm. Agrargeschichte*, 131-133; Beaudouin, *Limitation*, 35, 2 et 36, 1 ; Grenier, *La transhumance des troupeaux en Italie*, 320.

(1) On peut rapporter à des usurpations semblables la détention injuste de *saltus* fiscaux par les Comenses et les Bergalei : Edit de Claude de 46, *C. I. L.*, 5, 5050 (= Girard, *Textes*³, 173).

(2) Cicéron, *De off.*, 2, 22, 79 : *Quam autem habet aequitatem ut agrum multis annis aut etiam seculis possessum qui nullum habuit habeat, qui autem habuit amittat.* Sur cette assimilation progressive de la *possessio* de droit public aux terres tenues en *dominium ex jure Quiritium*, voir l'excellent exposé de Schwegler, *R. G.*, 2, 426-433. Cf. Mommsen, *Droit public*, 4, 153, 3 et 5, 289, 2 ; Voigt, *Staatsrechtliche possessio u. ager compascuus*, 238-247 et 257-258 ; Beaudouin, *Limitation des fonds de terre*, 35, 2 et 76, 1 (corrigeant l'opinion précédemment exprimée dans son *Jus italicum*, 37); *Grands domaines*, 14, 1.

(3) Varron, *De re rust.*, 3, 1, 8. D. 19, 1, *De act. emt.*, 52 *pr.*

tie [1] ou transmis à cause de mort [2]. Dès cette époque, un certain nombre de ces fonds ont été mis en culture [3] et présentent la physionomie du grand domaine classique ; mais à côté des *saltus* de ce type récent, auquel on aurait tort de vouloir ramener tous les autres, subsistent des *saltus* conservés uniquement à l'état pastoral à raison de leur situation montagneuse ou de la maigreur de leur sol : ce sont les *saltus pascui* [4], spécialisés en *saltus hyberni* ou *aestivi* [5]. Leur affectation à la dépaissance n'est pas arbitrairement décidée par le propriétaire qui doit, s'il veut tirer quelque profit de son fonds, le garnir de troupeaux *quia non aliter ex saltu fructus percipi poterit* [6]. Ce sont là précisément les terres dont parle Varron, *quos*

(1) D. 13, 7, *De pign. act.*, 25.

(2) D. 32, (*De legat.*, 3), 67.

(3) D. 13, 7, *De pign. act.*, 25 : *Saltum grandem excoluisti sic ut magni pretii faceres.*

(4) Varron, *De re r.*, 3, 1, 8. D. 19, 2, *De locat.*, 19, 1.

(5) D. 32 (*De legat.*, 3), 67; 41, 2, *De aquir. poss.*, 3, 11 et 44, 2. Ces *saltus* peuvent d'ailleurs être liés à l'exploitation d'autres fonds provenant parfois de la mise en culture d'une partie de leur première superficie. Ulpien, 33, 7, *De instr. vel instr. leg.*, 8, 1 : *Si fundus saltus pastionesque habet. C. I. L.*, 9, 1455 : *Fundi Bassiani et Valeriani Caesiani Pliniani cum saltibus XXV pertica;* 10, 407, col. 2, 5 : *Fundus Fuficianus cum sal(tibus)*. Les deux acceptions, ancienne et récente, de *saltus* sont réunies chez Catulle, 105 :

Uno qui in saltu totmoda possideat,
Prata, arva, ingentesque silvas saltusque paludesque.

(6) Paul, D. 33, 7, *De instr. vel instr. leg.*, 9. Cf. Pomponius, D. 7, 1, *De usu fructu*, 32 : *Cum ex multis saltibus pastione fructus perciperetur.*

agros non colebant propter silvas aut id genus ubi pecus possit pasci et possidebant ab usu salvo saltus nominarunt. La richesse du capitalisme agraire consiste pour une bonne part dans ces vastes pacages qui permettent à un Caecilius Claudius de laisser à ses héritiers avec 3.600 paires de bœufs, plus de 250.000 têtes d'autre bétail (1) et qui constituent en outre des territoires de chasse excellents (2).

Ces *saltus* sont d'une superficie tellement considérable qu'il ne semble pas possible, du moins en province et sans doute aussi dans l'Italie méridionale, de les comprendre dans le territoire administratif d'une cité (3). Ils pourront à la vérité se trouver cernés de tous côtés par ce territoire, mais il n'y aura là en général qu'un cas d'en-

(1) Pline, *Hist. nat.*, 33, 10. Cf. Varron, *De re r.*, 3, 1, 8 : *Multum homines locupletes ob eam rem (pecuariam) aut conductos aut emptos habent saltus.*

(2) Ovide, *Metam.*, 2, 498 :
Dumque feras sequitur, dum saltus eligit aptos.
Hér. 5, 14 :
Quis tibi monstrabat saltus venatibus aptos.
Catulle, 104 :
Firmano saltu non falso Mentula dives
Fertur, qui tot res in se habet egregias
Aucupium, omne genus pisci, prata, arva ferasque
Tryphoninus D. 7, 1, *De usu fructu*, 62, *pr.* : *Usufructuarium venari in saltibus vel montibus possessionis probe dicitur.*

(3) Weber, *Röm. Agrargeschichte*, 61-62. Schulten, *Grundherrschaften*, 26. Beaudouin, *Grands domaines*, 7-17 et 151-194. Hirschfeld, *Die kaiserlichen Verwaltungsbeamten*², 128, 3. *Contra*, His, *Die Domänen der röm. Kaiserzeit*, p. 115-117 (réfuté par Beaudouin, *op. cit.*, 17-21).

clave purement géographique, sans aucune subordination politique du *saltus* alors traité en *ager exceptus*. Le *saltus*, provenant essentiellement de l'ancien *ager publicus*, relèvera comme lui directement de Rome et constituera à lui seul une subdivision locale du même rang que les municipes ou colonies, parfaitement indépendante d'elles au point de vue fiscal et traitant avec elles sur un pied d'égalité pour le bornage de leurs territoires limitrophes (1). La circonscription du *saltus* est au surplus délimitée, comme celle de la cité, *per extremitatem*, au moyen de bornes empruntées en général à la nature du terrain ou constituées, lorsqu'il est impossible de recourir à des lignes séparatives naturelles, par des pieux fichés en terre. Le caractère éminemment variable de cette limitation exige une surveillance plus particulière confiée de tout temps à un préposé spécial, le *saltuarius*, chargé de prévenir ou de réprimer toute usurpation de la part des voisins, *finium custodiendorum causa paratus* (2).

(1) Frontin, *De contr. agr.*, 53, 3-13 : *Inter res p. et privatos non facile tales in Italia controversiae (de jure territorii) moventur sed frequenter in provinciis, praecipue in Africa, ubi saltus non minores habent privati quam res p. territoria : quin immo multis saltus longe majores sunt territoriis... tum r. p. controversias de jure territorii solent movere, quod aut indicere munera dicant oportere in ea parte soli, aut legere tironem ex vico, aut vecturas aut copias invehendas indicere eis locis quae loca res p. adserere conantur.*

(2) Ulpien, citant Labéon et Horatius, D. 33, 7, *De instr. vel instr. leg.*, 12, 4. Cf. Pomponius, *h. t.*, 15, 2 et D. 7, 8, *De usu et hab.* 16, 1 : *Dominus proprietatis etiam invito usufructuario vel usuario fun-*

Tel est dans ses grandes lignes le régime des *saltus* à la fin de la République ; tel il restera sensiblement au début de l'Empire. A cette époque de transition, les grands domaines constitués aux dépens du patrimoine pastoral de l'État existent principalement en Afrique, où, à l'époque de Néron, la moitié de la province appartient à six propriétaires (1). Mais ils se rencontrent également, bien qu'avec une moindre importance, dans les diverses parties de l'Empire, par exemple, non seulement en Italie (2),

dum... per saltuarium... custodire potest : interest enim ejus fines praedii tueri; Alfenus, 32 (*De legatis*, III) 60, 3 : *Saltuarium... tuendi et custodiendi fundi magis quam colendi paratum esse*. Des *saltuarii* sont mentionnés au *C. I. L.*, 5, 2383 et 5792. 6, 9874. 8, 5383. 9, 706 et 3421. 10, 1085 et 1409. Cf. Leiser, *Jus Georgicum*, Leipsig, 1741, 3e édit., 1, 286-288 ; Schulten, *Grundherrschaften*, 54-55 et 82-83 ; Beaudouin, *Grands domaines*, 28, 4 ; Hirschfeld, *Die kaiserlichen Verwaltungsbeamten* 2, 133, 3.

(1) Pline, *H. n.*, 18, 7 : *Sex domini semissem Africae possidebant cum interficit eos Nero princeps*. Cf. Frontin, *De controv. agr.*, 53, 3-13, cité p. 210, n. 1. Ce développement de la grande propriété en Afrique se traduit en droit privé par l'institution de tuteurs spéciaux : Ulpien, D. 26, 7, *De administr. et peric. tut.*, 3, 4.

(2) Les *controversiae de jure territorii* s'élèvent aussi, quoique moins fréquemment, entre les *saltus* et les cités d'Italie au dire même de Frontin, *loc. cit.*, 53, 3. Cf. Columelle, *De r. r.*, 1, 3, 12 : *More praepotentium qui possident fines gentium quos ne circumire equis quidem valent sed proculcandos pecudibus et vastandos (ac populandos) feris derelinquunt*. M. Schulten, *Grundherrschaften*, 14-16 et 124-125, ne les admet qu'en Apulie et en Calabre. Cf. Beaudouin, *Grands domaines*, 12, n. 4. Rostowzew, *Geschichte der Staatspacht in der röm. Kaiserzeit*, 435. Weber, dans le *Handwörterbuch der Staatswissenschaften*, v° *Agrargeschichte*, 1 2, 83-84.

mais encore en Sicile (1) et en Asie (2).

L'empereur se trouva, tout comme les simples particuliers, propriétaire d'un certain nombre de *saltus* qui se concentrèrent assez rapidement en ses mains, par l'effet des confiscations (3) dont le bénéfice lui revenait ou des gratifications testamentaires qu'il devint bientôt de règle de lui faire. Ces *saltus* se répartirent plus ou moins régulièrement entre le *patrimonium principis* et, depuis Septime-Sévère, la *res privata* dont les caractères distinctifs, d'ailleurs controversés, semblent bien faire du *patrimonium* le domaine appartenant au prince en vertu d'un titre identique à celui des simples particuliers, et de la *res privata* les autres biens du domaine privé advenus à l'empereur en sa qualité de chef de l'État, tels que les biens vacants, ceux des proscrits, les produits des confiscations(4). La distinction de ces deux catégories du domaine particulier entre lesquelles se partageaient les *saltus* fut en tout cas bien marquée au point de vue administratif, chacune d'elles ressortissant à un procura-

(1) Carcopino, *La Sicile agricole au dernier siècle de la République*, 157.

(2) Inscription de Tembrogios en Phrygie, *C. I. L.*, 3, 2e suppl. 14191. Cf. Beaudouin, *Grands domaines*, 348-351.

(3) V. Rostowzew, *Geschichte der Staatspacht*, 433, n. 213.

(4) En ce sens, Karlowa, *R. R. G.*, 1, 505. Wiart, *Le régime des terres du fisc*, 7, n. 1. His, *Domänen*, 6. Kniep, *Societas publicanorum*, 185. Beaudouin, *Grands domaines*, 31-32. Mitteis, *Geschichte der Erbpacht im Altertum*, 42. *Contrà*, Hirschfeld, *Die kaiserlichen Verwaltungsbeamten* 2, 21-25. Cf. la lettre de Mommsen citée par le même auteur, 25, n. 4.

teur spécial, *procurator patrimonii* [1], *procurator rei privatae* [2], dont le second fut toujours, depuis sa création par Septime-Sévère, à une place très élevée dans la hiérarchie, à la différence du premier, subordonné au *procurator fisci*. Le *procurator patrimonii* disparut d'ailleurs par la suite et le *comes patrimonii* qui reprend sa place seulement sous Anastase [3], est désormais l'égal du nouveau *comes rei privatae*. Mais il est très difficile de se représenter si les départements des deux *comites* sont exactement les mêmes que ceux des *procuratores* du Haut-Empire, aucune précision n'étant plus apportée dans l'emploi des deux termes [4]. On peut seulement remarquer que les *fundi saltuenses* [5] semblent appartenir de préférence à la catégorie des *fundi patrimoniales* [6].

A la tête de chaque domaine se trouve placé un *procurator* [7], auquel est adjoint dans les *saltus* mis en cul-

(1) Beaudouin, *Domaines*, 32, 5. Hirschfeld, *op. cit.*, 40.

(2) Beaudouin, *op. cit.*, 33. Hirschfeld, 20 et 43.

(3) La réforme d'Anastase ne concernait évidemment que l'empire d'Orient. Toutefois à la même époque on rencontre également en Occident, un *comes patrimonii*. Cf. His, *Domänen*, 74-75.

(4) Sur cette confusion de terminologie : His, *op. cit.*, 17-27.

(5) C. J., 11, 67 : *De fundis et saltibus rei dominicae* ; 11, 62, *De fundis patrimonialibus et saltuensibus et emphyteuticis et eorum conductoribus* ; 11, 68, *De fundis rei privatae et saltibus divinae domus*. Cf. His, *Domänen*, 71.

(6) V. les textes cités, n. 5.

(7) *Not. dign. Or.*, éd. Böcking, 13, 1, 5 (Seek, 14, 7, p. 35) :

ture un *conductor*, gérant sous cette surveillance l'exploitation qu'il a prise à ferme. Il est intéressant de noter qu'une partie des *saltus* agricoles reste souvent, à dessein ou par force, affectée au pâturage, dont l'exercice donne lieu à la perception d'une taxe levée sur les colons par le *conductor* (1). Il n'est pas par contre absolument certain qu'il en soit ainsi des domaines exclusivement pastoraux qui sont peut-être exploités directement à l'aide des troupeaux impériaux et où il serait en tout cas plus aisé de percevoir d'un petit nombre de contribuables une redevance pécuniaire uniforme. Les *saltus* de l'une ou l'autre catégorie sont d'ailleurs groupés, au point de vue administratif, par régions ou *tractus* placés sous la direction d'un seul fonctionnaire immédiatement inférieur au procurateur suprême, comme par exemple le *procurator rei privatae per Apuliam et Calabriam sive saltus Carminianenses* (2), le *praepositus tractus Apuliae Calabriae Lucaniae Bruttiorum* (3), le *proc(urator) s(altuum)*

procuratores saltuum. Cf. les *praepositi silvarum dominicarum* : *C. I. L.*, 3, 4219.

(1) Inscription d'Henchir Mettich, Girard, *Textes*[3], 184-185, l. 15 : *Pro pecora [que] intra f(undum) ville Magn(ae) i(d) e(st) Mappalie Sig(e) pascentur, in pecora singula aera quattus conductoribus vilicisve dominorum ejus f(undi) praestare debeb[u]nt.* Cf. Schulten, *Grundherrschaften*, 126-127; *Lex Manciana*, 29; Hirschfeld, *Die kaiserlichen Verwaltungsbeamten*[2], 130.

(2) *Not. dign. Or.*, éd. Böcking, 11, c. 1 (t. 2, p. 53) = Seek, 12, 18, p. 155. Cf. le commentaire de Böcking, p. 386, d'après lequel il s'agit là indiscutablement de *saltus* pastoraux.

(3) *C. I. L.*, 9, 334.

Apulorum) (1), le *procurator regionis Calabriae* (2).

L'attribution progressive des pâturages publics au *fiscus* vint encore augmenter, dans un certain sens, l'immense patrimoine pastoral de l'empereur. L'*ager scripturarius* des provinces abandonnées à l'administration du prince fut tout d'abord compris dans le domaine public impérial. Quant aux revenus des pâturages situés dans les provinces sénatoriales, ils passèrent insensiblement de l'*aerarium* (3) au *fiscus* par une évolution déjà très avancée au milieu du IIe siècle (4) et complètement terminée sous les Sévères (5). A cette époque l'empereur

(1) *C. I. L.*, 9, 784.

(2) *C. I. L.*, 10, 1795.

(3) Siculus Flaccus, *De condic. agr.*, 137, 1, signalant comme étant encore restés *populi Romani* les *montes Romani* du Picenum et de la région de Réate, en donne pour raison que *sunt populi Romani quorum vectigal ad aerarium pertinet*. Cf. le rescrit d'Hadrien : D. 49, 14. *De jure fisci*, 3, 6. Il convient d'observer que la qualification publique est conservée aux biens de l'*aerarium* après leur attribution à l'empereur : Ulpien, D. 50, 16, *De verb. sign.*, 17. 1 : *Publica vectigalia intellegere debemus ex quibus vectigal fiscus capit.* Cf. C. J. 11, 61, *De pascuis publicis vel privatis*.

(4) Au moins en Bétique : Rostowzew, *Geschichte der Staatspacht*, 427, suivi par Hirschfeld, *op. cit.*, 141-142.

(5) Marquardt, *Organ. financière*, 386. Wiart, *Le régime des terres du fisc*, 16. Rostowzew, *op. cit.*, 429. Hirschfeld, *op. cit.*, 142. M. Lécrivain seul (*De agris publicis imperatoriisque*, 10, implicitement réfuté par les auteurs précédents) admet cette absorption de l'*aerarium* par le fisc comme complète dès Hadrien. L'inscription de Saepinum (*C. I. L.*, 9, 2438) ne nous paraît pas en tout cas se rapporter nécessairement, comme le prétend le même auteur,

dispose seul de presque tous les grands territoires pastoraux. Leur réunion en ses mains facilite d'ailleurs la confusion des titres très différents auxquels ils lui sont parvenus et contribue parfois à faire attribuer leur administration à un service autre que celui qui serait logiquement compétent (1).

Les procédés d'exploitation de l'*ager scripturarius* restent au surplus sensiblement identiques sous le nouveau régime. La *scriptura* continue d'être levée même après que la dîme de Sicile ou d'Asie a été supprimée et on en afferme toujours la perception à des publicains (2). Tout au plus est-il possible que le produit des terres pastorales cesse sinon au Ier siècle du moins ensuite, d'être donné à bail par pro-

op. cit., p. 11, à des pâturages appartenant au fisc. La *magna injuria fisci* dont parle l'*epistula* des préfets du prétoire, placée en tête de l'inscription, résulte tout simplement de ce que les magistrats de Saepinum s'attaquent à un troupeau impérial. M. Beaudouin, *Domaines*, 33, 5, se déclare également, sans trancher la question, assez peu porté à admettre l'interprétation que nous critiquons. V. en effet la note suivante.

(1) Les limites du *fiscus* d'une part et de la *res privata* et du *patrimonium* de l'autre ne furent notamment jamais rigoureusement observées. Mommsen, *Droit public*, 5, 290-322. Marquardt, *Organisation financière*, 393 ; Beaudouin, *Grands domaines*, 53; Rostowzew, *op. cit.*, 429-432. Hirschfeld, *Kais. Verw.*², 141-142.

(2) Chapot, *La province d'Asie*, 330. Brandis, dans *Realencyclopädie* de Pauly-Wissowa, v° *Asia*, p. 1547. Marquardt, *Organ. financière*, 325 et 396. V. pour les pâturages de Cyrénaïque, Pline, *Hist. nat.*, 19, 3, 39 : *Multis jam annis* (*syphum*) *in ea terra non invenitur, quoniam publicani, qui pascua conducunt majus ita lucrum sentientes, depopulantur pecorum pabulo.*

vinces entières (1). Mais cette modification peu importante de la location n'implique en tout cas nullement, comme on l'a récemment prétendu, que les fermiers de

(1) On considère en effet généralement (Marquardt, *Organ. fin.*, 326, 1. Rostowzew, *op. cit.*, 410) comme des fermiers de pâturages particuliers les deux *conductores* des inscriptions d'Apulum (= Károly Fejérvár en Hongrie) et de Veczel en Dacie : *C. I. L.*, 3, 1209 : *Conductor pascui salinarum et commerciorum*. 1363 : *Conductor pascui et salinarum*. Cela ne nous semble pas cependant absolument certain. Le singulier *pascuum* n'implique pas plus en effet l'idée d'un bail restreint que le singulier *portus* n'excluait sous la République (V. p. ex. pour la Sicile les textes cités *suprà*, p. 40, n. 1) le caractère provincial de la ferme du *portorium*. Le fait que le fermier de l'inscription n° 1209 est également *conductor commerciorum* nous paraîtrait plutôt s'accorder avec un bail provincial ou tout au moins régional, le produit des droits sur la circulation des marchandises ne pouvant guère être pratiquement concédé que pour une ligne douanière complète. Quant à la mention des salines, elle n'oblige nullement à penser à une ferme limitée aux pâturages des prés-salés, la réunion des deux *vectigalia* se rencontrant déjà sinon sous la période royale, où M. Kniep, *Soc. publ.*, p. 74, la suppose assez hardiment sous Ancus Martius, au moins sous la République, au moment de la location certainement provinciale de la *scriptura*. V. en effet la pâte de verre du musée de Berlin : *Soc(iorum) sal(ariorum) et sc(ripturariorum)* d'après la lecture définitive d'Hirschfeld et Dressel : Hirschfeld, *Die kaiserl. Verwaltungsbeamten*², 150, 4 (*Contrà*, précédemment Mommsen sur Hübner, *Hermes*, 1, 136 s., et au *C. I. L.*, 10, 7856). Il ne faudrait d'ailleurs pas regarder, avec M. Rostowzew, *op. cit.*, 410, n. 165, comme une cause de l'exploitation conjointe des salines et des pâturages l'emploi du sel dans l'élevage du bétail. Cet emploi, qui a toujours été certainement important (v. par ex. son influence sur le régime des gabelles en Haute-Auvergne, Trapenard, *Le pâturage communal*, 6-8), absorbe cependant une bien moindre quantité que la consommation humaine. On ne peut donc s'être inspiré de considérations rela-

la taxe soient désormais de grands éleveurs qui tirent profit des pâturages au moyen de troupeaux leur appartenant [1]. Il est matériellement impossible que le paysan se soit vu brusquement enlever le seul moyen d'entretenir ses animaux et il est en outre bien improbable que le locataire du fisc ait toujours eu les moyens ou simplement le désir de garnir de son bétail l'intégralité des fonds. Il peut certainement se faire, bien que nous n'en ayons aucune preuve textuelle, que le *conductor pascui* ait introduit un troupeau personnel sur le pacage. Mais son industrie devait toujours consister principalement dans la perception de la taxe de dépaissance due par les précédents usagers, et ana-

tives à une destination accessoire de la matière monopolisée. En outre et surtout, on a été principalement conduit à réunir l'exploitation de plusieurs impôts lorsque leur levée impliquait la présence d'agents de perception dans des lieux et à des moments identiques (V. *suprà*, pp. 50-52). Or précisément la surveillance des salines et des pâturages voisins peut être facilement exercée par le même personnel. C'est donc uniquement dans la proximité des lieux de perception des deux *vectigalia*, non dans un lien logique entre eux, qu'il faut chercher le motif de leur réunion aux mains d'un même fermier.

(1) Rostowzew, *Geschichte der Staatspacht*, 410, tirant visiblement argument de ce que les inscriptions, *C. I. L.*, 3, 1209 et 1363 ainsi que le passage de Pline, *H. nat.*, 19, 3, 39 (cités, *suprà*, p. 216, n. 2 et 217, n. 1) parlent de *conductio pascui* ou *pascuorum*. A notre sens, il revient pratiquement au même d'affermer le pâturage à charge de sous-location moyennant une taxe déterminée ou cette taxe elle-même. Cette nouvelle façon de parler doit donc correspondre simplement à une modification du point de vue théorique auquel on considère la ferme du *vectigal*. Voir au surplus ce que nous avons dit, *suprà*, p. 40, n. 1.

logue à celle levée par le *conductor* sur les pâturages du *saltus* agricole.

Un grand nombre de pâtures conservent donc jusqu'à la fin de l'Empire, leur caractère public. Toutefois, si leur régime juridique ne semble pas subir de variation sensible, leur situation de fait se modifie profondément : un nouvel usager et des plus importants s'est révélé en effet dans la personne de l'empereur qui possède d'immenses troupeaux de toutes sortes de bétail (1). Le prince tire profit de ces troupeaux soit au moyen d'une exploitation en régie soit plutôt en les louant à des conditions d'ailleurs inconnues, mais qui doivent comporter très probablement le partage des produits (2). La gestion de cet élevage direct ou affermé appartient aux *a jumentis* (3) ou aux *a juvencis* (4)

(1) Constitution d'Honorius et Arcadius de 395 : C. Th. 10, 6, *De grege dominica* (= C. J. 11, 76). Cf. les *pastores rei nostrae id est lanigenarum ovium pecudumque custodes* de la constitution de Valentinien et Valens de 364 : C. Th. 9, 30, *Quibus equor.*, 2.

(2) Voir les *Conductores gregum oviaricorum* de l'inscription de Saepinum, *C. I. L.* 9, 2438. Cf. Rostowzew, *op. cit.*, 411. Le *man[ceps] gregum do[minorum] augg.* (*C. I. L.* 14, 2299) ne devrait pas être rapporté comme on le fait parfois (p. ex. Rostowzew, 411) aux troupeaux, mais au contraire aux compagnies d'acteurs impériaux d'après Hirschfeld, *Verwaltungsbeamten*², 137, 6. L'ἐπιμελήτης κτηνῶν Καίσαρος de Bithynie (Cagnat, *Inscr. gr. ad r. Rom. p.*, p. III, 2) est d'autre part un fonctionnaire impérial. Il n'est nullement démontré comme l'affirme M. Grenier, *La transhumance en Italie*, 309-310, que tous les grands éleveurs aient ainsi donné leur bétail à ferme.

(3) *C. I. L.* 6, 8863 et 8864.

(4) *C. I. L.* 6, 8865.

que nous révèlent les inscriptions et dont les titres variés semblent s'être fondus plus tard dans la désignation générale de *praepositi gregum et stabulorum* (1).

Certains de ces troupeaux impériaux sont bien entretenus à la vérité sur les *saltus* du domaine privé. Mais les autres envahissent les pâturages publics qui se trouvent pratiquement traités comme une sorte de propriété impériale. Cet accaparement n'est assurément que partiel et il ne faudrait pas soutenir avec certains auteurs (2) que l'empereur a seul désormais la jouissance des terres pastorales, ce qui reviendrait presque à dire que les particuliers ne se livrent plus à l'élevage. Néanmoins les troupeaux impériaux prennent une grande part à cette jouissance et sont de ce fait assez mal considérés par les localités qui s'ingénient à les détourner du pâturage en retenant de force les pâtres et les bêtes de somme qui les accompagnent (3), ou en augmentant, d'une façon

(1) *Not. Dignitatum Or.*, édition Bocking 13, 1, 4 (= Seek, 14, 6). Sans doute faut-il rattacher à des esclaves de leur service un certain nombre des mentions épigraphiques de *lanarii* (*C. I. L.* 6, 9489 à 9494) ou de *lanipendi* (*C. I. L.* 6, 8870; 9496 et 9498.9, 321; 3157; 4350).

(2) Rein, dans Pauly, v° *Pascua*, d'ailleurs en termes assez indécis.

(3) *C. I. L.* 9, 2438 : *Script(ae) a Septimiano ad Cosmum. [Cum] conductores gregum oviaricorum qui sunt sub cura tua, in re presenti subinde mihi quererentur per itinera callium frequenter injuriam se accipere a stationaris et mag(istratibus) Saepino et Boviano eo, quod in tra(n)situ jumenta et pastores quos conductos habent — dicentes fugitivos esse et jumenta abactia habere — [retineant] et*

plus ou moins régulière, la *pensio* perçue sur les pacages (1).

Cette appropriation détournée et d'ailleurs partielle de la dépaissance publique eut au moins le bon effet d'intéresser directement l'empereur au maintien du bon ordre sur les pâturages. Aussi est-ce principalement à l'époque impériale que le pouvoir central multiplie les mesures de police pastorale, soit en organisant dès Hadrien une répression spéciale et sévère du vol de bétail à l'étable ou dans les pâtures (*abigeatus*) (2), soit en fermant les terres publiques aux chevaux des militaires (3), soit enfin en prenant toute une série de mesures destinées à ré-

sub hac specie oves quoque dominicae [si]bi p[e]reant in illo tumultu : necesse habe[b]amus etiam [et etiam] scribere, quietius agerent ne res dominica detrimentum pateretur.

(1) Constitution de Valentinien et Valens de 365 à Rufin, préfet du prétoire : C. Th. 7, 7, *De pascuis*, 2 (= C. J. 11, 61 (60) *De pascuis publicis*, 1) : *Cum nulla ratio sit, cur in pascuis saltibus rei privatae debeat ampliari, nequaquam pro libidine ordinum augmenta facienda sunt : etenim idcirco graviorem pensionem imponi ab ordinibus accipimus, ut animalia ex rebus privatis nostris a locorum pastibus arceantur, quod fieri non oportere divae memoriae Julianus prorogata jussione constituit. Quare excellens auctoritas tua conventis rectoribus provinciarum non eam licitationis necessitatem patiatur inferri sed eam manere decernat quam statuit antiquitas.* Cf. C. Th., *h. t.*, 1.

(2) Paul, *Sent.*, 5, 18; *Coll.* 11, 2; D. 47, 14, *De abigeis.* C. 9, 37, *De abigeis.*

(3) Constitution d'Arcadius et Honorius de 398, C. Th., 7, 7 *De pascuis*, 3. Cf. C. Th., *h. t.*, 4; 5 (= C. J., 11, 61 (60), *De pascuis publicis vel privatis*, 3).

primer le brigandage professionnel des pasteurs (1).

(1) C. Th. 9, 30. *Quibus equorum usus*, 1 ; 2 ; 3 ; 5 ; 9, 31, *Ne pastoribus dentur*, 1. Le brigandage fut en effet pratiqué de tout temps par les pasteurs italiens toujours bien armés, choisis parmi des individus jeunes et robustes (Varron, *De re r.*, 2, 10, 1-3) et occupant les loisirs que leur laissait la surveillance des troupeaux à s'entraîner aux diverses formes de la lutte (Festus, v^is^ *herbam do*, cité p. 9, n. 2). La responsabilité en incombait à la vérité parfois aux maîtres qui ne pourvoyaient pas suffisamment à l'entretien de leur personnel pastoral : Carcopino, *La Sicile agricole*, 160. Réciproquement d'ailleurs le brigandage favorisait le développement du pâturage en détournant de terres arables excellentes les cultivateurs incertains de recueillir les récoltes qu'ils auraient pu obtenir : Varron, *De re r.*, 1, 15, 2 : *Multos enim agros egregios colere non expedit propter latrocinia vicinorum, ut in Sardinia quosdam quae sunt prope oeliem et in Hispania prope Lusitaniam.* Aussi les guerres et révoltes serviles étaient-elles principalement le fait d'esclaves pastoraux. Telle fut par exemple la *conjuratio* des pasteurs d'Apulie, *qui vias latrociniis pascuaque publica infesta habuerant*, sévèrement réprimée par le préteur de 569, L. Postumius (Tite-Live, 39, 29). Cf. Asconius, *in or. in toga cand.*, éd. Kiessling et Schöll, 113, 21-24 : *Alter pecore omni vendito et saltibus prope addictis pastores retinet, ex quibus ait se cum velit subito fugitivorum bellum excitaturum.* Dès la République au surplus, on s'était préoccupé de contenir les tendances pillardes des pâtres soit en limitant à un certain chiffre le nombre des esclaves de chaque exploitation pastorale (Suétone, *Jul. Caes.*, 42, cité, p. 129, n. 2), soit en faisant de la surveillance des pâturages et des *calles* une province administrative spéciale : Suétone, *Jul. Caes.*, 19 : *Eadem ob causam opera ab optimatibus data est ut provinciae futuris consulibus minimi negotii id est silvae callesque decernerentur* (où M. Willems, *Sénat*, 2, 576, n. 5, considère à la vérité le *id est silvae callesque* comme une glose introduite par un grammairien peu au courant des institutions, mais dont il faut cependant rapprocher Tacite, *Ann.*, 4. 27 : *Erat isdem regionibus Cutius Lupus quaestor, cui provincia vetere ex more calles evenerant*).

Table des Matières

BAR-LE-DUC. — IMPRIMERIE CONTANT-LAGUERRE.

IMPRIMERIE
CONTANT-LAGUERRE
BAR-LE-DUC

www.ingramcontent.com/pod-product-compliance
Ingram Content Group UK Ltd.
Pitfield, Milton Keynes, MK11 3LW, UK
UKHW020135220726
13923UKWH00001B/178